GUILLAUME ANTONIETTI
DANIEL RAY

Culture Client

Réussir sa transformation

Pearson

Suivi éditorial : Kristell Jullien
Mise en pages : Straive
Couverture : Carl Brand

Pearson France
2 rue Jean Lantier
75001 Paris

ISBN : 978-2-7440-6800-3
Dépôt légal : février 2022

6e tirage achevé d'imprimer en avril 2025 par Ovimex B.V., Pays-Bas

Sommaire

Remerciements

Nous tenons à remercier l'ensemble de nos clients, mais aussi tous ceux qui, par leurs convictions et leur exemplarité, nous permettent de faire avancer le sujet de la culture client au cœur des entreprises.

Préface

Lorsque j'ai débuté ma carrière, la notion de « culture client » était loin d'exister. La plupart des dirigeants étaient encore convaincus que seuls la qualité et le prix d'un produit ou d'un service conditionnaient l'acte d'achat. Le service client se devait alors d'être réactif et disponible en cas de problème, sans pour autant être considéré comme un élément essentiel de l'offre. Les clients étaient présumés « volatiles » et le terme de « fidélisation » apparaissait tout juste dans les discours des marketeurs.

C'est alors que j'ai rejoint, en 2002, la Maif qui non seulement bannissait le terme de client au profit de celui de « sociétaire », mais recherchait avant tout la satisfaction de celui-ci. Si au départ, influencé par ma formation et mes premières années à Bercy, j'ai surtout cherché à améliorer la productivité, j'ai rapidement réalisé que c'était cette volonté de servir le client, en dépit notamment du temps passé sur chaque dossier, qui faisait précisément la force de l'entreprise. À partir de ce constat, nous nous sommes interrogés avec mes équipes : comment aller plus loin encore, faire en sorte que chacun dans l'entreprise ait réellement pour priorité la satisfaction de nos sociétaires, de façon durable ?

Nous aurions pu réorganiser notre service client, multiplier les process, enseigner de nouvelles « techniques commerciales » ou organiser des parcours de formation. Pourtant, notre intuition, nourrie par des témoignages et des lectures, fut tout autre : pour des clients heureux, il faut avant tout que les collaborateurs de l'entreprise partagent cette ambition et en aient aussi la possibilité au quotidien – trouvant ainsi un vrai sens à leur travail. Et comme l'indiquent Guillaume Antonietti et Daniel Ray dans cet ouvrage, cela vaut pour l'ensemble des salariés, pas seulement pour ceux en contact direct avec le client.

Le point de départ fut ainsi le management, à travers un véritable plan de transformation culturelle afin de laisser une plus grande place à l'autonomie et à la bienveillance et de réaffirmer nos valeurs. À l'aide de groupes de travail collaboratifs, de renégociations de nos accords et de plans de formations personnalisés, le « management par la confiance » au service de nos sociétaires est alors devenu le nouveau socle de nos relations internes. Nos managers sont désormais là pour entraîner et donner du sens plutôt que des ordres. Nos collaborateurs ne sont quant à eux plus placés dans un rôle d'exécutant de simples tâches ou de procédures décidées en central, ils bénéficient de réelles marges de manœuvre afin de résoudre, à leur niveau, les problèmes auxquels ils sont confrontés. Nous avons ainsi fortement investi sur l'une des trois dimensions de la culture client mise en lumière dans le présent ouvrage : l'autonomie et la responsabilisation des équipes.

Le fonctionnement collectif devient ainsi plus agile, il profite de l'intelligence, de la connaissance des situations et de l'imagination de chacun, au service de solutions plus adaptées. Une formule pourrait résumer cette articulation entre la manière dont on permet au collaborateur de révéler tout son potentiel, plutôt que de l'enfermer dans des processus limitants, et celle dont il peut alors le mettre à profit pour son entreprise : rendre capable pour rendre possible. Chacun participe ainsi au projet collectif et, surtout, comprend son rôle, la contribution qu'il apporte au quotidien.

Ce mode de relations internes est non seulement la clé d'un épanouissement individuel mais aussi la meilleure façon d'assurer la satisfaction des clients. En effet, lorsqu'un collaborateur aime ce qu'il fait car il y trouve du sens, qu'il dispose d'une certaine autonomie lui permettant d'être un acteur impliqué, qu'il est considéré avec bienveillance, alors il devient spontanément un ambassadeur convaincu de son entreprise et noue avec les clients une relation sincère et chaleureuse. L'expérience de la Maif le démontre : une culture interne véritablement centrée à la fois sur la satisfaction clients mais aussi sur l'attention sincère portée au collaborateur, irrigue durablement toute l'entreprise jusqu'au client.

Je pourrais multiplier les exemples : des conseillers qui tissent de véritables liens durables avec nos sociétaires, à ceux qui sont prêts à se déplacer chez eux pour leur rendre service ou à imaginer de nouvelles solutions pour s'adapter à leurs situations particulières. Et comme le soulignent très justement Daniel Ray et Guillaume Antonietti dans cet ouvrage, cela concerne tous les collaborateurs : chacun, à son échelle, comprend qu'il contribue à cette réussite, même s'il n'est pas directement en contact avec le client. Il n'y a ainsi pas d'étanchéité entre la culture interne d'une entreprise et sa relation client ou l'image qu'elle dégage en externe. Ce qui se passe à l'intérieur se voit à l'extérieur.

Cependant, pour que cela fonctionne « réellement », il faut que tout soit aligné au sein de l'entreprise. C'est ainsi qu'à la Maif, par exemple, notre accord d'intéressement prévoit une distribution égalitaire et non un pourcentage des salaires comme c'est habituellement le cas. C'est aussi notre façon de démontrer à chaque salarié que sa contribution compte tout autant que celle d'un autre, peu importe son niveau dans la hiérarchie.

Par ailleurs, nos conseillers ne sont pas commissionnés aux ventes qu'ils réalisent afin qu'ils délivrent un conseil véritablement sincère. Enfin, les offres imaginées par nos équipes traduisent notre engagement au service de nos sociétaires : nous les développons avant tout pour qu'elles répondent à un besoin, qu'elles soient claires et simples et, lorsque c'est possible, aient un impact positif sur la société. C'est le cas par exemple de notre offre de pièces de réemploi pour les réparations automobiles. Mais comment arriver à construire de telles offres si tous les collaborateurs concernés par ce processus ne sont pas sincèrement orientés client – y compris, bien sûr, ceux qui ne sont pas au contact des clients ? L'ensemble de nos pratiques au sein de l'entreprise vont ainsi toutes dans le même sens et c'est cette cohérence qui donne sa force à notre modèle.

Et nos résultats confirment les études scientifiques citées dans cet ouvrage : au quotidien, la satisfaction de nos sociétaires se manifeste alors par leur fidélité exceptionnelle qui constitue l'un de nos avantages concurrentiels les plus forts ! Elle est, de loin, la plus élevée du monde de l'assurance. En effet, à la Maif, le taux de départ – autrement dit le pourcentage de clients qui nous quittent dans l'année sur le nombre total d'assurés – est cinq à dix fois inférieur à celui de nos concurrents. Nous avons calculé que si nous avions le taux de départ moyen du marché, il nous faudrait dépenser 100 millions d'euros supplémentaires par an pour acquérir les nouveaux clients qui compenseraient les départs.

Ainsi, si nos salariés passent plus de temps sur chaque dossier et auprès de nos clients, ou que nos commerciaux ne font pas de « vente forcée », ce coût est finalement mineur par rapport à ce qu'il nous rapporte ! En témoignent la croissance de notre portefeuille de clients, année après année, mais aussi les nombreux prix que nous recevons : à la Maif, être orienté client ne détruit pas de la valeur pour l'entreprise, cela en crée.

Grâce aux efforts de tous les collaborateurs pour faire vivre cette véritable culture client au quotidien, nous montons en effet sur la première marche du Podium de la Relation Client du secteur assurance tous les ans, depuis 2004 ! Et cette année, en 2021, nous avons même été les premiers, tous secteurs confondus. Une récompense qui a une saveur toute particulière car elle porte sur notre activité 2020, dans un contexte de crise sanitaire qui a contraint toutes les entreprises à se réorganiser. Ainsi, si nous apprécions déjà les effets de notre culture interne avant la crise, ceux-ci se sont particulièrement révélés lors du premier confinement : en quelques jours, nous avons su nous réorganiser avec agilité et efficacité.

Nos équipes, qui avaient l'habitude d'avoir des relations de confiance avec leurs managers et d'être autonomes, ont continué à se mobiliser, même depuis leur domicile. Elles ont su faire preuve de la même attention, écoute et bienveillance dont elles bénéficiaient en interne, auprès de nos sociétaires qui nous contactaient, parfois profondément inquiets face à la situation sanitaire. Notre forte « relation client qualitative », pour reprendre le terme employé dans cet ouvrage, nous a ainsi permis d'être encore mieux à leurs côtés dans des moments difficiles.

Par ailleurs, elles se sont, en retour, nourries de toute la satisfaction qui leur était témoignée par nos clients à la suite de nos décisions engagées et notamment notre choix de leur rembourser l'équivalent des primes d'assurance de leurs véhicules interdits de rouler durant le confinement.

Notre modèle, orienté client, devient ainsi un véritable cercle vertueux : nos salariés, épanouis, parce que tous mobilisés autour d'un même objectif porteur de sens, font preuve d'une attention sincère et d'une réelle volonté de satisfaire nos clients. Ces derniers nous font part, en retour, non seulement de leur satisfaction, parfois même de leur attachement à la Maif. Ces témoignages nourrissent, à leur tour, la fierté de nos collaborateurs qui n'en sont alors que plus engagés pour porter les valeurs de notre entreprise.

Ainsi, conforté par mon expérience à la Maif, j'en suis désormais plus que convaincu : si vous cherchez à développer une « culture client », faites confiance à vos collaborateurs et donnez-leur les moyens d'agir en faveur des clients au quotidien !

PASCAL DEMURGER
Directeur général du groupe Maif

Introduction

“The purpose of business is to create and keep a customer”.

PETER DRUCKER

Pendant des années, les consultants ont essayé de nous convaincre de l’importance des clients... Et c’est la Covid qui y a réussi ! Du jour au lendemain, plus aucun client, donc zéro chiffre d’affaires. On a fini d’intellectualiser l’importance de nos clients, on l’a vécue douloureusement.

CITATION DU DG D’UNE ENSEIGNE DE DISTRIBUTION SPÉCIALISÉE

Pourquoi cet ouvrage ?

Pour survivre dans une concurrence exacerbée (digitalisation, prise de pouvoir du client, etc.), les entreprises ont beaucoup investi pour faire vivre « une expérience mémorable » à leurs clients. Mais la plupart d’entre elles se rendent aujourd’hui à l’évidence : impossible d’atteindre un tel objectif par la contrainte, la course aux process et aux indicateurs de performance. En effet, tout cela ne mène souvent qu’à du “*customer washing*” : on repeint l’extérieur aux couleurs des clients, mais en réalité rien ne change ; on rémunère les collaborateurs sur la satisfaction client ou encore le NPS (*Net Promoter Score*), mais ceux-ci, obnubilés par l’atteinte de leurs objectifs, finissent par supplier leurs clients de « mettre 9 ou 10 à l’enquête de satisfaction, sinon on perd notre prime ». Disons-le tout net : il y a quelque chose qui ne tourne pas rond dans le monde merveilleux de l’expérience client !

Si aujourd’hui les problématiques de culture client préoccupent tant les directions générales et les managers, c’est qu’ils se rendent compte qu’on ne transforme pas une organisation uniquement à coups de normes, de process et de KPI : c’est bien la culture même de l’entreprise qui est en cause. Peter Drucker – encore lui – l’affirmait dès les années 1950 : “*Culture eats strategy for breakfast*” (« la culture ne fait qu'une bouchée de la stratégie »)... Et en effet, les seules entreprises ayant réussi un tel recentrage client l'ont fait en s'attaquant aux croyances et aux valeurs partagées au sein de leur organisation, mais aussi aux rites, aux mythes, aux habitudes, etc. – et bien sûr aux normes, process et KPI qui vont avec –, permettant ainsi aux salariés, de la direction générale jusqu'au bas de l'échelle, d'avoir un vrai intérêt personnel à agir en faveur des clients.

Cet investissement semble avoir payé puisque les entreprises les plus orientées client connaissent une croissance et une rentabilité largement supérieures à la moyenne. En effet, sur ce point au moins, toutes les études convergent, qu'elles soient réalisées par des chercheurs ou des consultants (Mc Kinsey, Bain & Co., etc.) : seule la création d'une véritable culture client permet de transformer l'entreprise et d'acquérir un avantage concurrentiel durable – ou tout au moins de survivre... Ainsi, comme le disait Olivier Gavalda, directeur général du Crédit Agricole Île-de-France, en novembre 2020[1] : « Ne me parlez plus de "satisfaction client", mais de "culture client" ! La première se base toujours sur les mêmes indicateurs vus et revus... La seconde, en revanche, est un défi que nous devons tous et toutes nous attacher à relever au quotidien. À nous de révolutionner nos pratiques, notre état d'esprit et nos instruments de mesure ».

Étonnant ? Non, car ce que partagent des leaders aussi divers qu'Amazon, Décathlon, Maif, Zappos ou encore Valrhona, c'est avant tout une véritable obsession d'être systématiquement orienté client. Et cette orientation client est palpable à tous les niveaux, qu'il s'agisse des décisions du comité de direction, des comportements des salariés au contact des clients mais aussi des fonctions supports (RH, R&D, etc.) : tout converge vers cette préoccupation client.

Mais comment réussir une telle transformation sans y passer dix ans et des millions d'euros, tout en évitant de tomber dans l'écueil du *customer washing*... ?

1 Source : https://www.linkedin.com/pulse/d%25C3%25A9passer-la-satisfaction-client-pour-vraiment-les-clients-gavalda/?trackingId=vezIy21bSHaojzhkWcHL-bg%3D%3D

Objectifs de l'ouvrage

L'objectif de cet ouvrage est directement opérationnel. Il s'agit d'aider les dirigeants et les managers (direction générale, marketing, stratégie, RH, expérience client, culture client...) à réussir leur recentrage client, c'est-à-dire à créer une véritable culture client au sein de leur entreprise.

Pour cela, notre expérience auprès de plus de 130 entreprises de toutes tailles et tous secteurs (ex. : Arkea, Bouygues Construction, Cegid, Crédit Agricole, Danone, Décathlon, EDF, Fnac, Malakoff Humanis, Orange, Printemps, SNCF, Valrhona...) nous a permis de repérer un certain nombre d'écueils quasi systématiques, mais aussi de nous forger quelques solides convictions. Ce sont ces convictions que nous partageons ici, en posant les vraies questions – souvent inattendues – et en essayant d'y répondre sans détour.

L'enseignant-chercheur – Daniel Ray – apporte les fruits de plus de 30 années de recherches sur l'orientation client, sur sa rentabilité mais aussi sur les principaux facteurs clés de succès et les écueils à éviter. Le manager – Guillaume Antonietti – témoigne, quant à lui, de ses 20 années d'expérience en tant que consultant mais aussi en tant qu'ex-directeur de la connaissance client de Décathlon puis de la transformation client de La Halle (Vivarte). Et nos 7 années de collaboration et d'échanges sur ces problématiques de culture client nous permettent de proposer un certain nombre de méthodes mais aussi d'exemples et d'astuces pratiques destinés à optimiser le ROI de la démarche.

Structuration de l'ouvrage

Cet ouvrage est découpé en 3 parties successives. Il décrit tout d'abord les 4 facteurs clés de succès incontournables pour réussir une telle transformation :

1. Avoir compris pourquoi se recentrer client était inéluctable (horizontalisation, maturation des marchés) ;
2. Ne pas se tromper de guerre : travailler sa culture client, ce n'est pas « former les équipes aux gestes métiers » ;

3. Oui, s'orienter client est rentable et permet donc de réconcilier l'intérêt du client avec celui de l'entreprise ;
4. Pour décider et agir de façon chirurgicale, rien ne remplace un diagnostic suffisamment précis.

Il explique ensuite en détail chacune des deux grandes dimensions de l'orientation client : concrètement, sur quoi peut-on agir ?

Enfin, il s'appuie sur un état des lieux de la culture client en France pour proposer 8 commandements, 8 basiques permettant à une entreprise de se mettre dans les meilleures dispositions pour réussir son recentrage client.

Sorte de vade-mecum de l'orientation client, cet ouvrage peut se lire en un aller / retour TGV. S'il se veut immédiatement opérationnel, avec de nombreux exemples (cas réels d'entreprise), mais aussi des témoignages d'experts et de managers confrontés à la problématique, il propose aussi une démarche générique et structurante issue des recherches scientifiques, qui peut donc être utilisée comme « aide à la décision » tout au long de cette transformation, facilitant une mise en œuvre immédiate et un meilleur ROI.

Bonne lecture !

Partie 1

La culture client, le nouveau combat des entreprises

Chapitre 1

Les entreprises n'échapperont pas à la nécessité de la culture client

Les modifications actuelles des rapports de force entre les marques et les consommateurs ne relèvent pas d'une simple mode conjoncturelle. Elles s'inscrivent en effet dans un mouvement plus global de transformation de nos sociétés. Les entreprises qui voudront survivre à ces bouleversements n'auront pas d'autre choix que d'engager une réelle transformation client.

Voilà pourquoi, avant d'aborder de façon très opérationnelle la mise en place et le management d'une véritable culture client, il nous semble impératif que les décideurs (vous, lecteur !) comprennent bien ce qui se joue derrière les préoccupations autour de la culture client : pourquoi devons-nous, de gré ou de force, nous recentrer client ? Quelles sont les conséquences à ne pas être orienté client ? Comment éviter les erreurs vues ailleurs et améliorer ainsi notre ROI ?

Les entreprises tardent à entrer dans le nouveau monde

Malheureusement, ce constat n'est pas encore admis par tous. La plupart des entreprises tardent ainsi à comprendre les enjeux de l'évolution actuelle des rapports marques / consommateurs et à les intégrer dans leurs business models.

L'horizontalisation des rapports marques / consommateurs

Nous appelons « horizontalisation » le phénomène selon lequel les consommateurs se sentent de plus en plus en position d'égal à égal avec les marques – voire en position de force. Ce mouvement s'est accéléré ces dernières années avec l'explosion des interactions entre les consommateurs via les réseaux sociaux, interactions non maîtrisables par les marques.

Mais au-delà de l'inéluctable maturation des marchés qui inverse mécaniquement le rapport de force entre offre et demande, trois phénomènes accélèrent ce développement. Tout d'abord, la montée en puissance de l'économie collaborative (mutualisation, usage plutôt que possession), mais aussi l'accès des consommateurs à une information technique et experte en deux clics, limitent mécaniquement la toute-puissance des marques. Ensuite, la croissance exponentielle des avis de consommateurs permet à chacun de s'affranchir du discours commercial des marques.

Les avis clients prennent en effet de plus en plus d'importance (multiplication par trois du nombre d'avis, rien que sur l'année 2019 selon Google My Business, + 82 % sur Tripadvisor). Les consommateurs ont tendance à les prendre très au sérieux et à fortement les utiliser, en tous cas plus que le discours officiel des marques ou celui des vendeurs / commerciaux. La confiance a changé de camp : qui aurait imaginé un jour faire plus confiance à des inconnus (avis clients) qu'à des vendeurs spécialisés ? Et *a contrario*, c'est la défiance qui s'est installée chez les consommateurs vis-à-vis des marques : en 2017, seuls 7 % des consommateurs français déclaraient penser que les marques étaient « ouvertes et honnêtes » ! (source : étude Authentic Brand).

Cette perte de légitimité des formes de pouvoirs traditionnelles, qui, auparavant, était acquise d'emblée, donne aujourd'hui naissance à l'horizontalisation en faisant émerger d'autres formes de rapport entre les entreprises et les clients / consommateurs.

Les formes de pouvoirs traditionnelles sont remises en cause, ce qui donne naissance à un nouveau monde dans lequel des entreprises d'un nouveau genre apparaissent

Uber est une émanation de cette nouvelle donne. Mais pourquoi les sociétés de taxi n'ont-elles pas inventé elles-mêmes ce service plus tôt ? Parce que dans l'« ancien monde », elles détenaient le pouvoir, avec une certaine forme de monopole « entre soi » (quelques marques qui se font une concurrence feutrée). Chez Uber, le pouvoir est rééquilibré (nous n'avons pas dit inversé !) : le client note le chauffeur, avec potentiellement des conséquences importantes pour lui, mais le chauffeur note aussi son client... Ainsi, les autres chauffeurs peuvent refuser une course d'un client trop souvent mal noté. Nous sommes au cœur de l'horizontalisation.

Le modèle relationnel sur lequel Uber, AirBnB, Doctolib ou encore Blablacar basent leur succès est simple : faciliter la vie à leurs clients, sans pour autant être totalement « à leur botte ». Et au-delà de ces entreprises déjà très développées, des milliers de start-ups émergent dans ce nouveau monde horizontal.

Les *Digital Native Vertical Brands* (DNVB) sont surtout nativement orientées client !

Bergamotte, Jimmy Fairly, Oh My Cream, Le Slip Français, Tediber et Tip Toe, Asphalte... Ça vous parle ? « Les *Digital Native Vertical Brands* sont des marques indépendantes nées sur Internet qui se concentrent sur un produit ou un marché très précis. Elles réalisent elles-mêmes la conception, la fabrication et la commercialisation de leurs produits et s'adressent directement aux consommateurs, sans l'intermédiaire de distributeurs » selon la définition de l'association des *Digital Native Vertical Brands* (www.france-dnvb.com).

Le digital est un élément nécessaire de la définition des DNVB, mais pas suffisant. L'essentiel à nos yeux est qu'elles parviennent à pénétrer leurs marchés avec une culture client largement au-dessus de celle de leurs concurrents préexistants :

- elles savent être à l'écoute des attentes de leurs clients en amont de la production ;
- elles préfèrent conserver la relation avec leurs clients plutôt que de la sous-traiter : elles maîtrisent la chaîne complète, de la conception à la distribution ;
- elles inventent des postures relationnelles puissantes parce que conniventes avec leurs clients ;
- et surtout, leur véritable singularité, à bien y regarder, c'est que leur « mission client » est inscrite au cœur de leur business model. Et leur succès en est la meilleure démonstration !

On a trop vite fait de classer toutes ces entreprises, de BlaBlaCar aux DNVB, dans la catégorie « start-ups digitales ». Certes, elles sont nées récemment, elles sont de plain-pied dans le monde digital, mais ce qui les caractérise surtout, ce sont quatre différences radicales avec les entreprises ayant bâti leur succès sur des recettes passées :

1. **Ne pas forcer la fidélité.** Vous devenez client et vous sortez quand vous le voulez. Impensable pour les entreprises classiques. Pensez aux abonnements auxquels vous avez souscrits et auxquels vous souhaitez mettre fin... Dans les entreprises du nouveau monde, on ne confond plus fidélité attitudinale (j'aime la marque) et fidélité comportementale (je rachète). Seuls les clients qui sont satisfaits restent fidèles.
2. **Une disponibilité totale.** Le temps de réponse du service client d'Amazon est parmi les plus performants au monde. Et même si les entreprises de l'ancien monde font des efforts considérables à ce sujet, elles considèrent souvent leur service client comme un centre de coûts qu'il convient de minimiser. Les entreprises du nouveau monde ont, quant à elles, compris que la disponibilité fait partie du business model de base actuel.
3. **Une vraie transparence.** Comme évoqué plus haut, les entreprises du nouveau monde cherchent à créer de la préférence sans techniques coercitives. Pour nous retenir, elles ont donc tout simplement intérêt à ce que les termes du contrat soient parfaitement connus et acceptés par les clients. Pas de mauvaises surprises.
4. **Une fluidité absolue.** Ces entreprises cherchent avant tout à simplifier les interactions avec leurs clients. On accède très rapidement aux services, on choisit le temps que l'on souhaite consacrer à l'interaction. Les scénarios d'interactions, donc les parcours clients, sont pensés « en faveur des clients ». Tout est organisé de manière à ce que le client fasse le moins d'effort possible, ou en tout cas que la démarche du client soit la plus simple et « sans couture » possible. On retrouve ainsi chez Amazon un « responsable de la réduction de l'effort client », et Orange a par exemple créé une direction de la « simplification de l'expérience client » au niveau du groupe.

Nous ne vivons pas une crise, nous changeons de monde. Les bouleversements sont déjà majeurs, mais devraient encore s'accentuer. Nous sommes au début d'une nouvelle histoire : faisons confiance à nos enfants pour la construire... mais transformons nos entreprises pour qu'elles s'adaptent au plus vite à cette nouvelle donne inéluctable !

Les entreprises de l'ancien monde sont dépassées

Les consommateurs, de leur côté, sont déjà prêts pour cette horizontalisation, c'est-à-dire cette relation fluidifiée où l'effort est pris en charge par l'entreprise, non par le client. L'étude GAFAnomics publiée par Farnobel (2014) nous rappelle le gain de temps obtenu sur 15 années, grâce à la technologie, pour effectuer des tâches banales : il est 25 fois plus rapide d'organiser une soirée avec des amis, 70 fois plus rapide d'acheter et d'emporter de la musique pour son footing, 3 000 fois plus rapide de regarder un film rare. Vous souvenez-vous des vidéos clubs ? Ils existaient pourtant encore il y a seulement 15 ans...

Cela, tout le monde le perçoit, y compris les décideurs. Pourtant nous attendons toujours trop longtemps en caisse dans les magasins, nous avons encore des livraisons incomplètes nécessitant de nous battre contre l'interlocuteur du service client, visiblement totalement lobotomisé par des process internes complexes mais obligatoires, et qui ne repère pas notre « cas » dans le script qu'il doit impérativement suivre à la lettre... Il est toujours compliqué de payer en carte bleue dans certains taxis. Notre banquier essaie toujours de nous vendre des produits bancaires qui ne nous intéressent pas. Acheter en ligne ne permet pas de cumuler les points sur notre carte de fidélité comme en magasin, etc.

Face à ce nouveau mode relationnel (liberté, disponibilité, transparence, fluidité, immédiateté) attendu par les consommateurs (parce que déjà mis en place par les entreprises du nouveau monde), les entreprises de l'ancien monde peinent à s'adapter – et ce, malgré des managers et des salariés souvent motivés et conscients des mutations actuelles. À l'image des taxis cités plus haut, leur domination liée à leur puissance historique les a trop souvent « engourdies » pendant de longues années. Certaines pensent même pouvoir continuer quelques mauvaises habitudes en toute impunité... (voir l'exemple ci-après). Quelle présomption à l'ère des réseaux sociaux !

> **EXEMPLE**
>
> Dans un magasin textile, les soldes serviraient-elles à augmenter les prix... ?
>
> 
>
>
> **FIGURE 1.1** Photo vue sur un échange Facebook privé, devenue virale
>
> Et non, il ne s'agit pas d'une erreur d'étiquetage puisque ce cas est très courant !

Les entreprises doivent considérer qu'elles n'ont plus le même pouvoir sur les clients, et qu'au contraire, l'avenir passera par la coconstruction et donc l'échange permanent. *A minima*, les clients ne peuvent plus être considérés comme de simples « portemonnaies » prêts à faire d'emblée confiance aux marques.

Certains voient dans ce mouvement de transformation une nécessité d'être plus « responsables », plus « développement durable », plus « engagés ». Nous pensons qu'il ne faut pas réduire le besoin de résilience des entreprises à leur unique capacité à être plus « responsable écologiquement ». Ce point est évidemment central, mais plus largement, il s'agit, pour chaque entreprise, de trouver sa réelle vocation dans la société : quelle valeur ajoutée apporte-t-elle à ses différentes parties prenantes, au premier rang desquelles se trouvent ses clients ?

Comment se transformer ?

L'enjeu le plus urgent pour nos entreprises est de parvenir à conserver voire gagner leur légitimité dans ce nouveau monde. Voici cinq pistes de travail (parmi d'autres) qui nous semblent prioritaires pour gagner la guerre de l'expérience client et regagner la confiance des clients :

- *Piste n° 1 : rendre la liberté aux clients*

Dans le nouveau monde, vos clients resteront parce que vous le méritez, parce qu'ils l'auront choisi, et non pour de mauvaises raisons (« séquestration » par contrat, technologie, etc.). Dans un monde horizontal, la fidélité par contrat / par obligation est ainsi une négation de la vraie fidélité (ex. : « je rachète cette marque parce que je la préfère »), et donc de la rentabilité durable.

Avec cette première piste, se dessinent les liens qui vont nous animer durant cet ouvrage : changement de monde (horizontalisation) → nécessité de transformation des entreprises → création d'une véritable culture client → rentabilité durable.

- *Piste n° 2 : en finir avec les signes d'arrogance*

Dans leur communication, les marques ont toujours voulu donner de bonnes raisons aux consommateurs de les aimer, en « montrant les muscles ». Le mouvement est désormais différent : elles doivent montrer qu'elles aiment leurs clients et qu'elles se préoccupent donc en priorité de leur satisfaction. Romain Voog (ex-président d'Amazon France) affirmait ainsi il y a déjà quelques années : « Nous ne misons pas beaucoup sur la publicité. Nous préférons mettre cet argent dans l'expérience client ».

- *Piste n° 3 : être « connecté à ses clients » pour adapter son offre et ses services... jusque dans la cocréation*

Dans un monde horizontal, il est indispensable de proposer une offre parfaitement en adéquation avec des besoins qui changent pourtant rapidement. Cela signifie être en permanence présent auprès de ses clients pour décoder leurs attentes, voire leur proposer de participer eux-mêmes à la construction de l'offre. Au-delà de la personnalisation, certaines marques intègrent leurs clients dans l'élaboration même des produits. Certes, ce concept n'est pas nouveau, notamment en B to B, mais nous pensons que cette capacité à mettre systématiquement ses clients au cœur du processus de création fera partie des qualités requises pour les entreprises du nouveau monde.

Quand « C'est qui le patron ? » (tout est dans le titre) renverse les chaises

« Quand les consommateurs se mettent au milieu du débat, c'est la petite zone d'espoir qui réapparaît » (Nicolas Chabanne, créateur de la marque C'est qui le patron ?).
C'est qui le patron ? parvient à bousculer le marché en imposant une démarche centrée client. Lors d'une interview (BFM Business, 22 février 2021), quand le journaliste lui demande s'il parvient à créer des liens avec les géants de l'agroalimentaire, Nicolas Chabanne répond : « Si on les écoute, ils cherchent à nous utiliser comme caution. On veut non pas apporter une caution pour faire du *green washing*, mais *co-brander* les produits avec les grandes marques. Quand Danone ou Nestlé nous appelle et qu'on leur explique notre volonté (*co-branding vs* simple caution), alors le directeur marketing refuse car il pense que les consommateurs vont être perdus » : fâcheuse tendance de ces marques à toujours privilégier le rapport dominant (la marque), qui explique au dominé (le consommateur) qui, comme au XXe siècle, devrait « boire les paroles des grandes marques ».
Mais comme l'affirme Nicolas Chabanne : « Ça va finir par craquer et ce vieux monde va céder ». Et visiblement, ça commence déjà à céder... : C'est qui le patron ? représente plus de 16 millions d'acheteurs !

- *Piste n° 4 : regagner la confiance de ses clients*

Comme évoqué plus haut, la confiance a changé de camp : les consommateurs font en effet beaucoup plus confiance à des gens qu'ils ne connaissent pas et qui donnent des avis sur un hôtel, un produit, un service, qu'aux professionnels eux-mêmes.

Comment regagner la confiance de ses clients ? Pour simplifier, la confiance est la conjonction de deux phénomènes : crédibilité et bienveillance. Ainsi, « je suis persuadé que cette marque veut me satisfaire, et je suis persuadé qu'elle en a la capacité ». Si la question de la capacité semble aujourd'hui moins cruciale pour la plupart des entreprises de l'ancien monde (souvent de grandes entreprises), regagner la confiance revient à multiplier les preuves factuelles que l'entreprise désire vraiment satisfaire durablement ses clients. Mais vu la défiance actuelle, le chemin de la preuve ne doit pas s'arrêter demain matin...

- *Piste n° 5 : simplifier la vie de ses clients*

Dans un environnement devenu beaucoup plus fluide, il devient urgent de s'assurer que les clients vont faire le moins d'effort possible dans le cadre de leurs interactions avec les marques[1].

Exemple

Certains magasins commencent à gérer l'encaissement « volant » sur la surface de vente par n'importe quel vendeur. Quelle fluidité de pouvoir se faire encaisser par la personne qui vous a renseigné et servi !

De même, le fort développement du « click & collect » (réserver un produit sur le site web d'une enseigne et venir le récupérer en magasin) relève de cette logique de fluidité du parcours d'achat.

Malheureusement, malgré tous les efforts consentis par de nombreuses marques, les consommateurs constatent encore d'énormes lacunes dans la façon dont les marques parviennent à leur simplifier la vie.

Comme on peut le constater, réussir cette transformation n'est pas simple. La plupart des dirigeants l'ont compris et investissent dans l'amélioration de l'expérience client. En 2021, nous ne rencontrons

1 À ce titre, l'apparition de l'indicateur *Customer Effort Score* (CES) est un signe qui ne trompe pas... Dixon M, Freeman K., Toman N. (2010), "*Stop trying to delight your customers*", *Harvard Business Review*, juillet-août, 116-122.

plus aucune entreprise qui n'ait pas placé l'expérience client au top de son plan stratégique. Malheureusement, comme elles nous l'affirment, les retours sur investissement sont souvent faibles.

En effet, « mettre le client au cœur de ses préoccupations » est un enjeu beaucoup plus structurel, et la **transformation des entreprises (horizontalisation) sera culturelle** ou ne sera pas.

La partie suivante a pour objectif de montrer un certain nombre d'erreurs que peuvent faire des entreprises qui n'ont pas véritablement engagé leur transformation culturelle, et cela, malgré de très bonnes intentions en matière d'expérience client.

Être orienté client ou pas : les conséquences peuvent être lourdes

Parvenir ou échouer à être orienté client a un impact sur le plan à la fois stratégique et opérationnel.

Un impact sur les décisions structurantes, décisives ou stratégiques

Du fait des contraintes du capitalisme financier (« capitalisme trimestriel »), certaines décisions stratégiques sont prises dans une recherche de profitabilité à très court terme plutôt que dans l'intérêt des clients. Or le constat est clair : ce type de décisions se retourne inéluctablement contre l'entreprise et sa performance commerciale à moyen et à long termes. Car à part en situation de monopole durable, se mettre à dos ses clients, c'est ruiner le principal actif de toute entreprise.

Loin de nous l'idée de prétendre qu'il faille penser aux clients avant de penser à l'entreprise. Mais l'inverse n'est pas valable non plus, le risque étant de voir ces décisions se retourner contre les intérêts de l'entreprise.

EXEMPLE

Une multinationale industrielle dans le B to B a décidé de centraliser sa logistique afin d'optimiser sa rentabilité. L'idée étant d'avoir un unique entrepôt européen, plaque tournante de l'ensemble des sites de livraison. Décision compréhensible. Malheureusement, les délais et la qualité de livraison se sont fortement détériorés. Les clients ont exprimé leur insatisfaction au niveau national, mais la logistique étant dorénavant gérée au niveau international, pas moyen pour un patron de pays d'agir pour améliorer la satisfaction de ses propres clients. Conséquence immédiate : désaffection des clients et pertes de part de marché. Certes, les gains financiers concernant la partie logistique ont été optimisés, mais le manque de préoccupation client a généré une décision qui s'est avérée *in fine* totalement contre-productive en termes de performance économique (pertes de nombreux contrats).

Un impact sur la relation client au quotidien

Indépendamment des process, les collaborateurs au contact client peuvent faire vivre à ces clients une expérience exceptionnelle, normale ou médiocre. Nous avons tous en tête de très bonnes expériences vécues grâce à un vendeur particulièrement attentionné, bienveillant, prêt à trouver une solution à notre problème... Autant de personnes pour qui notre intérêt est visiblement prioritaire. Ou au contraire des situations très agaçantes avec des personnes qui ne font absolument aucun effort pour nous. Ces comportements dépendent du « désir sincère » de prioriser l'intérêt du client. Nous verrons plus loin que ce « désir sincère » est soit une affaire de personnalité (être individuellement orienté client ou pas) et/ou la résultante de ce que nous appellerons « culture client de l'organisation ».

Analysons maintenant les conséquences de ce « désir sincère » de favoriser l'intérêt du client dans trois cas différents :

1. relation client en situation processée, avec un process orienté client ;
2. relation client en situation processée, mais cette fois avec un process non orienté client ;
3. relation client en situation non processée.

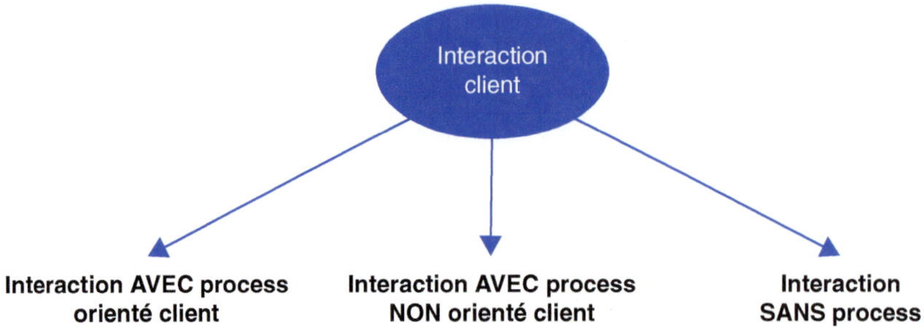

FIGURE 1.2 Trois cas d'interactions possibles

- *Interaction client en situation processée, avec un process orienté client*

Exemple

Un client récemment abonné appelle le service client pour modifier une information le concernant. Le centre de relation client (CRC) fait le nécessaire et adresse un mail de confirmation au client. *Le process est respecté*, mais ce mail revient en « NPAI » (n'habite pas à l'adresse indiquée), ce qui génère une requête dans le CRM. Le CRC clôture celle-ci en précisant que les modifications ont bien été faites. Une autre tâche est alors confiée à un conseiller clientèle pour appeler ce même client dans le cadre d'une démarche de réassurance. En découverte dans le CRM, le conseiller voit que ce client est débiteur. Or la consigne, dans ce cas, est de ne pas appeler le client – ce qu'il fait. *Le process est respecté*. Le service financier, de son côté, adresse quatre relances par mail au client car il est débiteur. Là aussi, *le process est respecté*.

Conclusion : chacun des process a bien été respecté, *mais* le client :

- n'a pas eu de confirmation que la modification demandée avait bien été effectuée ;
- n'a pas bénéficié de l'appel de fidélisation, dispositif stratégique pour l'entreprise ;
- a été relancé pour impayé et se retrouve au contentieux malgré lui. À date, l'histoire ne nous dit pas si ce client est toujours client…

Que retenir de cette histoire vraie (et sûrement ordinaire) ? Que chacun a certes respecté son process, mais que sans « esprit client », même les process les mieux pensés mènent souvent à des catastrophes côté client.

- *Interaction en situation processée, avec un process non orienté client*

Vous l'avez compris, nous nous retrouvons ici dans le pire des cas : celui où un process existe et où il n'est pas orienté client. Si le collaborateur respecte ce process, il paraît clair que la satisfaction client ne sera pas au rendez-vous. Pour autant, malgré des process peu orientés client, les collaborateurs savent parfois faire preuve de discernement, permettant donc à leur client de vivre une expérience positive. Mais pourquoi cela se passe avec tel collaborateur et pas avec l'autre ? Comment réagit le manager s'il est au courant ? Et le PDG ?

Ces questions posent la nécessaire nuance entre orientation client individuelle et culture de l'organisation ; problématique qui sera largement abordée plus loin dans cet ouvrage.

- *Interaction en situation non processée*

Un grand nombre d'interactions client renvoient à des situations qui ne font appel à aucun process. Le collaborateur au contact du client va donc devoir agir sans se référer à une directive, une procédure, une pratique normée. Libre alors à lui de le faire dans l'intérêt du client, dans celui de l'entreprise ou dans le sien. Dans ce cas précis, la culture client va évidemment jouer un rôle majeur, la culture du collaborateur et celle de l'entreprise devenant alors un « filtre » à décisions.

Exemple

Prenons l'exemple (réel) d'un collaborateur d'une boutique d'opérateur télécom. Un client qui achète un smartphone lui fait part de son inquiétude quant à sa capacité à connecter son appareil avec le système Bluetooth de sa voiture. Le vendeur décide alors d'accompagner ce client jusqu'à son véhicule pour lui montrer la manipulation. On imagine que cela a été possible car il y avait peu de clients qui attendaient dans la boutique. Malgré tout, cette décision spontanée et personnelle (non obligatoire

> dans le cadre d'une qualité de service normale) va générer une expérience client exceptionnelle, et donc sans doute une réelle fidélité ainsi que du bouche-à-oreille positif auprès de ses collègues et amis.

Pour terminer, intéressons-nous à un exemple particulièrement éclairant puisqu'il combine différentes situations processées et non processées. Cet exemple montre que la culture client de l'organisation et/ou des collaborateurs est un phénomène complexe à mettre en place et à maîtriser.

> **Exemple**
> Désireux d'offrir un cadeau à sa femme pour la Saint-Valentin, un client s'est rendu dans une bijouterie. Il a présenté la carte de fidélité qui était au nom de sa femme. Or, dans un souci d'optimisation de l'expérience client, l'enseigne transmet dorénavant par mail au propriétaire de la carte les certificats d'authenticité (ainsi plus de souci de stockage ni de perte). Problème : sa femme a donc malheureusement reçu, dès le samedi, le certificat d'authenticité du bijou qu'elle allait recevoir en cadeau le lendemain... Surprise ratée !

Nous tenons là un bon exemple d'une entreprise qui, croyant bien faire pour ses clients (nouveau service qui facilite la vie des clients), rate totalement son objectif par manque de culture client. En effet, parallèlement à la mise en place de ce process orienté client, il aurait fallu aussi travailler la culture client des collaborateurs. Ainsi, dans notre exemple, la vendeuse aurait dû avoir « l'intelligence client » de vérifier le nom figurant sur la carte de fidélité, qu'il s'agissait bien d'un cadeau pour cette personne, puis, de proposer de différer l'envoi du certificat. D'où vient ce déficit de comportement ? À nouveau, il est possible que ce soit une maladresse de la part d'une vendeuse peu orientée client et/ou que cela provienne d'un déficit de culture client de l'organisation.

Suivant la façon dont ils ont été conçus, les process peuvent donc être aidants ou répulsifs pour agir en faveur des clients. Malheureusement, créer une véritable culture client leur paraissant complexe à maîtriser, à évaluer et donc à manager, les entreprises ont trop souvent recours à des normes supposées plus facilement maîtrisables et objectivables. Et mettre en place ces normes leur permet aussi de croire que les collaborateurs les moins enclins à prioriser l'intérêt des clients « rentreront dans le rang ».

Or nous constatons qu'il n'en est rien :

- Les normes ne sont souvent objectivables que vues d'une feuille Excel, loin de toute réalité du terrain ;
- Aucune norme ne transformera un collaborateur non orienté client en créateur d'enchantement. Certes, il dira « bonjour » si la norme l'y oblige, mais ce « bonjour » sonnera faux et provoquera la réaction contraire à celle désirée chez le client...

Au commencement étaient les process

Pour mesurer le poids de plus en plus important des normes et des process destinés à manager l'expérience client, il est nécessaire de comprendre les processus « d'industrialisation de la relation client ».

Le fondement de la démarche : la chaîne satisfaction-fidélité-profit

La recherche académique a depuis longtemps souligné le rôle de la satisfaction client dans la performance économique des entreprises. Keiningham *et al.* (2008)[2] ont, par exemple, montré que la capitalisation boursière d'une entreprise en t1 était très fortement liée au niveau de satisfaction de ses clients en t0. D'après leurs résultats, un trader qui a investi 100 $ en 1996 dans les entreprises du Standard & Poor 500 a doublé la valeur de son portefeuille au bout de 10 ans (204,70 $) ; en revanche, si ce même trader a investi 100 $ dans des

2 Aksoy L., Cooil B., Groening C., Keiningham T., Yalçin A., "*The long-term Stock Market Valuation of Customer Satisfaction*", *Journal of Marketing*, 2008, 72, 105-122.

sociétés comparables mais ayant, cette fois, une satisfaction client à la fois au-dessus de la moyenne et en augmentation, la valeur de son portefeuille a non plus doublé mais triplé au bout de 10 ans (312,04 $) – soit plus de 100 % d'augmentation par rapport au Standard & Poor ! Au vu de ce genre de chiffres, on comprend mieux l'intérêt croissant des dirigeants (naturel ou forcé) pour la satisfaction client...

Pour autant, les liens entre satisfaction et rentabilité sont complexes, et la majeure partie de l'effet de la satisfaction sur la performance financière n'est pas directe. De nombreuses recherches ont ainsi montré que la fidélité venait souvent s'insérer entre la satisfaction des clients et la performance : si la satisfaction ne permet pas de créer de la fidélité, son effet sur la performance s'en trouve largement diminué. Ainsi, selon un modèle maintenant classique – mais toujours débattu compte tenu d'autres concepts venant interagir (engagement, attachement, confiance, etc.) – la satisfaction engendrerait (peut-être) de la fidélité ; fidélité qui engendrerait elle-même du profit (sous certaines conditions)[3].

Fortes de ces démonstrations, mais surtout prises à la gorge par la pression concurrentielle conjuguée au pouvoir grandissant des clients, les entreprises se sont mises à vouloir piloter la satisfaction de leurs clients.

La nécessité de manager les comportements

Elles ont ainsi mis en place des processus destinés à normaliser les comportements des collaborateurs afin d'optimiser l'expérience vécue par leurs clients, mais aussi d'assurer une vraie cohérence de l'expérience entre canaux. Après l'industrialisation de leurs chaînes de production, les entreprises sont ainsi rentrées de plain-pied dans l'ère de « l'industrialisation de la relation client ».

3 Pour en savoir plus sur les différentes étapes de cette "*Experience Profit Chain*", on pourra se référer à Ray D. et Sabadie W., *Marketing Relationnel, Rentabiliser les politiques de satisfaction, fidélité, réclamation*, Dunod, 2016, 340 p.

La prise de conscience de la nécessité de développer l'expérience client / les parcours client

Historiquement développée dans les années 1970-1980 autour des politiques qualité, la satisfaction client devient, dans les années 1990-2000, l'apanage des directions marketing. Dans un monde où la concurrence est exacerbée, gagner un nouveau client coûte de plus en plus cher : le client devient un bien rare, d'où la prépondérance des politiques de type « cultivateur » (rétention des clients) plutôt que « chasseur » (conquête). Dans ce contexte, après avoir longtemps été le but recherché, la satisfaction n'est plus le Graal ; elle n'est que l'un des instruments au service de la fidélisation.

Enfin, depuis une dizaine d'années, l'expérience client a clairement renversé la satisfaction et la fidélité dans l'esprit des managers. Les enseignements de Pine et Gilmore (1998)[4] s'appliquent en effet parfaitement à un monde où le rapport de force entre offre et demande s'est inversé. Pour autant, contrairement à ce que pensent certains, il ne faut pas impérativement faire vivre à tout moment « une expérience mémorable » à ses clients ! L'économie de l'expérience est plutôt fondée sur une compréhension en profondeur des véritables besoins et aspirations des clients durant l'intégralité de leurs relations avec la marque – qui comprend donc aussi l'avant (anticipation) et l'après achat/consommation (souvenir).

Exemple

Lorsque les studios Universal de Los Angeles constatent que leurs clients doivent passer des heures à attendre au soleil, ils transforment ces moments d'attente en « attractions » au sein de groupes de clients ou entre groupes de clients, et leur font donc vivre des moments uniques : à Universal Studios, on ne s'ennuie pas pendant les moments d'attente – certains refont même la queue juste pour profiter à nouveau de ce bon moment (authentique) !

4 Pine B. J., Gilmore J., *"Welcome to the Experience Economy"*, *Harvard Business Review*, juillet-août 1998, 97-105. Et pour une vision plus approfondie : Pine B.J., Gilmore J., *The Experience Economy: Work is Theatre and Every Business a Stage*, Harvard Business School Press, 1999.

Dans ce contexte, la compréhension des parcours client[5] et, surtout, la convergence de toutes les forces de l'entreprise vers ce but constituent un basique indispensable à une expérience client réussie. Mais contrairement aux pratiques que nous observons dans de nombreuses entreprises, cette « reconstitution chronologique, pour un motif donné de contact (achat, réclamation, etc.), de ce que vit un client tout au long de ses interactions avec l'entreprise »[6] doit nécessairement être appréhendée « côté client ». Ainsi, **commencer chaque phrase liée aux parcours client par « Moi, client, je... » plutôt que « Il va en magasin pour... » constitue donc LE mantra indispensable à qui s'intéresse à l'expérience client.** En effet, la tentation est forte de voir les parcours client à travers notre propre prisme interne (nos processus, nos scripts, etc.) : dans toute entreprise, la force centripète est souvent bien supérieure à la volonté de se focaliser sur les attentes explicites mais aussi implicites des clients !

Exemple

Quand la direction des remontées mécaniques et services des pistes de Val d'Isère passe d'une vision du parcours client de type « Nous sommes coincés par la raideur des pistes pour les retours à la station » à une vision telle que vécue par les clients « Moi, client débutant avec enfants, j'ai peur lors du retour à la station à cause des skieurs qui dévalent les pistes noires et qui arrivent nécessairement au même endroit », cela ouvre la porte à la création d'une expérience client largement améliorée : en déplaçant les pistes « Débutants » sur une zone plus appropriée en altitude et en les incitant fortement à redescendre en utilisant les télécabines (plans, panneaux, conseils des perchmen et des pisteurs, etc.), Val d'Isère a largement amélioré l'expérience et donc la satisfaction de ce segment important de clients – satisfaction qui décuple la probabilité de recommandation de la station mais aussi de renouvellement de séjour.

5 Le terme anglo-saxon de *customer journey* est d'ailleurs beaucoup plus explicite sur le sens réel du mot « parcours ».

6 Ray D., Sabadie W., *op. cit.* 186-187.

Mais dans la plupart des entreprises, qui dit « optimisation des parcours client » dit « mise en place de processus », donc de normes et de process, afin d'assurer la cohérence des pratiques entre différents sites, moments, situations, etc. Et qui dit « processus » dit nécessairement « indicateurs de performance »...

Une pluie de nouveaux indicateurs

De très nombreux indicateurs « client » ont ainsi été créés au fil du temps (et des modes...) : CSAT, NPS, CES, WAR, etc.

Le plus connu et le plus répandu reste sans conteste le NPS (*Net Promoter Score*). Proposé par F. F. Reichheld en 2003[7], cet indicateur s'appuie sur une simple question de recommandation : « Recommanderiez-vous cette marque à un collègue ou un ami ? », avec des notes allant de 0 (« non, certainement pas ») à 10 (« oui, certainement »). Il consiste à retrancher le pourcentage de « Détracteurs » (notes de 0 à 6) au pourcentage de « Promoteurs » (notes 9 ou 10). Le succès de cet indicateur repose sur différents arguments – largement critiquables[8] –, notamment le fait que, d'après Reichheld, le NPS soit fortement corrélé à la croissance du CA et permette également de ne plus avoir à réaliser d'imposantes enquêtes de satisfaction. Quoi qu'il en soit, la simplicité du modèle et la puissance de Bain & Co (F. F. Reichheld est associé au sein de ce cabinet de conseil) a permis au NPS de s'imposer comme la norme en matière de mesure de la « performance client » d'une marque.

Le recours à un ou plusieurs indicateurs client a généralement un effet bénéfique assez rapide sur la satisfaction client : les équipes se mobilisant, les scores ont tendance à augmenter les premiers mois. Et de façon plus générale, insérer un indicateur client dans le *balanced scorecard* du dirigeant a aussi un mérite majeur : porter le sujet de la satisfaction client au cœur de l'entreprise, souvent pour la première fois...

7 Reichheld F. F., "*The one number you need to grow*", *Harvard Business Review*, 2003, vol. 81, n° 12 (décembre), 46-53.

8 Pour en savoir plus sur les atouts et les limites du NPS, on consultera par exemple Ray D., « *Net Promoter Score* : faut-il jeter le bébé avec l'eau du bain ? », *L'Expansion Management Review*, 2014, 154, 3, 59-67.

Mais avec le temps, il devient compliqué de mobiliser l'entreprise autour de cet indicateur pour 3 raisons principales :

1. Après un effet levier à court terme, les scores évoluent finalement assez peu. N'oublions pas pour autant que « simplement » maintenir un (bon) score de satisfaction constitue déjà un résultat très positif. En effet, la satisfaction est définie comme le rapport entre la performance perçue et les attentes. Or dans un monde concurrentiel, ces attentes évoluent systématiquement et rapidement à la hausse : dans ces conditions, maintenir un (bon) score de satisfaction signifie donc avoir progressé aussi vite que les attentes de ses clients... ;
2. De nombreuses entreprises utilisent peu la richesse des baromètres de satisfaction pour décider des actions opérationnelles, et négligent les verbatims associés. Les indicateurs client sont ainsi considérés comme des contraintes et non des opportunités ;
3. Comme tout indicateur de performance (lois de Campbell et de Goodhart[9]), les indicateurs client sont souvent détournés de leur objectif initial : l'atteinte du niveau demandé par la direction sur l'indicateur (CSAT, NPS, CES, etc.) devient très vite l'objectif en tant que tel, reléguant l'objectif initial (le vrai) au second plan. Ce danger majeur des indicateurs client est développé dans le paragraphe suivant.

De façon plus générale, qu'il s'agisse des biais liés aux indicateurs, de la force centripète intrinsèque à toute organisation qui nous incite à nous préoccuper en priorité des problèmes internes, ou encore de la pression sociale qui règne autour de la satisfaction client, tout nous pousse à une contradiction majeure : la nécessité de faire bonne figure vis-à-vis de l'extérieur (le célèbre « Nos clients sont au cœur de nos préoccupations ») tout en gérant au mieux les contradictions internes (réduction des coûts, injonctions contradictoires du mana-

....

9 Campbell D. T. (1979), *"Assessing the impact of planned social change"*, *Evaluation and Program Planning*. 2 (1): 67-90 ; Goodhart C. (1981), "*Problems of Monetary Management: The U.K. Experience*", in Anthony S. Courakis (ed.), *Inflation, Depression, and Economic Policy in the West*, 111-146.

gement, etc.). Au total, même si l'intention était positive à la fois pour les clients (satisfaction), pour l'entreprise (rentabilité), mais aussi pour les collaborateurs (satisfaction au travail), cette contradiction vécue par la grande majorité des entreprises mais surtout des collaborateurs – et pas uniquement ceux en contact des clients – mène inéluctablement à trois types de pratiques négatives que nous détaillons ci-après.

"The big mistake"

Comme évoqué précédemment, la coexistence de différentes contraintes apparemment contradictoires mais pour autant inéluctables mène les entreprises à un certain nombre de pratiques détruisant de la valeur. Le capitalisme financier actuel impose en effet une forte pression à très court terme : avec des actionnaires réclamant un retour sur investissement annuel de l'ordre de 15 %[10], comment ne pas prioriser la réduction des coûts et les gains de productivité à outrance ?

Mais en même temps, comme nous l'avons décrit plus haut, plus les marchés deviennent matures, plus ils se complexifient et se durcissent : les clients prennent le pouvoir et la concurrence s'exacerbe, menacée de plus par l'arrivée de nouveaux acteurs aux business models différents (plateformes, etc.).

Au total, les entreprises sont donc contraintes à se recentrer client pour survivre, tout en créant plus de valeur pour l'actionnaire à très court terme. Cet effet tenaille (*cf.* Figure 1.3) est (mal) vécu au quotidien par l'ensemble des collaborateurs de l'entreprise, et en premier lieu par les dirigeants.

10 Moyenne de la rentabilité déclarée comme attendue par les investisseurs en Bourse en 2019, particuliers compris (source : *Les Échos*).

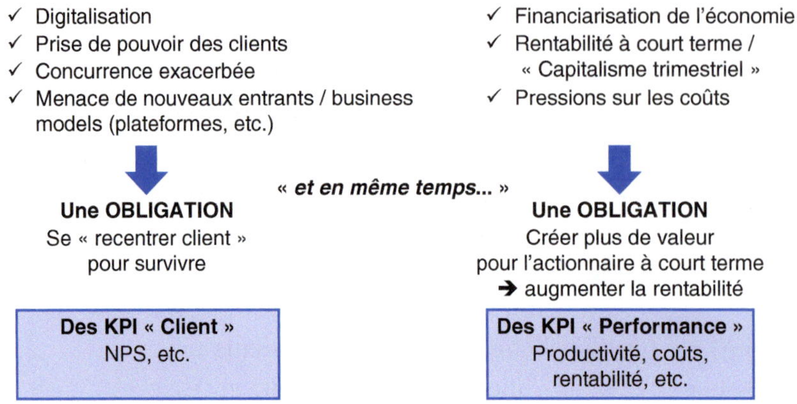

FIGURE 1.3 L'effet tenaille du capitalisme financier et de la maturité des marchés

Qu'observe-t-on en termes de pratiques pour survivre dans cet océan de contradictions ? Malgré la diversité des solutions, trois grandes (mauvaises) directions semblent plébiscitées : le *customer washing*, le détournement des indicateurs client, et de façon plus générale, la lobotomisation de la relation client.

Recours au *customer washing*

À l'instar du *green washing* (vanter ses préoccupations écologiques uniquement pour se dédouaner socialement, et ne rien faire en réalité), le *customer washing* consiste à s'affirmer particulièrement concerné par les problématiques d'expérience client, mais à ne surtout rien modifier de ses mauvaises pratiques. Ainsi, lorsque la pression des clients devient trop forte et qu'une organisation n'est pas en capacité de modifier ses pratiques ni son mode de fonctionnement dans le temps imparti (structure, organisation, process, etc.), la tentation est grande de privilégier la peinture extérieure plutôt que de s'attaquer aux fondations : ce qui est montré dans la devanture n'a ainsi rien à voir avec la boutique, et encore moins avec l'arrière-boutique...

- JEU -

Réfléchissez aux trois marques que vous considérez comme les moins préoccupées par votre satisfaction (vous verrez, c'est facile !). Allez voir maintenant, par exemple, leur site internet : il y a

fort à parier que dès la page d'accueil, vous trouviez des éléments de langage tels que « satisfaire nos clients est notre priorité » ou encore « notre mission : proposer à nos clients une expérience exceptionnelle »...
Allez, on vous aide : regardez par exemple du côté du commerce du bout de la rue qui placarde des affiches sur sa véritable obsession de la satisfaction client mais qui ferme entre midi et deux « parce que nous aussi, on a le droit de manger ». Ou encore dans le secteur bancaire ou de l'assurance, sans parler de la réparation automobile ou encore de l'habillement – pour n'en citer que quelques-uns – : autant de secteurs où certaines entreprises (certaines seulement, heureusement) pratiquent quotidiennement le grand écart entre promesse affichée et réalité de l'expérience vécue par leurs clients.

Mais rappelons tout de même que ce *customer washing* est souvent bien involontaire. Les entreprises auxquelles vous avez pensé ne sont pas toutes constituées de collaborateurs qui se moquent de la satisfaction client, mais plutôt de gens comme vous et moi qui se retrouvent « cornérisés » entre leurs obligations de performance financière et de performance client... Mais vous l'avez bien compris : si certains l'ont longtemps pratiquée dans le passé, une telle posture ne peut plus durer à l'ère de l'horizontalisation et des réseaux sociaux, car ses conséquences peuvent vite devenir dramatiques en termes d'image.

Détournement des indicateurs de performance client

Exemples

- Alice travaille au service client d'une grande banque. Dans le cadre d'un plan global de réduction des coûts, on lui demande de faire non plus 5 mais 6 appels à l'heure, tout en atteignant un NPS supérieur à 40. L'exercice lui paraît évidemment impossible.
- Maud, marketeuse dans les télécoms, s'entend dire qu'elle doit impérativement sortir deux offres atteignant un score de 85 % de « très satisfaits », et ce dans un délai court et avec un budget amputé de 30 %.

Dans les illustrations qu'on vient d'aborder, trois solutions s'offrent à Maud et à Alice : se démettre (démissionner, changer de job), se soumettre (privilégier les indicateurs de productivité), ou ressentir un profond malaise dans leur travail (il s'agit ici de dissonance cognitive), travail qui devient totalement dénué de sens et donc source de *burn-out*.

On comprend donc aisément qu'une quatrième solution (souvent complémentaire à la troisième), plus simple, plus immédiate mais aussi moins coûteuse, soit la plus répandue. Elle consiste à « s'occuper personnellement » de l'indicateur de satisfaction ou du NPS : sollicitation des clients pour qu'ils nous notent 9 ou 10 (NPS), omission de certains clients insatisfaits dans les fichiers destinés aux enquêtes de satisfaction, « choix éclairé » des résultats à montrer ou non à la direction, etc.

« Je ne crois qu'aux statistiques que j'ai falsifiées moi-même » disait Churchill...

Or, il apparaît que ces pratiques sont en train de se généraliser dans tous les secteurs : en effet, si l'un des compétiteurs obtient des scores élevés – même faux – et le fait savoir, ses concurrents sont obligés de suivre. Ainsi, qui d'entre nous peut aujourd'hui affirmer n'avoir jamais été abordé par un collaborateur d'une entreprise dans la réparation automobile, les télécoms, la banque, le retail, etc. avec cette demande : « Si vous êtes satisfait, répondez bien 9 ou 10 à l'enquête de satisfaction. C'est important pour nous », voire « Je peux vous avoir une réduction supplémentaire de 3 % si vous me mettez 9 ou 10 à l'enquête de satisfaction »... On sent l'indicateur NPS et les biais évoqués ci-dessus !

Ces pratiques posent une question de fond : puisque l'indicateur ne correspond plus à la réalité, quid des conséquences positives normalement attendues (rachat, recommandation, etc. et donc rentabilité accrue) ? Et, surtout, comment échapper à de tels biais ?

Exemple

Il y a quelques années, le comité de direction d'une célèbre entreprise française, leader mondial dans son domaine, avait pris conscience que l'ensemble de ses filiales truquait les résultats des enquêtes afin d'obtenir un niveau de NPS qui ne les pénalise pas : la réalité de l'expérience client était au plus bas mais les résultats des NPS « officiels » étaient plutôt bons... Ce comité de direction avait compris que de telles pratiques menaient l'entreprise à sa perte, et s'indignait du manque de professionnalisme et d'engagement de ses salariés. Pourtant, à y regarder de plus près, les responsables n'étaient pas uniquement les collaborateurs concernés mais avant tout le management (et donc en premier lieu le comité de direction en question)... Moment épique lorsqu'un des directeurs osa appeler les choses par leur nom et affirmer haut et fort que « le problème est d'abord dans cette salle, parce que nous faisons semblant depuis des années de nous centrer sur la satisfaction de nos clients, alors qu'en réalité nous ne mettons qu'une pression stupide à nos collaborateurs à travers l'atteinte d'indicateurs hors sol, uniquement destinés à nous rassurer et à faire bonne figure vis-à-vis du monde économique et de nos actionnaires » !

Quand les indicateurs client ne décrivent plus la réalité de ce que vivent les clients, ils ne permettent plus de manager et encore moins d'optimiser l'expérience client. Parce que ces pratiques peuvent durer tant qu'elles restent « sous les radars », leurs conséquences sont dramatiques pour l'entreprise mais également pour la motivation et l'engagement des salariés. Et plus les collaborateurs redouteront les conséquences négatives de résultats médiocres sur ces indicateurs, et/ou plus les dirigeants seront aveugles, plus le réveil sera douloureux : perte importante de clients, difficulté à en conquérir de nouveaux, dépositionnement de la marque.

De nombreuses entreprises ont indexé une partie de la rémunération variable de leurs salariés sur un indicateur client (NPS, satisfaction, etc.). En première analyse, cela peut paraître une excellente idée pour motiver les collaborateurs et leur faire prendre conscience de l'importance de ces indicateurs. Sauf que, comme le montrent de nombreux retours en arrière à l'heure actuelle, le biais évoqué ci-dessus risque fort de n'en être que décuplé : l'objectif mesuré par l'indicateur concerné (satisfaction des clients, volonté de recommander la marque, etc.) sera totalement négligé au profit du succès sur l'indicateur lui-même – à n'importe quel prix puisqu'il s'agit de la rémunération !

Comme le montrent de nombreuses études scientifiques (et nous allons le détailler plus loin), **seul le développement d'une véritable culture client au sein de l'entreprise permet de sortir « par le haut » d'une telle situation en réconciliant satisfaction client, productivité, CA, mais aussi satisfaction des salariés.**

Donc oui, indexer la rémunération des collaborateurs aux indicateurs client est une excellente idée si et seulement si :

- l'entreprise développe en parallèle une véritable culture client auprès de l'ensemble des collaborateurs ;
- cette rémunération reste globale et non personnalisée, que ce soit par service ou, pire encore, individuellement : la satisfaction client concerne bien tous les collaborateurs !

Car dans le cas contraire – et de façon plus générale – le détournement des indicateurs client constitue un risque majeur, bien que largement sous-estimé, pour l'avenir de l'entreprise : *Tout va bien, Madame la Marquise !*

Lobotomisation de la relation client

Pour des raisons de taille et de gains de productivité, la relation client[11] s'est véritablement « industrialisée » durant les trente dernières années. Elle devait en effet devenir capable de réaliser à grande

11 Nous attirons l'attention du lecteur sur une confusion courante entre « expérience client » et « relation client » : on entend souvent dire que les collaborateurs qui travaillent sur l'expérience client travaillent « dans la relation client ». Or la relation client n'est qu'une partie de l'intégralité de l'expérience client. En effet, l'expérience client c'est-à-dire « tout ce qu'un client fait, ressent, pense et raconte tout au long de ses interactions directes et indirectes avec une organisation » (Ray et Sabadie, p. 144, *op. cit.*) peut être, en schématisant, découpée en deux grandes parties complémentaires : l'usage du produit / service concerné, et la relation qu'a le client avec l'organisation.

échelle ce qui se faisait à une échelle encore réduite quelques années auparavant.

Mais cette industrialisation a inéluctablement débouché sur deux tendances complémentaires : la volonté d'automatiser au maximum cette relation, et en conséquence la prolifération des normes et des process. Si l'on ajoute à cela le développement exponentiel des capacités du digital, le cocktail devient vite explosif, surtout dans un contexte de recherche de ROI à court terme.

La prolifération des normes et des process

Lorsque la relation entre une marque et ses clients est construite puis mise en œuvre à partir d'une panoplie de nomenclatures et de process qui doivent être respectés coûte que coûte « le doigt sur la couture »[12], il y a certes une relative cohérence omnicanale des pratiques, mais rarement une « bonne » expérience client.

Car sur cent cas de relation client, combien correspondent exactement aux process stipulés ? Sur le papier, ou vu de la feuille Excel du consultant ou du contrôleur de gestion, 99,9 %. Mais en réalité, nous savons tous que la relation client se construit certes en s'appuyant sur l'idée générale définie par le process concerné (c'est même son rôle), mais aussi dans une relative « agilité intelligente » souvent nommée « bon sens client ». Ou alors il convient de définir au préalable TOUS les cas de figure et de les processer un à un… Bonne chance à ceux qui s'y risqueraient !

Certes, l'entreprise a l'impression de « maîtriser » l'expérience client puisque tout est inscrit dans les process. Mais puisqu'il s'agit d'un vécu et donc d'une perception client, l'expérience client n'est pas « maîtrisable ». Et le résultat est souvent inversement proportionnel à l'impression de complétude du dispositif.

12 « […] améliorer l'expérience de nos clients par la créativité de nos collaborateurs plutôt que par le respect doigt sur la couture de quelques process imposés par une minorité » : expression utilisée à l'issue de notre mission COS® par Michel Aballea, directeur général du groupe Décathlon, pour décrire ce qu'apporte d'après lui la dimension « autonomie et responsabilisation des équipes » de l'orientation client.

Exemple

Il y a quelques années, chez un des leaders mondiaux de la gestion de l'énergie et des automatismes, le classeur rassemblant les directives et process liés au traitement des réclamations client faisait plus de 1 000 pages. Certes tout y était prévu... Mais qui l'utilisait ? – à part bien sûr pour convaincre les auditeurs des normes ISO 9001 –. Tout cela a bien changé depuis, nécessité oblige.

Les process, c'est-à-dire le cadre et les « bonnes pratiques » pour réaliser de façon la plus efficiente possible une succession de tâches afin d'atteindre un objectif donné, sont souvent nécessaires pour faciliter le travail et guider les décisions : sans process explicite ou implicite, pas de référent auquel se raccrocher, mais surtout pas de capitalisation sur les meilleures pratiques. Et, en plus, un vrai danger que ce que l'on fasse vivre aux clients dépende du lieu, du collaborateur concerné, etc.

Mais si les process peuvent se permettre d'être relativement clairs et rigides dans une chaîne de production de produits physiques, il n'en est pas de même pour la production d'un service, par essence intangible et non reproductible, entre autres[13]. Or dans de nombreux cas, les entreprises ont simplement plaqué les méthodes industrielles au monde des services. Et une fois de plus, l'application « à la lettre » de tels process mène souvent à un résultat opposé à l'esprit de ces process, comme le montre l'exemple du « sac à 4 centimes ».

Exemple

Il est 18 h 45 au supermarché du quartier, et la queue est longue à la caisse : chacun attend son tour en maugréant, pressé de rentrer chez lui. Le client en caisse n'a pas de sac pour emporter ses achats, le personnel de caisse lui demande gentiment « s'il

13 Eiglier et Langeard ont, les premiers, mis en exergue les spécificités de la production de services : Eiglier P. et Langeard E., *Servuction : le marketing des services*, 1987, Ediscience, 202 p.

désire acheter un sac à 4 centimes ». Après un rapide coup d'œil aux marchandises concernées, le client répond : « non merci, ça va aller ». Consternation dans la queue, mais surtout consternation du personnel de caisse qui, parce qu'il vit cette situation 50 fois par jour, connaît la suite par cœur... : le client arrive tant bien que mal à tout prendre ; l'édifice s'effondre évidemment au bout de quelques mètres et tout tombe à terre ; retour penaud à la caisse et tentative d'achat d'un sac à 4 centimes ; sans monnaie et comme la carte bleue n'est pas prise à moins de 5 €, cela tourne au cauchemar : bienvenue chez Kafka ! Et pendant ce temps, la file d'attente s'allonge, chacun s'énerve – et en premier lieu le personnel de caisse, furieux que cela crée de l'insatisfaction chez d'autres clients qui n'y sont pour rien... Sans parler des incivilités qui ne manquent pas d'arriver du fait de l'énervement des clients ayant trop attendu.
Bref, tout le monde a perdu : le taux d'insatisfaction augmente, le personnel de caisse vit mal son travail et l'entreprise y perd clairement en satisfaction, en fidélité et donc en rentabilité.

Au total, la question est simple : compte tenu des conséquences financières évoquées ci-dessus, pourquoi la personne en caisse n'a-t-elle pas, après le refus du client d'acheter un sac à 4 centimes, tendu avec humour ledit sac (« permettez-moi de vous l'offrir pour cette fois, cela vous aidera et vous en aurez un pour la prochaine fois »), perdant certes 4 centimes mais :

- évitant l'ensemble des conséquences négatives mentionnées précédemment,
- offrant à l'ensemble des clients présents une image très positive d'elle-même et de l'enseigne ?

Certains diront que si l'on commence à donner gratuitement des choses normalement payantes, tout le monde va chercher à en profiter. Or toutes les études montrent le contraire, tout au moins dans nos cultures occidentales. Certes, il y aura toujours quelques rares individus qui profiteront du système. Mais pour combien de clients qui ressortiront au contraire favorablement surpris, avec toutes les conséquences positives pour l'enseigne ? D'autres, qui connaissent mieux cette situation, vous diront que la personne en caisse n'a absolument aucun intérêt personnel à faire ce geste. En effet, en le faisant elle satisfait certes mieux ses clients, mais va s'attirer les foudres de son manager qui la recadrera en lui demandant de respecter les process mis en place par l'organisation. Plus encore, elle risque fort de devoir payer elle-même cette somme qui manquera en caisse. Ainsi, on visualise mieux que la nécessité de respecter les process « le doigt sur la couture » dessert l'intérêt du collaborateur et va même contre celui des clients.

Malheureusement, nous vivons tous des dizaines de situations similaires autour de nous, y compris dans notre propre organisation, où pour des raisons de respect des normes et autres process, les intérêts respectifs des collaborateurs et des clients deviennent antagonistes : malgré la bonne volonté de départ, agir en faveur des clients devient un problème plutôt qu'un objectif !

Exemple

Voici un nouvel exemple de problème lié au respect des process dans le monde des services.

Dans le retail, le fameux SBAM – Sourire, Bonjour, Au revoir, Merci – est un basique. L'injonction « vous devez dire bonjour aux clients qui entrent dans le magasin » est ainsi passée dans les mœurs et même dans les process. Il en est de même en termes d'indicateurs via des enquêtes clients mystères. Et si l'indicateur montre une lacune sur ce « bonjour » obligatoire pour obtenir son bonus (ou éviter une réprimande), il y a fort à parier qu'il devienne une obsession du manager, contrôles à l'appui. Alors, évidemment, comme dans une enseigne avec qui nous avons récemment travaillé, tous les collaborateurs finiront par dire bonjour... Mais dire bonjour ne signifie pas pour autant que le client se sente accueilli (objectif recherché) : nous l'avons tous déjà vécu au moins une fois, un « bonjour » sec et froid parce qu'automatique, ou contraint et vidé de son sens, produit plutôt l'effet inverse et ne donne donc qu'une envie, celle de partir ! Mais tout va bien : le process sera respecté et l'indicateur sera bon...

> Comme le disait Corneille : « La façon de donner vaut mieux que ce qu'on donne » (*Le Menteur*, I, 1, 1644).

Il y a donc une différence majeure entre « nous accueillons nos clients en souriant et en leur disant bonjour » et « moi, client, je me suis senti accueilli ». Obliger les gens à sourire ou à dire systématiquement bonjour n'a jamais rempli l'objectif poursuivi, qui est que le client « se sente accueilli » ! En revanche, **parier sur l'intelligence émotionnelle et sociale des collaborateurs,** en tant qu'êtres humains, **leur expliquer pourquoi un client doit se sentir accueilli,** mais aussi **partager avec eux un certain nombre de bonnes pratiques, aura un retour sur investissement bien supérieur à la création d'une simple obligation.**

IMPORTANT

En voulant tout régir et contrôler (Process et KPI), nous générons des biais inhérents à toute organisation, nous sclérosons l'intelligence humaine et passons à côté de l'objectif initial. De même, en confondant « la lettre » et « l'esprit » d'une norme ou d'un process[14], nous dévoyons son objectif initial qui consiste à guider les pratiques, faciliter les décisions et assurer un minimum de cohérence au sein d'une même entreprise. Il est, en effet, beaucoup plus facile de « pondre des process » et autres normes que de prendre le temps d'expliquer aux collaborateurs concernés l'esprit et l'objectif de ce process, puis de les former à l'utiliser « en bonne intelligence », c'est-à-dire en respectant l'esprit du process tout en sachant l'adapter pour atteindre l'objectif poursuivi. Cela demande du temps et donc de l'argent, mais aussi – et surtout – une certaine confiance vis-à-vis des collaborateurs qui vont être amenés à l'appliquer « en bonne intelligence »... Beaucoup trop dangereux ! (mais en êtes-vous bien sûr ?)

---

14 Relisons Montesquieu, *De l'esprit des lois* (Barrillot & fils, 1748), où l'on trouve, entre autres, ceci : « Les lois doivent être tellement propres au peuple pour lequel elles sont faites, que c'est un très grand hasard si celles d'une nation peuvent convenir à une autre ».

Digitalisation et automatisation de la relation client

Si l'on exclut volontairement ici toute considération éthique, l'étape ultime de l'industrialisation de la relation client est évidemment son automatisation totale : plus de relation humaine, plus de collaborateurs à gérer, plus d'oubli, d'erreur ni d'interprétation hasardeuse... une cohérence omnicanale parfaite : le rêve. Mais ce rêve (bientôt réalité ?) du producteur, qui y voit d'abord une réduction de ses coûts, est-il partagé par le client ? C'est au fond la vraie question du « niveau désirable » d'automatisation de la relation client. Car si le client veut une réponse ou toute autre chose (obtenir un produit, etc.), et qu'une solution automatisée le satisfait plus qu'une solution humaine, l'industrialisation contribue alors à augmenter sa satisfaction.

Exemple

Dans le domaine bancaire, consulter ses comptes ou faire un virement sans aller à sa banque améliore à l'évidence l'expérience client. De même, le succès phénoménal d'Amazon vient, avant tout, de sa capacité à améliorer notre expérience d'achats mais aussi d'échanges de produits qui, auparavant, nécessitaient de se rendre en magasin sans que l'on en retire une satisfaction supplémentaire.

Dans ce cas, réduction des coûts et satisfaction client vont de pair. Mais la question de l'automatisation de la relation client reste entière : pour quel motif principal cherche-t-on à automatiser ? Réduction des coûts ou amélioration de la qualité de l'expérience client ? Le choix de la priorité est crucial car il va déterminer nombre de décisions tout au long du processus.

Ainsi, dans notre exemple bancaire, faut-il privilégier une solution de type *Chatbot* ou non ? Doit-on supprimer les agences bancaires de proximité ? Indique-t-on clairement comment contacter l'agence par téléphone ou laisse-t-on volontairement le client dans une solution « do it yourself » (site internet, etc.) ?

La grille d'analyse choisie (réduction des coûts *vs* amélioration de l'expérience client) va évidemment modifier grandement les décisions. Les entreprises ont ainsi longtemps voulu nous faire croire qu'elles automatisaient leur relation client pour mieux nous servir (l'attestent les nombreux courriers reçus à ce sujet, qui commençaient tous par « pour mieux vous servir, nous... »), alors qu'il ne s'agissait que de réduire leurs coûts. Il suffisait d'ailleurs d'utiliser ces nouveaux services pour le comprendre immédiatement : design de l'application ou du site pas du tout orienté utilisateur, serveur vocal interactif et autres automates qui rendaient fous de rage les clients, etc. De très nombreuses entreprises ont ainsi dû revenir en arrière, contraintes par les chiffres catastrophiques en termes de satisfaction client, de réclamations, voire de perte de parts de marché.

Plus encore, la collusion temporelle entre cette volonté d'industrialiser et le développement exponentiel des capacités permises par le digital ouvre des perspectives inenvisageables il y a encore quelques années. Mais si nombre d'entreprises s'engouffrent dans la digitalisation de toute leur relation client, la question de fond reste la même : du digital pour digitaliser ou du digital au service d'un objectif spécifique – et là aussi, réduction des coûts et/ou amélioration de l'expérience client ?

Et même si la priorité est donnée à l'amélioration de l'expérience client, comment s'assurer que les marketeurs, puis les développeurs et autres participants au processus d'automatisation soient littéralement obsédés par la satisfaction client dans leurs décisions ? Faut-il ajouter à nouveau des process et des indicateurs... ?

À RETENIR

Une nouvelle fois, on constate que sans une véritable culture client clairement ancrée dans toute l'entreprise – et pas seulement au front-office –, les écueils mis en exergue ici risquent fort de détruire de la valeur pour les clients, donc pour l'entreprise et ses collaborateurs.

Ainsi, on comprend mieux pourquoi tout le monde s'agite autour des problématiques de culture client ou d'orientation client...

- JEU -

Interrogez autour de vous (vos dirigeants, vos collègues et vos équipes) : que voulez-vous dire par « culture client » ou « orientation client » ? De quoi s'agit-il ? Comment l'expliqueriez-vous à votre fils de 14 ans ?

Il est à parier que personne – ou presque – n'aura une idée claire et surtout précise de ce que recouvrent ces termes si souvent employés ! Qu'est-ce qui fait partie de la culture client ? Et qu'est-ce qui n'en fait pas partie ? S'agit-il de ce que nous faisons ? De ce que nous pensons ? De ce que nous faisons vivre à nos clients ? De la façon dont on leur fait vivre leur expérience avec nous ? D'autre chose ?

Et si quelqu'un venait à avoir une idée relativement claire et précise à ce sujet, confrontez-la aux visions des autres collaborateurs de votre entreprise. Vous constaterez que la dispersion est grande, et que derrière les mots que nous employons tous les jours se cachent des visions extrêmement différentes.

Et d'ailleurs, vous-mêmes qui êtes sans doute plus directement concerné, puisque vous avez ce livre entre les mains, qu'en pensez-vous... ? Quelle serait votre définition (précise) à vous ?

Ainsi, après plus de dix ans de travail sur l'orientation client en collaboration avec de nombreuses entreprises de tous secteurs, nous avons acquis une certitude : **l'absence d'une définition claire et partagée par tous constitue le premier motif d'échec d'un projet de développement d'une véritable orientation client**. Chacun voit en effet midi à sa porte et travaille, en toute bonne foi, dans une direction différente des autres, générant au total un kaléidoscope d'initiatives.

Chapitre 2

Orientation client : ce que la science nous apprend

Comme le montre le petit jeu proposé dans le chapitre précédent, tout le monde parle de culture client et d'orientation client, mais nous sommes souvent incapables de définir clairement ce dont nous parlons... Difficile de mener à bien un projet de transformation lorsqu'on n'est pas clair sur l'objet même de la chose !

Mais rassurons-nous tout de suite, il y a de bonnes raisons pour que nos visions divergent et que rien ne soit vraiment clair à ce sujet : en anthropologie, on trouvait déjà plus de 160 définitions différentes du terme « culture » dès les années 1950... Pour autant, répétons-le : après avoir travaillé sur la transformation culturelle et le recentrage client de près de 140 entreprises, nous avons acquis la certitude qu'au-delà de la diversité des situations – et donc des solutions – le premier facteur clé de succès de toute transformation réside dans la prise de conscience de ce qu'est réellement une entreprise « orientée client ».

Orientation client : où en êtes-vous ?

Cas n° 1 :
L'entreprise en est à un moment charnière de sa réflexion stratégique, où tous les constats (internes et externes) sont faits mais ne convergent pas pour autant vers un projet stratégique unique et clair.
Ex. : Un assureur menait depuis un certain temps une réflexion stratégique et n'arrivait pas à faire cohabiter les différents éléments de ce diagnostic au sein d'un même projet stratégique : quel pouvait être le fil conducteur entre impératifs de digitalisation de l'offre, réduction des coûts, mise en place de nouveaux business models, conquête de nouveaux clients mais aussi fidélisation de la base

de clientèle, réengagement et autonomisation des collaborateurs autour d'un projet commun, changement de certains comportements managériaux, etc. ? En partageant une définition claire de ce qu'est une culture d'entreprise, et notamment une culture d'orientation client, ces différents éléments du diagnostic sont devenus cohérents aux yeux des décideurs et se sont imbriqués au sein d'une stratégie globale : la nécessité de se recentrer client, d'en revenir ainsi à l'ADN historique de l'entreprise tout en modernisant les offres et les pratiques dans une perspective orientée client.

Cas n° 2 :
Un M. ou une Mme « Culture Client » / « Customer Centricity » / « Recentrage Client » a été nommé et commence à prendre la mesure de ce qui l'attend : chaque membre du comité de direction lui parle de problématiques différentes ! Plus encore, certains ne comprennent pas une telle nomination alors qu'il existe déjà un service « Expérience client ». D'autres lui demandent son plan d'actions et surtout la délimitation exacte de son périmètre : difficile de répondre sans être nébuleux et donc provoquer des peurs et des rejets ! L'équipe se voit donc souvent obligée de lancer des projets tous azimuts afin de démontrer des résultats tangibles au plus tôt... Ce qui introduit le troisième cas ci-dessous.

Cas n° 3
Le constat est clair, même s'il n'est pas encore officiellement acté : enlisement voire échec du recentrage client. En effet, les actions mises en place n'ont finalement pas eu l'impact prévu, peut-être parce qu'elles sont parties dans toutes les directions, créant de la confusion dans les esprits et surtout un sentiment de panique à tous les niveaux de l'entreprise. Et ce, y compris à la direction générale, mais pire, dans le propre service chargé d'organiser cette transformation interne : où va-t-on ? Quelles sont les véritables prérogatives ? Quelles priorités d'action ? Quels KPI ? Comment éviter les guerres de clochers et rassembler tout le monde autour d'un projet commun ?

Comme on peut le constater, dans ces trois cas, les difficultés auxquelles est confrontée l'entreprise viennent du même problème : le manque de clarté de la problématique, de son scope et de ses enjeux, en particulier auprès de la direction générale. Il s'agit définitivement du premier moment de vérité de la démarche : une transformation culturelle passe nécessairement par un engagement de la direction (faire bouger la culture pour avancer : n'est-ce pas du ressort de la direction ?), donc une vraie compréhension de ce qu'est une culture d'entreprise, et en particulier une culture « d'orientation client ».

Clarifions tout d'abord un point. Deux expressions semblent en effet en concurrence, chacun y allant de son distinguo subtil ou au contraire de sa farouche préférence pour l'une d'entre elles : « culture » client ou « orientation » client ? Venant du monde de la recherche, notre réponse est simple : en toute rigueur, il conviendrait de parler de « culture d'orientation client », comme l'explique David Gotteland, chercheur référent du domaine (voir encadré ci-après qui propose également quelques références académiques de base sur l'orientation client[1]). Pour autant, l'expression « culture d'orientation client » ne remplacera jamais « culture client » ni « orientation client » dans la bouche des managers. Considérons donc que ces deux expressions sont similaires, voire synonymes.

Dans cet ouvrage, **nous emploierons donc les expressions « orientation client » et « culture client » de façon interchangeable, considérant qu'elles signifient exactement la même chose.**

....

1 L'objectif de cet ouvrage étant avant tout pratique, nous ne citerons ici qu'un nombre limité de références que vous retrouverez en Bibliographie. Le lecteur doit néanmoins savoir que l'orientation client constitue un sujet phare de la recherche en marketing, et rassemble des milliers de contributions directes ou indirectes. À titre d'exemple, la recherche du mot clé *Customer Orientation* uniquement dans le titre d'un article académique (revues « peer reviewed ») donne plus de 500 références dans la base de données EBSCO, et plus de 1 200 lorsqu'on demande cette expression en tant que « sujet concerné ». Enfin, on trouve près de 60 000 articles académiques citant ce terme dans le corps du texte...
Dans ce contexte, nous n'aborderons pas non plus ici les controverses académiques autour des différents concepts utilisés, de leurs liens et de leurs éventuelles interactions.

Orientation client : que nous dit la recherche académique ?

*Par **David Gotteland**, professeur de marketing (Grenoble École de Management) et rédacteur en chef de la revue* Recherche et Applications en Marketing.

L'orientation client est une composante essentielle de l'excellence marketing. Pour le dire simplement, l'orientation client est une culture d'entreprise « qui place le client au centre de la stratégie et des actions de l'entreprise » (Deshpandé et Webster, 1989, p. 3) ; elle stipule que le succès à long terme de l'entreprise viendra d'abord de sa capacité à satisfaire durablement le client (Narver et Slater, 1990). En plaçant durablement le client au cœur de l'entreprise, la culture d'orientation client a un effet positif sur les différentes dimensions de la performance d'une entreprise : sur sa performance commerciale (chiffre d'affaires et ventes), sur sa performance financière (profits), sur capacité à innover avec succès, et, même, de manière indirecte, sur sa valorisation boursière (capitalisation, Tobin's q) (Kirca, Jayachandran et Bearden, 2005 ; Rubera et Kirca, 2012).
Le point important est, qu'à terme, la plupart des entreprises d'un secteur d'activité seront orientées client. Mais ce sont celles qui auront su le devenir avant les autres qui en tireront le plus grand bénéfice, c'est-à-dire l'effet le plus élevé sur leur performance. Kumar *et al.* (2011) ont mené une étude longitudinale auprès de 261 entreprises, sur trois périodes (1997, 2001 et 2005). Si, en 1997, seulement 92 d'entre elles étaient orientées client, soit un tiers de l'échantillon, 124 l'étaient déjà devenues en 2001 (près de la moitié : 47 %), et 188 en 2005 (plus des deux tiers : 72 %). Or, et c'est un résultat remarquable, l'effet de l'orientation client sur les ventes et les profits de l'entreprise décroît avec le temps : il est divisé par deux entre 1997 et 2005, ce qui signifie simplement que les entreprises qui ont été les premières à devenir orientées client (en 1997) ont bénéficié d'un impact deux fois plus important sur leurs ventes et leurs profits que celles qui le sont devenues plus tardivement (en 2005).

Que signifie concrètement pour une entreprise d'être orientée client ? Une entreprise qui est orientée client est celle qui a la volonté de connaître et de satisfaire durablement les attentes des clients. Non seulement leurs attentes manifestes, exprimées (il s'agit de la dimension réactive de l'orientation client), mais aussi, et surtout, leurs attentes latentes, encore inexprimées (la dimension proactive) – grâce, par exemple, à des méthodes comme celles des utilisateurs pilotes. Mais être orienté client n'aura pas d'effet bénéfique sur la performance de l'entreprise si elle ne reste qu'une simple volonté. Elle doit, en pratique, se traduire dans les faits par des comportements et des actions concrètes favorables à la satisfaction durable des clients. Aussi, le volet « culturel » de l'orientation client, pour être pleinement bénéfique, doit-il se doubler d'un volet « comportemental ». En pratique, être orienté client consiste donc, aussi, (1) à collecter des informations sur les attentes des clients, (2) à disséminer ces informations auprès de tous les collaborateurs de l'entreprise, et (3) à utiliser ces informations pour développer et lancer de nouvelles offres (Kohli et Jaworski, 1990).

Une entreprise qui ne serait pas ou peu orientée client n'est pas condamnée à le rester. Mais comment devenir plus orienté client ? Il est peu probable qu'une culture d'orientation client apparaisse spontanément dans une organisation : elle est, au contraire, le résultat d'un processus délibéré de transformation culturelle (Gebhardt, Carpenter et Sherry, 2006). Dans ce processus, les dirigeants ont un double rôle essentiel à jouer. D'une part, à travers les processus et les mécanismes incitatifs (récompenses) qu'ils peuvent mettre en place, et à travers les ressources qu'ils peuvent allouer (Kirca, Jayachandran et Bearden, 2005 ; Gebhardt, Carpenter et Sherry, 2006). D'autre part, de manière plus informelle, un dirigeant qui serait lui-même, personnellement, orienté client, devrait influencer l'orientation client de ses collaborateurs en leur servant de référent (Narver, Slater et Tietje, 1998).

Historiquement, la notion d'orientation client (*Customer Orientation*) est issue des recherches sur un concept plus large : « l'orientation marché » (*Market Orientation*). Ainsi, la littérature la plus abondante porte sur ce concept d'orientation marché[2].

L'orientation marché constitue l'une des cultures stratégiques (ou orientation stratégique) possibles d'une organisation, au même titre que l'orientation innovation, l'orientation produit, l'orientation vente, etc. Mais qu'est-ce qu'une orientation stratégique ?

Orientation stratégique et culture d'entreprise

Une orientation stratégique est définie par Gatignon et Xuereb (1997, p. 78)[3] comme les directions stratégiques mises en œuvre par une entreprise pour créer les comportements appropriés afin d'atteindre et maintenir une performance supérieure continue *("the strategic directions implemented by a firm to create the proper behaviors for the continuous superior performance of the business")*.

Cette approche vient confirmer ce que dit l'importante littérature sur les cultures organisationnelles. En s'appuyant sur plus de 100 contributions dans des domaines aussi différents que l'anthropologie, la sociologie, le management des organisations, etc., Deshpandé et Webster (1989) proposent une définition devenue référente de ce qu'est une culture organisationnelle : "*The pattern of shared values and beliefs that help individuals understand organizational functioning and thus provide them norms for behaviors in the organization*"[4] (p. 4).

2 L'orientation marché est classiquement composée de deux dimensions complémentaires : l'orientation client et l'orientation concurrents ; dimensions auxquelles Gatignon et Xuereb (1997) proposent d'ajouter une dimension supplémentaire : l'orientation technologique. Même s'il subsiste des divergences théoriques, la plupart des chercheurs s'accordent toutefois à dire que l'orientation client constitue la dimension centrale, le cœur, de l'orientation marché. À l'instar de la plupart des chercheurs à l'heure actuelle, Deshpandé *et al.* (1993) considèrent même « orientation marché et orientation client comme synonymes » et utilisent ces deux termes de façon interchangeable. Pour simplifier le propos, nous n'utiliserons ici que les termes « orientation client » ou « culture client ».

3 Gatignon H., Xuereb J.-M. (1997), *"Strategic Orientation of the Firm and New Product Performance"*, *Journal of Marketing Research*, 34(1), 77. doi: 10.2307/3152066.

4 Deshpandé R., Webster Jr R. F. (1989), *"Organizational Culture and Marketing: Defining the Research Agenda"*, *Journal of Marketing*, 53(1), 3-15.

Cette définition de ce qu'est une culture d'entreprise constitue le socle indispensable sur lequel doit s'appuyer toute démarche d'orientation client.

Qu'est-ce qu'une culture d'entreprise ?

« Un ensemble de croyances et de valeurs partagées qui aident les collaborateurs à comprendre le fonctionnement de l'organisation, leur fournissant ainsi des normes pour savoir comment se comporter au sein de cette organisation ».
(Deshpandé et Webster, 1989, p. 4)
Parle-moi de ta culture d'entreprise, et je saurai comment tu vas te comporter...

Une telle définition permet de clarifier ce qu'est l'orientation client, en tant qu'orientation stratégique d'une organisation :

- Il s'agit d'un **ensemble de croyances et de valeurs partagées** entre les collaborateurs de l'entreprise (ce qu'ils ont dans leur tête) et non leurs comportements (ce qu'ils font). La façon dont agit un collaborateur (son comportement), de la direction générale jusqu'au bas de l'échelle, est fortement influencée par cette culture, cette façon de raisonner face aux problèmes rencontrés (ensemble de croyances et valeurs partagées). Comme l'indique la définition, c'est bien la culture (croyances et valeurs partagées) qui, à travers des signaux palpables et impalpables dans l'entreprise, façonne les comportements des collaborateurs : **notre culture détermine nos actes** (lien de causalité). Ce que fait un collaborateur dans l'entreprise, la façon dont il se comporte, est une conséquence de la culture d'entreprise.

- Il s'agit d'un **processus d'apprentissage collectif** :
  - Vouloir faire évoluer cette culture passe nécessairement par un apprentissage collectif, et en aucun cas par un simple ordre comminatoire « venant d'en haut » ;

- Cet apprentissage collectif passe majoritairement par de la pédagogie et de la répétition ;
- Il est rarement linéaire : si les conditions sont réunies, l'expérience montre que certaines étapes peuvent être franchies très rapidement.

Exemple

Remplacer les « meilleures » places de parking initialement réservées à la direction pour les attribuer aux clients constitue un signal fort pour l'ensemble des collaborateurs : nous, direction générale, actons que la satisfaction de nos clients est plus importante que nos petits avantages.

- Ces croyances et valeurs partagées permettent aux collaborateurs de se **simplifier la vie**, de les **aider à décider au quotidien** : je sais (ou « je sens confusément », puisque ces croyances et ces valeurs sont souvent peu conscientisées) comment me comporter dans telle ou telle situation. Et lorsqu'une situation nouvelle se présente, notre cerveau utilise en priorité ce système de croyances et de valeurs pour trouver une solution – solution la plus « acceptable » pour moi et pour le groupe.

Le poids de la culture dans nos comportements quotidiens est donc majeur. Ainsi, lorsqu'un dirigeant veut mettre en place une stratégie particulière, il doit impérativement tenir compte de la culture de l'entreprise concernée... On prête à Peter Drucker l'affirmation *"culture eats strategy for breakfast"* : la culture ne fait généralement qu'une bouchée de la stratégie si celle-ci s'oppose à elle ! Lou Gerstner (ex-patron d'IBM) assurait, quant à lui, avoir mis du temps à comprendre que, finalement, « la culture d'entreprise n'est pas qu'une des dimensions du jeu parmi d'autres, comme la stratégie, le marketing, la finance... C'est le jeu lui-même »[5]. En d'autres termes, comme le disait Edgar Schein : « une organisation n'a pas de culture. Une organisation EST une culture ».

5 Gerstner L., *Who Says Elephants Can't Dance? Inside IBM's Historic Turnaround*, Harper Collins, 2002, 181-182.

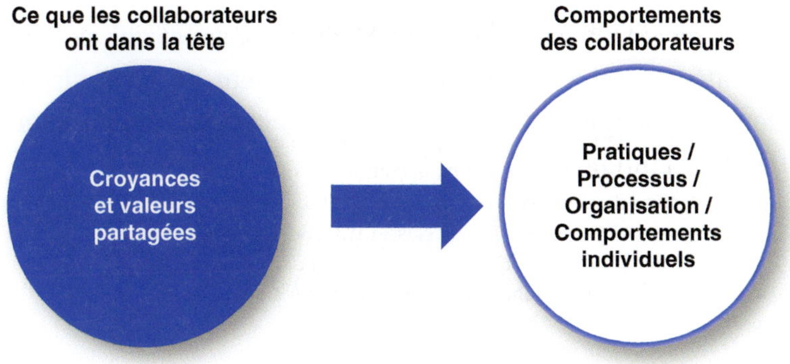

FIGURE 2.1 De la culture d'entreprise à la décision et à l'action

Aller contre la culture d'entreprise, surtout si celle-ci est forte et historiquement ancrée, c'est s'attaquer à une montagne – généralement, en plus, bien cachée par la brume. Les cimetières des organisations sont ainsi remplis de grands capitaines d'industrie ayant tenté de passer en force contre la culture d'entreprise ! En revanche, ceux ayant réussi à transformer la culture afin que l'entreprise survive et se développe sont moins nombreux, mais figurent généralement au Panthéon des dirigeants...

Pour autant, nous verrons plus loin que transformer une culture d'entreprise peut se faire beaucoup rapidement que prévu. Certes pas totalement, pas pour tout le monde, pas partout, mais la mise en œuvre d'outils et de techniques appropriés permet de gagner beaucoup de temps et d'obtenir des résultats intéressants – y compris à court terme. Les chapitres 4 et 5 sont consacrés à cette problématique.

De la culture d'entreprise à l'orientation client

En tant que culture d'entreprise, l'orientation client (ou culture client) est donc un ensemble de croyances et de valeurs partagées au sein d'une organisation.

Plus spécifiquement, il s'agit de l'ensemble des croyances et des valeurs partagées qui placent la satisfaction durable des clients comme étant un objectif prioritaire de l'entreprise, et qui aident les collaborateurs à comprendre le fonctionnement de l'organisation, leur fournissant ainsi des normes pour savoir comme se comporter au sein de cette entreprise[6].

> **Qu'est-ce que l'orientation client (ou culture client) ?**
>
> Un ensemble de croyances et de valeurs partagées qui placent la satisfaction durable des clients comme un objectif prioritaire de l'organisation.
> Ces croyances et ces valeurs partagées aident les collaborateurs à comprendre le fonctionnement de l'organisation, leur fournissant ainsi des normes pour savoir comment se comporter au sein de cette organisation.

En tant qu'ensemble de croyances et de valeurs partagées par les collaborateurs d'une même entreprise, l'orientation client se situe donc dans la tête des collaborateurs. Nous prenons souvent l'image d'une sorte de « nuage invisible » de croyances et de valeurs qui plane au-dessus des collaborateurs de l'entreprise, et qu'ils partagent – souvent sans s'en rendre vraiment compte. Les conséquences pratiques d'une telle appréhension de l'orientation client sont majeures. Quelques pistes de réflexion... :

- Vouloir transformer l'entreprise pour qu'elle soit plus orientée client signifie modifier avant tout les croyances et les valeurs parta-

6 D'autres définitions ont été proposées, mais l'idée de fond reste similaire. Par exemple : *"The set of beliefs that puts the customer's interest first, while not excluding those of all other stakeholders such as owners, managers, and employees, in order to develop a long-term profitable enterprise"* (Deshpandé *et al.* 1993, p. 27), ou encore *"Customer orientation is a work value that captures the extent to which employees'job perceptions, attitudes, and behaviors are guided by an enduring belief in the importance of customer satisfaction"* (Zablah *et al.*, 2012, p. 24).

gées au sein de l'entreprise pour que celles-ci modifient ensuite nos comportements au quotidien.

- Obliger un collaborateur à sourire face au client n'est pas de la culture client.
- Dire systématiquement bonjour aux clients n'est pas obligatoirement orienté client. Tout dépend de l'état d'esprit (croyances et valeurs) qu'il y a derrière ce bonjour : vrai bonjour soucieux d'accueillir la personne concernée ? simple bonjour automatique par habitude ? ou bonjour forcé parce qu'obligatoire ?
- Réprimander / féliciter devant tout le monde quelqu'un qui a dû sortir des process pour enchanter un client est à l'évidence un grand moment de culture client... (négatif, dans le cas de la réprimande, et positif s'il y a félicitation, bien sûr !).
- Communiquer sur l'importance des clients mais agir à l'opposé est aussi un moment phare de destruction de culture client (*customer washing*).
- Parcours client et/ou orientation client, le travail n'est pas le même. On peut en effet appréhender les parcours client « de façon orientée client » ou pas...
- De la même façon, chercher à améliorer l'expérience vécue par les clients n'est pas de l'orientation client. C'est *parce que* l'entreprise est orientée client qu'elle va chercher à maximiser leur satisfaction en optimisant l'expérience qu'ils vivent avec elle : ainsi, créez une véritable culture client et toute l'organisation et les collaborateurs chercheront « naturellement » à améliorer l'expérience client. Et ils y réussiront bien mieux que si on leur demande de le faire sans avoir mis en place cette culture client !
- L'orientation client concerne l'ensemble des collaborateurs, et pas seulement ceux au contact du client. Ce point majeur est développé plus loin.

Retenons donc le plus important : ces croyances et ces valeurs partagées, orientées client ou non, impactent fortement les comportements des collaborateurs, c'est-à-dire la façon dont ils agissent au quotidien dans leur travail, qu'ils soient ou non au contact des clients.

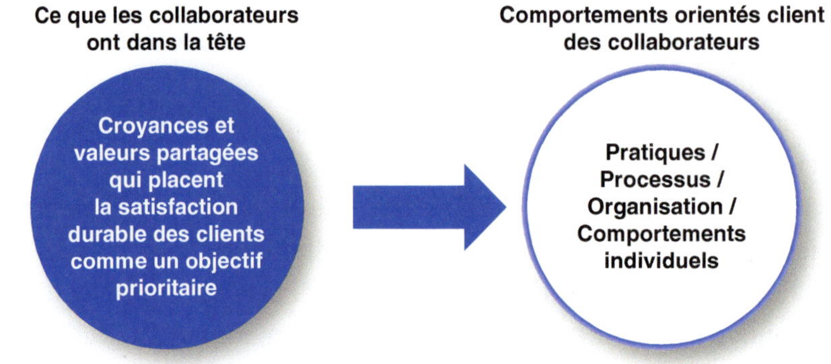

FIGURE 2.2 Les conséquences comportementales d'une réelle orientation client

Comment se construit l'orientation client ?

Comment se construisent ces croyances et ces valeurs partagées ? Comme le montre la figure 2.3, elles se créent au quotidien à partir de deux sources différentes qui s'influencent mutuellement.

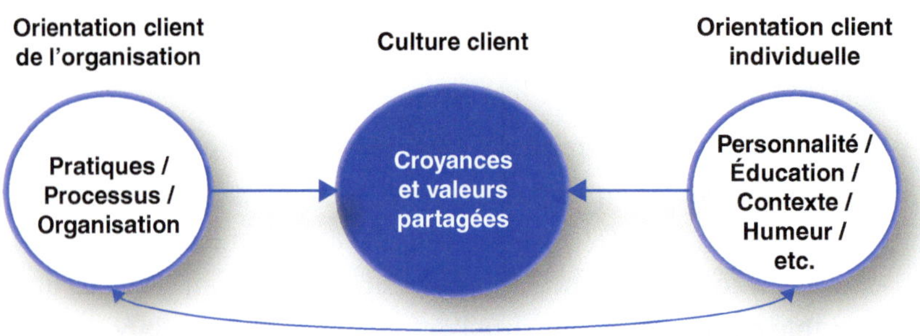

FIGURE 2.3 Comment se construit une réelle orientation client ?

D'un côté (partie gauche du graphique), l'organisation mise en place par l'entreprise, les processus, les pratiques, les récits et les mythes, les rituels, et même le langage utilisé – bref tout une série « d'artefacts » – envoient un certain nombre de signaux à l'ensemble des collaborateurs, leur permettant de se forger une conviction (croyances et valeurs partagées) : les clients sont (ou non) au centre des préoccupations de l'entreprise de façon durable et sincère.

Ces signaux peuvent être forts ou faibles, explicites ou implicites, volontaires ou involontaires, mais aussi globaux (direction générale, communication interne, etc.) ou locaux (responsables d'un service, discours et comportements des collègues, ambiance spécifique dans telle *business unit* – BU –, etc.). C'est ce kaléidoscope de signaux – dont certains évidemment plus que d'autres – qui façonne la culture d'entreprise au quotidien. Certes, il y a « des moments de vérité » : crise, moment fort de communication interne, réaction spontanée face à une urgence, etc. Mais les études montrent que c'est surtout la répétition et donc le quotidien qui créent notre culture commune : « le grand jour du grand soir » préparé et répété *n* fois par la direction générale influence beaucoup moins cette culture que la somme des petits gestes, des petites phrases et surtout des petites décisions que chacun perçoit au quotidien autour de lui.

En complément de cette première dimension assez intuitive et bien décrite dans la littérature, il existe une autre dimension largement méconnue et donc sous-estimée (partie droite de la figure 2.3) : le degré d'orientation client individuel de chacun des collaborateurs. Personnalité, éducation, trajectoire professionnelle… sont autant de facteurs qui bâtissent notre niveau personnel d'orientation client. Celle-ci constitue le « terreau » qui va faciliter ou, au contraire, rendre plus difficile le développement d'une véritable culture client.

Au total, le degré d'orientation client d'une entreprise se situe au croisement de ces deux dimensions qui peuvent être congruentes ou opposées (*cf.* Figure 2.4).

On pressent immédiatement les conséquences d'une congruence, mais surtout d'une opposition entre ces deux dimensions : en cas de congruence, tout ce qui sera fait pour améliorer l'orientation client de l'entreprise sera spontanément accueilli positivement par les collaborateurs, générant un cercle vertueux qui accélérera le processus de transformation. Au contraire, s'il y a opposition entre les deux, on peut alors anticiper une résistance (ou au moins une incompréhension) de la part des collaborateurs les moins alignés individuellement avec l'orientation client. Et à l'inverse, nous connaissons tous des gens dont le fort niveau initial d'orientation client a, au fil des années, été brisé par une organisation peu voire pas orientée client.

Les éventuelles divergences entre ces deux dimensions constituent un problème peu connu et donc mal pris en compte dans les

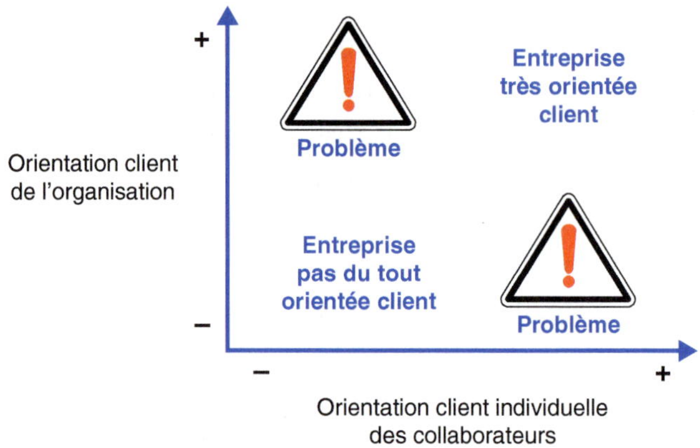

FIGURE 2.4 Congruence ou opposition entre les deux dimensions de l'orientation client ?

politiques actuelles de transformation culturelle des entreprises. Ce qui explique une part non négligeable des échecs, ou tout au moins des ROI négatifs : beaucoup d'investissement humain et financier pour un résultat médiocre et surtout en perpétuelle remise en cause... Voilà pourquoi il est crucial de mesurer le niveau d'orientation client individuel des collaborateurs avant de foncer tête baissée dans les changements organisationnels.

C'est donc bien chacune de ces deux dimensions qu'il conviendra de travailler si l'on veut créer une véritable culture client. En repérant, de plus, en quoi et comment chacune d'entre elles joue sur l'autre afin d'optimiser également cette interaction.

Les confusions habituelles autour de la culture client

Dans les incompréhensions habituelles autour de l'orientation client, on retrouve souvent des confusions avec d'autres termes liés à l'expérience client.

- JEU -

Reprenez le jeu proposé en fin de chapitre précédent (qu'est-ce que l'orientation client ?), et posez cette nouvelle question : pour vous, quelle différence entre « être orienté client » et...

- améliorer la relation client
- améliorer la qualité de service
- améliorer les parcours client
- améliorer l'expérience client
- améliorer la satisfaction client
- pratiquer la « symétrie des attentions® », c'est-à-dire mieux s'occuper de ses salariés afin de mieux s'occuper de ses clients

Comme on ne gère bien que ce que l'on a bien mesuré, et donc au préalable bien défini, permettons-nous un conseil : avant toute chose, **prenez vraiment le temps de bien expliquer ce qu'est une culture client**, et notamment les différences mais aussi les liens avec d'autres concepts centraux de l'expérience client tels que les parcours client, la qualité de service, la symétrie des attentions, etc. Cherchez des exemples simples et marquants, à la fois au sein de l'entreprise mais aussi en dehors, dans des entreprises référentes et/ou des commerces « en bas de chez vous » : un exemple simple et intuitif parlera toujours plus qu'une longue explication !

Pour clarifier ces divergences et ces liens, la figure 2.5 résume « l'écosystème de l'orientation client » : ce qu'est l'orientation client, comment elle se construit, mais aussi ses conséquences sur ce que perçoivent les clients. Il est donc nécessaire de bien distinguer deux mondes : d'un côté, celui de l'entreprise et de sa culture ; de l'autre, ce que vivent et ce que perçoivent nos clients.

Comme expliqué plus haut, l'orientation client est bien une culture d'entreprise, c'est-à-dire des croyances et des valeurs partagées qui se construisent à partir de l'orientation client :

- de l'organisation, c'est-à-dire ses pratiques, ses rituels, etc., mais aussi ses normes, process et KPI ;
- de chacun des individus qui composent cette organisation, de la direction générale jusqu'au bas de l'échelle.

Cette culture influence fortement les comportements de l'organisation mais aussi de chacun des collaborateurs (ce qu'ils font, la façon dont ils agissent). Ces comportements des collaborateurs ont des consé-

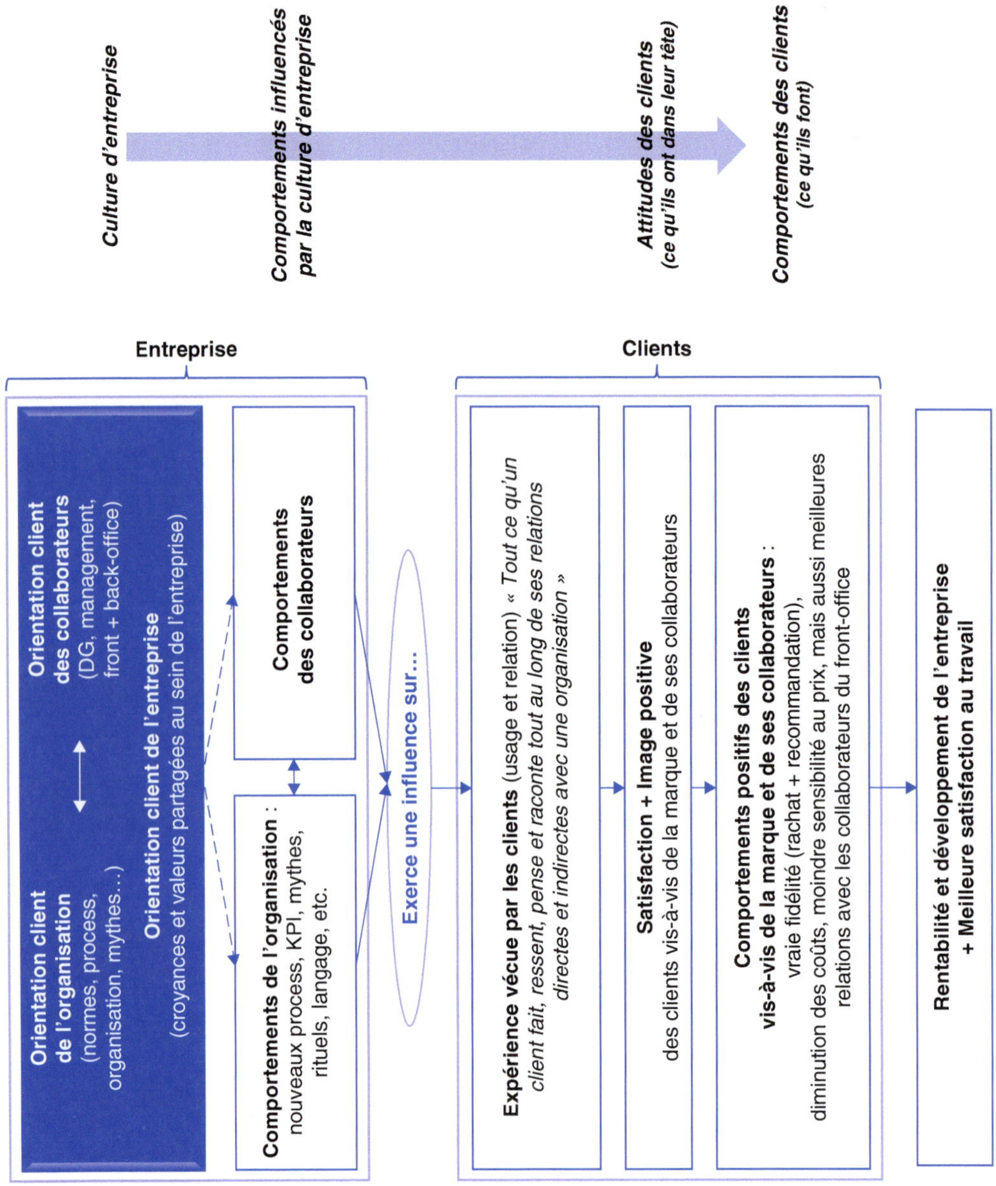

FIGURE 2.5 L'écosystème de l'orientation client

quences directes (front-office) et indirectes (back-office) sur l'expérience vécue par les clients de l'entreprise.

Pour autant, attention : l'expérience client (perception du client de ce qu'il vit tout au long de ses interactions directes et indirectes avec l'entreprise) n'est pas maîtrisable. Les comportements de l'organisation et des collaborateurs influencent certes l'expérience client, mais celle-ci dépend aussi de nombreux autres facteurs exogènes : humeur du client, influence des autres clients, etc. (ex. : l'ensemble des acteurs d'un lieu de vacances peut faire son maximum pour que les clients vivent une expérience positivement mémorable, mais ils ne modifieront pas la météo...).

Améliorer l'orientation client ne consiste donc pas à améliorer l'expérience client : ce n'est pas parce que vous avez acheté un bon terreau que vos fleurs vont nécessairement bien pousser. Il faut aussi de la pluie, du soleil, etc. En revanche, sans bon terreau, vos fleurs auront beaucoup plus de mal à pousser !

La satisfaction (c'est-à-dire le rapport entre la performance perçue par un client et ses attentes) étant la conséquence d'une expérience client réussie, la culture client est donc un antécédent de la satisfaction : créer une vraie culture client devrait ainsi permettre d'améliorer la satisfaction (c'est même sa raison d'être !).

L'orientation client est aussi confondue avec d'autres problématiques telles que la culture de service (*service climate* ou « climat de service »), ou encore la satisfaction des salariés au travail (*job satisfaction*).

Certes, *culture de service* et culture client sont très proches, à la fois sur les plans conceptuel et pratique. Toutes deux sont en effet des cultures d'entreprise (donc des croyances et des valeurs partagées) qui placent la satisfaction du client comme une préoccupation centrale[7]. Sans rentrer dans des considérations théoriques trop

7 *"[...] service culture is defined as a customer centric culture aimed at exceeding customer expectations and creating superior value through the development of service and performance competencies"* (Skinner Beitelpacher, Richey et Reynolds, 2011) : cette définition montre bien le caractère prioritairement *"customer centric"* de la culture de service. Quant à *service climate*, il a pu être défini comme *"employee perceptions of the practices, procedures, and behaviors that get rewarded, supported and expected with regard to customer service and customer service quality [...]"* (Schneider *et al.*, 1998).

poussées, on pourra néanmoins considérer que la culture de service (ou « climat de service ») est centrée sur la notion de service là où l'orientation client prend en compte les produits et les services. On peut donc considérer, pour simplifier le propos, que la culture de service est la partie spécifiquement dédiée aux services de la culture client. Elle fait donc partie de la culture client, cette dernière étant plus large.

Plus encore que la *satisfaction des salariés au travail*, c'est souvent la « symétrie des attentions® »[8] qui est confondue à tort avec l'orientation client. Comme le montre le tableau de synthèse (*cf.* Tableau 2.1), cette confusion provient sans doute de la proximité des méthodes de mesure. En effet, dans les deux cas, ce sont bien les collaborateurs de l'entreprise qui sont interrogés. Mais ce qui est mesuré n'a absolument rien à voir :

- dans un cas, on mesure le niveau de satisfaction des salariés vis-à-vis de leur travail (*job satisfaction*), en faisant l'hypothèse qu'un salarié heureux satisfera mieux ses clients (d'où une nécessaire « symétrie des attentions » portées aux clients ET aux salariés) ;
- dans l'autre cas (orientation client), on mesure les croyances et les valeurs partagées par les collaborateurs, mais aussi un certain nombre de conséquences de ces croyances en termes d'organisation, de normes, process, KPI et habitudes de travail.

Deux types de liens sont intéressants entre orientation client et satisfaction au travail (et donc symétrie des attentions) :

1. Si l'on en croit les hypothèses de la *Service-Profit Chain*, la satisfaction des salariés serait un antécédent de l'orientation client : un salarié satisfait au travail pourrait consacrer plus d'énergie positive

8 La symétrie des attentions®, terme déposé par l'Académie du service, est fondée sur les apports de la *Service-Profit Chain*, courant de littérature référent sur les liens entre satisfaction des salariés et satisfaction client. L'article original date de 1994 : Heskett J.L., Jones T.O., Loveman G.W., Sasser W.E., Schlesinger L.A.(1994), *"Putting the Service-Profit Chain to work"*, *Harvard Business Review*, mars-avril, 164-170. Il a été suivi par un nombre important de contributions académiques mais aussi pratiques (ouvrages, etc.).

à penser et agir en faveur des clients. Mais à notre connaissance, les résultats des recherches scientifiques restent mitigés, certaines études venant malheureusement infirmer cette hypothèse. Pour avoir travaillé avec différentes entreprises à ce sujet et participé activement à une chaire de recherche qui y était dédiée, les deux conclusions auxquelles nous arrivons corroborent celles des articles du domaine :

- comme le prouvent pas mal de contre-exemples, améliorer la satisfaction des salariés ne garantit malheureusement pas *systématiquement* l'amélioration de la satisfaction des clients ;
- en revanche, si l'insatisfaction des salariés est trop importante, alors la satisfaction client s'en ressent. Une fois de plus, il convient donc de bien séparer les deux versants de la satisfaction : une même cause (ici, la satisfaction ou l'insatisfaction des salariés) peut mener à diminuer ou à renforcer l'insatisfaction client mais pas à atteindre l'enchantement.

2. De l'autre côté, différentes recherches autour de l'orientation client ont montré que dans une entreprise très orientée client, les salariés sont plus satisfaits que la moyenne. L'orientation client serait ainsi un antécédent de la satisfaction au travail (cette conséquence importante sera d'ailleurs développée plus loin). Un tel constat est assez intuitif : si l'ensemble des salariés mais aussi l'organisation sont résolument orientés client, alors travailler dans cette entreprise sera beaucoup plus agréable puisqu'il y aura moins de conflits entre services, plus d'entraide et de fluidité mais surtout un objectif commun clairement partagé par tous – autant de leviers majeurs de la satisfaction des collaborateurs au travail.

Pour réduire ces confusions, le tableau 2.1 distingue les concepts, les problématiques concernées mais aussi leurs mesures.

Mais au-delà des confusions classiques avec l'expérience client, la satisfaction des collaborateurs ou encore la symétrie des attentions®, etc., nombreux sont ceux qui croient qu'être orienté client consiste simplement à répondre le mieux et le plus vite possible à toutes les demandes des clients. Or cela est faux, et deux des caractéristiques

TABLEAU 2.1 Similarités et divergences entre orientation client et d'autres concepts proches

De quoi parle-t-on ?	Problématique	Comment le mesurer ?	Type de mesure
***Job satisfaction* (en lien avec la symétrie des attentions®)**	« Nos collaborateurs sont-ils contents de travailler chez nous ? »	Baromètre social	Perception des collaborateurs de l'entreprise
Performance de notre « usine » de production (produits mais aussi services)	« A-t-on bien fait ce que nous avions décidé de faire ? »	Contrôles qualité (produits) Études clients mystères (services) Toute mesure objective de qualité produite (temps d'attente en caisse, délai de traitement d'une réclamation, etc.)	Mesures objectives réalisées par l'entreprise
Expérience client	« Le client est-il content de ce qu'il a vécu ? »	Satisfaction client : par tout indicateur partiel (*Customer Effort Score* – CES®) ou global de satisfaction (satisfaction globale)	Perception du client (donc subjective et dépendante de ses attentes)
Conséquences de l'expérience client	« Qu'est-ce que le client va faire pour nous à la suite de l'expérience qu'il a vécue ? »	Taux de rachat Augmentation du panier moyen Bouche-à-oreille, *Net Promoter Score* (NPS®) Moindre sensibilité au prix, etc.	Intention d'agir (questionnaire) ou comportement réel du client (données CRM)
Orientation client	Croyances et valeurs partagées en interne qui placent la satisfaction durable des clients comme un objectif prioritaire	*Customer Orientation Score* (COS®)	Perception des collaborateurs de l'entreprise

les plus marquantes d'une entreprise véritablement orientée client sont précisément ses capacités à :

- être proactive et pas uniquement réactive vis-à-vis de ses clients ;
- encapsuler son orientation client dans son cadre stratégique, sa raison d'être et sa mission.

Être orienté client ne signifie pas être *customer driven*

Plus loin dans cet ouvrage, nous reviendrons en détail sur la nécessité de ne pas être que réactif face à l'évolution des attentes et des demandes de ses clients : une entreprise qui ne ferait que répondre « passerait à côté » d'une véritable orientation client. Non seulement elle se « ferait balader » au gré des modes et des évolutions erratiques des désirs du marché (risque de dépositionnement), mais elle ne serait qu'en retard, malgré tous ses efforts. Voilà pourquoi l'une des dimensions majeures de l'orientation client est la **proactivité**, c'est-à-dire la capacité à anticiper en permanence les futurs besoins de ses clients : ne pas s'arrêter à leurs besoins explicites, mais comprendre leurs besoins latents et être force de proposition avant ses concurrents.

Exemple

Une entreprise industrielle (B to B) se vantait de réagir vite et bien aux résultats de ses études de satisfaction client : « Nous modifions immédiatement nos offres en fonction des retours de nos clients dans les enquêtes de satisfaction ».

S'il s'agit là d'une qualité importante, elle présente pourtant deux écueils :

- il leur fallait en effet attendre les résultats des enquêtes de satisfaction avant de commencer à modifier les offres, d'où un décalage important entre les besoins clients (t1) et les modifications correspondantes (t2) ;

- leurs enquêtes de satisfaction ne fournissaient pas un cahier des charges précis : il leur fallait soit approfondir (enquêtes qualitatives, etc.) et cela prenait encore plus de temps, soit aller vite en risquant de prendre des décisions qui ne correspondaient finalement que peu aux besoins de leurs clients.

Être connecté à ses clients (l'une des trois grandes dimensions de l'orientation client) consiste donc non seulement à écouter en permanence leurs besoins explicites, mais également à être capable d'anticiper leurs besoins implicites. Pour nous toutefois, ne pas être *"customer driven"* va au-delà de cette nécessaire proactivité.

Exemple

Au détour d'un échange avec le directeur de la communication et de l'innovation de Décathlon, nous fûmes surpris de l'entendre affirmer que Décathlon n'était pas suffisamment orienté client. Avions-nous manqué un épisode de l'histoire récente de l'enseigne ? Nous étions pourtant convaincus qu'il s'agissait d'un des champions toutes catégories de la culture client…

Il prenait pour exemple la rentrée des classes, avec des milliers de parents qui viennent dans leurs magasins faire leurs achats de rentrée (chaussures, textile…) et expliquait que rien n'était fait pour leur faciliter la vie : les magasins sont organisés par univers sportifs. Les parents sont donc obligés de faire le tour de tous les rayons pour trouver leur bonheur alors qu'un rayon « multisport » (qu'on trouvait chez leurs concurrents) aurait facilité grandement l'expérience client.

Décathlon serait donc orienté « utilisateur sportif » et pas « client » ?

Comme nous l'avons vu, les enseignes et les marques, anxieuses face aux nouveaux rapports qu'ils entretiennent avec leurs clients et leurs prospects (« horizontalisation ») développent une stratégie à la mode : « l'expérience client »… comme tout le monde. Satisfaire les besoins des clients, voire dépasser leurs attentes, serait ainsi devenu le Graal absolu des nouvelles stratégies de marque.

Nous avons pourtant la conviction que la recherche d'une expérience client améliorée ne doit pas constituer un positionnement en tant que tel. En effet, dans un monde horizontal, cela constitue juste un basique de la promesse d'une marque. Dit autrement : ce n'est pas uniquement avec une « bonne » expérience client que les marques feront la différence. En effet, toutes devront nécessairement proposer une telle expérience pour survivre. Or, obnubilées par cet objectif de création d'une bonne expérience client « à tout prix », beaucoup d'entreprises en oublient leurs partis pris, leur raison d'être et leur mission.

Revenons à Décathlon : cette enseigne est née avec l'ambition de permettre au plus grand nombre de s'épanouir par le sport. C'est la vocation de l'enseigne que rien n'est venu bouleverser jusqu'à maintenant, et ses partis pris reflètent cette vocation. En effet, si Décathlon écoutait les clients pour décider de tout (s'ils étaient simplement *customer driven*), Décathlon vendrait des jeans et des jeux Disney... Pour autant, cette enseigne – véritable exemple de culture client, preuves tangibles à l'appui – met bel et bien les clients au cœur de ses décisions, mais dans le cadre stratégique qu'elle s'est fixé : l'épanouissement du plus grand nombre par le sport.

À RETENIR

L'orientation client (indispensable à la survie des entreprises de demain) doit donc impérativement s'encapsuler dans la vocation de l'entreprise : comment pouvons-nous mettre les clients au cœur de nos décisions dans le cadre stratégique que nous nous sommes fixé ?

Il n'existe donc pas une et une seule orientation client type, même si les dimensions qui la constituent sont génériques et concernent donc toutes les entreprises : chaque entreprise doit construire sa propre orientation client, adaptée à sa raison d'être et à son positionnement.

À ce titre, l'attitude de Netflix qui assume de perdre des clients pour continuer à exercer pleinement ses engagements nous paraît particulièrement intéressante.

« Chez Netflix, la dernière chose qu'on souhaite, c'est que les gens paient pour quelque chose qu'ils n'utilisent pas »

Au printemps 2020, Netflix a décidé de se passer d'une partie du revenu de ses clients : ceux qui paient leur abonnement et qui ne s'y connectent plus depuis un an voient leurs prélèvements arrêtés par Netflix. Bien sûr, il est possible de s'opposer à cet arrêt pour ceux qui – une fois avertis – décident de conserver leur abonnement. Netflix a fait de l'expérience « sans couture » l'une de ses promesses, et s'y tient. « Nous avons toujours pensé qu'il doit être simple de souscrire mais aussi de se désabonner » dit le communiqué. Conséquence financière : estimation d'un manque à gagner de 86 M€ par an et cours de bourse qui dévisse de 2,55 % le lendemain de l'annonce.
Outre les conséquences financières à court terme, que faut-il en retenir ? Certes, cela devrait générer une bonne surprise et donc de la satisfaction auprès des clients qui vont se rendre compte que Netflix a pensé à eux afin qu'ils arrêtent de payer pour rien. Certains (ceux pour qui les clients sont avant tout une source de revenu à court terme) se demanderont l'intérêt de satisfaire un client qui ne l'est plus… On peut surtout y voir une entreprise qui a compris que son capital client se construit sur la base de la *vraie fidélité* : un comportement fidèle (je paie) qui s'explique par une attitude fidèle (j'en suis content, j'aime la marque), contrairement aux entreprises qui établissent un système contraignant enfermant le client dans la relation malgré sa volonté d'en sortir. On ne conserve pas un client malgré lui !
Cette doctrine a une double conséquence positive sur la performance :

- Si elles veulent garder leurs clients, les entreprises telles que Netflix doivent impérativement être performantes au quotidien : chacun est donc mis sous tension en matière d'excellence opérationnelle.
- Elle renvoie à chaque collaborateur un signal extrêmement puissant sur la préoccupation client réelle et sincère de leur direction. Et cela vient nourrir la culture de l'entreprise... qui agit comme filtre décisionnel au quotidien.

Faut-il être riche pour être orienté client, ou bien ne serait-ce pas plutôt le fait d'être orienté client qui explique la performance de certaines entreprises... ?

L'orientation client concerne toute l'entreprise

Comme évoqué plus haut, il est courant de confondre *culture client* et *relation client*. Les managers pensent ainsi souvent que ce sont les personnes au contact des clients qui doivent avoir une bonne culture client, pour pouvoir assurer une bonne relation client.

Or les collaborateurs qui ne voient pas les clients ont aussi besoin d'une culture client forte pour agir dans l'intérêt des clients. En effet, les conséquences de leurs actes peuvent être très positives ou très négatives sur l'expérience client. Cela est évident pour certaines fonctions : directions marketing, direction de l'innovation, responsables de marché, etc. Mais comme le montrent les recherches du domaine, la préoccupation client réelle et sincère doit impérativement être partagée au sein de la direction financière, de la direction des ressources humaines, du service juridique, de la direction des systèmes d'information, etc., même si ces personnes n'agissent pas sur des sujets qui touchent directement les clients.

EXEMPLE

Récemment, nous avons travaillé sur l'orientation client d'une entreprise à la demande de sa direction administrative et financière (si, si !). Le diagnostic a d'ailleurs montré que les arbitrages budgétaires se faisaient plus naturellement en faveur des dossiers qui permettaient d'optimiser l'expérience client. Et il en était de même pour la DSI qui était, elle aussi, très orientée client : les solutions informatiques qui permettaient d'optimiser le travail des équipes au contact des clients passaient naturellement au sommet de la pile. Et en tout état de cause, la vie au sein de cette entreprise était clairement plus fluide qu'ailleurs car chacun avait la même préoccupation finale : que les clients soient réellement et durablement satisfaits.

Voici, à l'inverse, deux exemples de décisions prises au sein des fonctions supports avec un faible niveau de préoccupation client, et qui ont pour conséquence une expérience client négative.

Exemples

- Un opérateur télécom décide d'effectuer la mise à jour de sa box internet de manière automatique au démarrage de celle-ci, et ce, au moment où l'opérateur le décide (plutôt que de laisser la main au client du moment souhaité). Cela devait probablement répondre à une logique visant à améliorer la performance des mises à jour. Mais quid des conséquences sur les clients ? Samedi soir, finale de la Champions League. Il est 21 heures, le match tant attendu va démarrer. De nombreux clients allument leur télévision et... la mise à jour démarre ! De quoi rendre fous un nombre important de clients... Pour ces ingénieurs, il s'agissait de régler un problème qui est le leur (comment gérer le flux des mises à jour de façon fluide) en transférant le problème chez les clients... Volontaire ou involontaire, mais résultat garanti !
- La DSI d'une entreprise de services en B to B (de plus de 3 000 salariés) a un système de priorisation des dossiers purement chronologique, qui n'a donc absolument rien à voir avec la préoccupation client. Ainsi, un incident bloquant pour un client passera après un incident interne (comme un problème sur un serveur interne) si ce dernier a été signalé avant... Avec une DSI plus orientée client, le service client pourrait donc être de bien meilleure qualité, toutes choses égales par ailleurs !

Ces deux exemples montrent à quel point la culture client doit nécessairement être partagée à tous les niveaux de l'entreprise (front comme back-office). En effet, contrairement à ce que l'on croit, les actions / décisions prises loin des clients ont très souvent un impact important sur l'expérience client.

Ces exemples mettent aussi en lumière que des fonctions supports faiblement orientées client renvoient aux autres collaborateurs (notamment ceux qui sont au contact des clients) l'idée selon laquelle les clients ne sont pas importants dans l'entreprise, créant ainsi une entreprise « à deux vitesses ».

Nous avons souvent rencontré cette situation dans des entreprises qui peinaient à s'orienter client. Les résultats du diagnostic ont en effet permis de rendre tangible, à la fois pour la direction et les équipes de back-office, cet écart qui bloquait les équipes du front-office. Ainsi, les commerciaux qui n'arrivent pas à se faire entendre auprès de la DSI ou ces vendeurs en boutique de l'opérateur télécom ne pourront pas s'empêcher de penser : « Dans les services centraux, ils se moquent des clients » (citation originelle).

Ces perceptions générées auprès des autres collaborateurs en interne détériorent la culture client de l'ensemble de l'organisation, laminent la motivation et l'engagement des salariés, et le cercle vicieux est enclenché : « Pourquoi je me préoccuperais des clients si tout le monde s'en moque dans cette entreprise ? ». Ajoutons à cela quelques process et KPI pas vraiment orientés client eux non plus, et la situation est définitivement bloquée.

Quid des clients internes ?

Que penser de la notion de « client interne » ? Cette notion est souvent utilisée pour inciter les salariés du back-office à considérer les collaborateurs qu'ils servent comme leurs « clients ». Et donc à mieux prendre en compte leurs attentes, l'effet désiré étant que cette « cascade de satisfactions internes » débouche sur une meilleure satisfaction du client externe (*cf.* Figure 2.6, cercles de gauche). Si l'idée semble excellente, la réalité est différente pour au moins deux raisons :

- Le client interne, lui, n'a souvent pas le choix. Dans la plupart des cas, il doit composer avec son « fournisseur » interne, créant ainsi des jeux d'acteurs peu compatibles avec une réelle orientation « client final » ;
- Comme dans une cascade de dominos, il suffit en effet d'un seul échelon qui dérive un peu – même involontairement – de l'objectif final (la satisfaction du client externe) pour que le résultat attendu ne soit pas atteint.

Forts de ces constats, nous estimons que le client est celui qui paie (ou passe commande) pour nos produits ou services[9]. Il ne peut donc pas y avoir d'autres clients que « finaux », c'est-à-dire externes (cercles de droite). Cela n'empêche pas de bien appréhender l'ensemble de la chaîne d'intervention menant jusqu'au client final, car si les fonctions supports ne sont pas orientées client, les premières lignes qui sont au contact ne pourront pas exercer correctement leur métier (cercles de droite).

De plus, tous les collaborateurs partageant ainsi un seul et même objectif (la satisfaction de ce client final), cela diminuera l'influence négative des silos, fluidifiera les relations entre services et permettra aussi une meilleure satisfaction des collaborateurs.

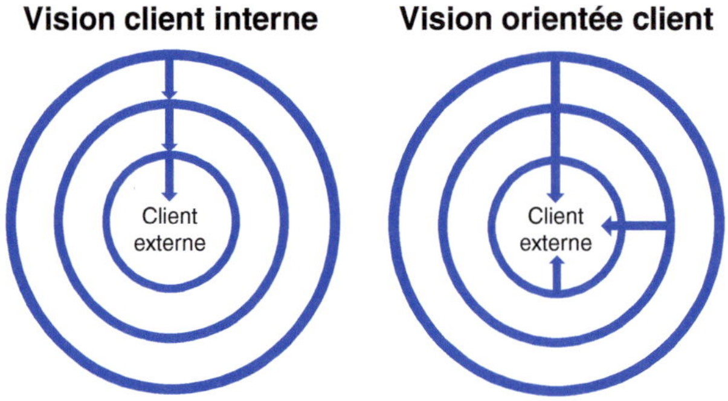

FIGURE 2.6 Vision client interne *vs* vision orientée client

9 Pour simplifier, nous ne rentrons pas ici dans le détail des différents types de « clients » au sein d'un centre d'achat, en particulier en B to B (décideur, conseiller, utilisateur final, etc.). Mais savoir décider qui est notre « client » est parfois fort difficile, bien qu'indispensable pour construire une culture et des objectifs communs.

La culture client agit comme une boussole interne qui guide les collaborateurs

Nous avons décrit en détail ce qui nous semble être la grande erreur de ces quinze dernières années en matière d'expérience client : les managers ont mis de l'énergie à développer des nouveaux process pour optimiser l'expérience client en usant d'injonctions auprès des équipes (« je vous demande de », « vous devez ») et de formations purement comportementales (« voilà ce que vous devez faire », « voilà comment le faire »).

Mais quand on souhaite faire pousser une belle fleur (la belle fleur représentant l'expérience client réussie), il faut certes une graine et des comportements adaptés (process), mais il faut aussi un terreau fertile, faute de quoi rien ne poussera. Comme elles le disent elles-mêmes, les entreprises passent trop de temps et d'argent à s'occuper de la plante à faire pousser, à ajouter beaucoup d'eau, sans se préoccuper du terreau. Or nous pouvons avoir le meilleur process orienté client, s'il est imposé dans un environnement totalement hermétique à une préoccupation client réelle et sincère, mais aussi partagée par l'ensemble des collaborateurs, alors la mise en œuvre de ce process sera un échec.

La culture client est le terreau de l'expérience client. En conséquence, **il ne faut pas s'attendre à un fort ROI des politiques d'expérience client sans investir au préalable (ou en parallèle) dans une véritable culture client...** Là est le secret du fort ROI des entreprises les plus orientées client : tout euro investi pour améliorer l'expérience client – y compris les normes et les process – bénéficie d'un effet accélérateur. Au contraire, dans une entreprise peu orientée client, cet euro va se voir laminé par des obstacles quotidiens, des vents contraires, des chausse-trappes et autres empêchements. Pourquoi ? Parce que les managers peuvent décréter des comportements via les process, mais ne peuvent pas décréter des attitudes – nos pensées, nos préférences. Et c'est pourtant grâce à ces attitudes que nos comportements seront crédibles et donc efficaces. Ainsi, les process orientés client définis par le management seront non seulement respectés mais assimilés et bien exécutés, dans le bon esprit. La culture client est donc bien la boussole qui guide nos comportements au quotidien.

Par ailleurs, la culture client est aussi un excellent filtre (ou nuage invisible comme évoqué plus haut) qui garantit que les collaborateurs sauront « réinterpréter » les process pour adapter et contextualiser leurs réponses ou comportements face aux clients, tout en gardant l'esprit du process. *A contrario*, comme nous pouvons le constater en tant que consommateurs, l'absence de ce filtre amène les collaborateurs à respecter les process de façon mécanique et parfois absurde. L'expérience suivante (authentique) en constitue un exemple marquant.

Exemple

Cet exemple nous a été rapporté il y a quelques années par le PDG d'une grande compagnie aérienne. À l'aéroport de Nice, en plein festival de Cannes, un acteur américain très (très !) connu, ainsi que son équipe, modifient leur vol pour rentrer plus tôt. Seul problème : l'avion qu'il veut prendre ne propose pas de Première classe, mais uniquement une classe Affaires. Après moult tergiversations, l'acteur décide quand même d'accepter de se déclasser pour gagner du temps. Et comme d'habitude, il demande où se situe le salon Première (réservé aux voyageurs de Première classe). Mais comme il ne voyage pas en Première, l'hôtesse qui a modifié sa réservation au comptoir Première l'informe qu'il n'a pas le droit d'y aller...

Malgré tout, le process affirme que le salon Première peut être accessible aux voyageurs de la classe Affaires (ce qui est son cas), si le « produit » (un produit est une ligne entre deux villes) ne propose pas la Première. Cet acteur croit donc être « sauvé » par le process, jusqu'à ce qu'il apprenne que son vol à lui n'a certes pas de Première, mais que le produit la propose ; autrement dit, qu'il existe d'autres vols sur cette ligne, mais à un autre moment, qui proposent la Première. Confirmation de l'hôtesse dédiée aux Premières classes de cette compagnie : l'accès au salon Première lui est bien refusé !

Face à l'agacement du client (imaginez un acteur mondialement connu patientant au milieu des autres voyageurs dans l'aéroport,

> cela risque vite de devenir difficile à gérer pour tout le monde...), l'hôtesse, consciente que la situation est exceptionnelle mais ne souhaitant pas prendre de décision hors process, décide de s'en remettre à son supérieur. Évidemment, il est occupé et ne répondra que quelques heures plus tard... favorablement d'ailleurs pour cet acteur connu. Mais entre-temps, l'acteur a évidemment annulé son vol et quitté l'aéroport.

On est en droit de se demander à quoi tient ce manque de « bon sens client » dans ce cas exceptionnel – surtout pour des prestations haut de gamme :

- soit l'hôtesse voyait la stupidité de la situation et voulait lui laisser accès au salon mais, effrayée par ce qu'elle imagine (ou a déjà constaté !) des conséquences personnelles d'une décision hors process, elle préféra « tenir bon » malgré tout ;
- soit elle se sentait tout à fait à l'aise d'endosser le costume de collaborateur-robot accroché à son process.

Dans le premier cas, nous sommes en présence d'une personne malheureuse dans son job car « orientée client » dans une entreprise qui ne l'est pas. Et ce qui est choquant dans ce cas, ce n'est pas tant le process en tant que tel (les process ne peuvent pas prévoir toutes les situations), mais le manque de préoccupation client de l'entreprise qui « empêche » la collaboratrice de prendre la « bonne » décision adaptée à la situation.

Dans le second cas (collaborateur-robot à l'aise dans une organisation elle aussi peu orientée client), tout va bien... pour le moment ! On peut en effet s'attendre assez rapidement à des difficultés financières, faute de clients (expérience client déplorable, bouche-à-oreille négatif, etc.).

Bien entendu, une autre explication est encore possible : il se peut en effet que cette organisation autorise, voire encourage, le « bon sens client ». Et, dans ce cas, il faut que cette personne change de job – et aussi que le processus de recrutement de cette compagnie prenne mieux en compte l'adéquation des profils à sa propre culture.

En l'absence de process, une culture orientée client permet aussi de donner « une boussole ». En effet, dans une entreprise orientée client, le comportement des collaborateurs sera efficace en termes d'expérience client, même en l'absence de process. Des centaines de microdécisions sont ainsi prises chaque jour dans les différents points de contacts entre clients et collaborateurs. Ces microdécisions ne faisant pas appel à un process particulier, il faut bien qu'une décision soit prise. À quelles croyances, valeurs, grille de lecture ou référentiel les collaborateurs font-ils appel pour prendre ce genre de décision ? Car il leur faut bien faire un choix, et souvent dans l'instant. Dans ce cas de figure, les collaborateurs décident de faire ce qui leur semble le mieux correspondre à l'idée qu'ils se sont faite de ce que leur supérieur hiérarchique leur demanderait de faire dans pareille situation. D'autres se rangent derrière ce qu'ils estiment être le mieux à faire « compte tenu de ce qu'ils ont compris des priorités de l'entreprise ». Dans ces deux cas, le collaborateur fait bien appel aux croyances et aux valeurs partagées au sein de son entreprise : qu'est-ce qui est considéré comme « bien » ou « mal » ?

Mais par quels mécanismes cette boussole qu'est la culture client permet-elle de chercher à favoriser l'intérêt des clients ?

Lorsqu'une culture client est bien en place, les collaborateurs la perçoivent en permanence : les preuves tangibles, les signaux forts ou faibles sont nombreux et quotidiens. C'est un véritable bain dans lequel toute l'entreprise est immergée, et tout paraît cohérent pour faire vivre et partager cette conviction. Il devient alors évident aux yeux de tous les collaborateurs, quelle que soit leur position, que la recherche de la satisfaction client anime sincèrement toutes les décisions de leur entreprise, de haut en bas.

Ce « bain » offre un référentiel à chacun. Non pas comme des injonctions à suivre au garde à vous, mais comme une « intériorisation de l'extériorité », une sorte d'*habitus* qui agit en préalable aux comportements. Dans *Le Sens pratique*[10], Pierre Bourdieu popularise cette notion pour parler d'*habitus* de classe (notamment pour expliquer les

10 Bourdieu P., *Le Sens pratique*, Éditions de Minuit, Paris, 1980, 500 p.

mécanismes d'inégalités sociales). La définition d'*habitus de préoccupation client* pourrait ainsi être très utile pour expliquer le rôle d'une culture client sur les comportements. Bourdieu parle de socialisations vécues par un individu, lesquelles vont être incorporées et fournir une grille d'interprétation pour se conduire dans le monde. Nous proposons de garder cette notion d'incorporation de la place du client dans l'entreprise. À force de voir la façon dont on place (ou non) le client au cœur des décisions dans son entreprise, nous finissons par incorporer cette culture qui permet d'interpréter la façon dont on doit agir et décider... sans forcément passer par le besoin « d'y réfléchir à chaque fois ».

C'est en cela que la culture client est puissante dans sa capacité à transformer les entreprises : elle inscrit « dans les corps » le désir réel et sincère de faire de la satisfaction client l'enjeu primordial.

Mais les entreprises qui veulent aller trop vite en la matière confondent la simple injonction descendante (« Nous devons mettre l'intérêt des clients au centre de nos préoccupations ») avec la culture client qui doit faire émerger cet *habitus*. C'est comme cela que l'on peut discerner les dirigeants qui ont pris conscience de la nécessité d'une véritable transformation culturelle – et qui ont bien l'intention de la réaliser –, de ceux qui cherchent des pis allers à court terme à la difficulté de s'adapter à un monde horizontalisé. Et aux cassandres qui prédiraient quinze années pour réussir cette transformation culturelle, annonçons immédiatement une bonne nouvelle : contrairement à ce que l'on pourrait croire, s'orienter client peut se faire beaucoup plus rapidement que prévu, comme nous le verrons plus loin.

Premier facteur clé de succès de cette transformation (une fois que l'on ne se trompe plus de guerre) : être en capacité de démontrer aux dirigeants qu'une telle transformation est non seulement indispensable, mais surtout rentable.

Chapitre 3

S'orienter client est-il rentable ?

Pour survivre, une entreprise doit être rentable[1]. La question de la rentabilité d'une culture « orientée client » est donc fondamentale.

De ce fait, quels que soient la taille de l'entreprise, son secteur, etc., comment inciter les décideurs à s'engager sans avoir démontré au préalable la rentabilité d'un tel projet ? Pour cette raison, montrer le retour sur investissement des politiques d'orientation client constitue la seconde partie de toute intervention / explication sur la culture client. Nous avons même pu constater que, dans certains cas, il était impératif de commencer par cela, avant même de définir de quoi l'on parle... Là aussi, question de culture d'entreprise !

Pourtant, certains (dont nous faisons partie) objecteront que la rentabilité n'est pas obligatoirement la seule motivation à s'orienter client : meilleure satisfaction au travail, création de valeur pour l'ensemble des parties prenantes, etc. sont autant d'objectifs potentiellement poursuivis[2].

Que peut-on donc attendre réellement d'un renforcement de la culture client au sein de l'entreprise ?[3] De nombreuses recherches ont investigué cette problématique, et les résultats semblent assez clairs –

....

1 Nous excluons volontairement ici un certain nombre de business models marginaux, comme par exemple celui de certaines start-ups qui consiste, pendant un certain temps tout au moins, à attirer des investisseurs afin de financer leur développement.

2 On pourrait en effet nous faire le reproche de ne pas prendre en compte l'ensemble des parties prenantes dans cet ouvrage. Et, en particulier, de ne pas suffisamment intégrer ici les éventuelles conséquences négatives de l'orientation client sur d'autres parties prenantes, par exemple les salariés ou encore les dégâts écologiques dus à la focalisation sur la satisfaction client. Comme indiqué au début de ce livre, nous avons pleinement conscience des limites de cette approche qui ne se focalise volontairement que sur l'une de ces parties prenantes, et ne dédouane en rien les organisations de tenir leurs engagements vis-à-vis des autres parties prenantes.

3 Olivier Gavalda, directeur général du Crédit Agricole Île-de-France, justifie par exemple la démarche d'amélioration de la culture client de l'entreprise par l'envie d'« accroître son développement et sa capacité à gagner des parts de marché ».

même si les liens entre l'orientation client et ses conséquences (performance financière, innovation, satisfaction au travail, etc.) ne sont pas aussi directes et linéaires qu'on aimerait le penser... ! Et nos propres travaux fondés sur l'outil COS® Company et sa base de données assez unique à l'heure actuelle (près de 140 entreprises et 50 000 répondants à l'heure où nous écrivons ces lignes) permettent même d'affiner un certain nombre de résultats suggérés par la littérature.

Les conséquences de l'orientation client : ce que nous dit la recherche académique

S'orienter client a de nombreuses conséquences bénéfiques pour l'entreprise, pour ses clients, mais aussi pour ses salariés.

Orientation client et rentabilité (mais pas que !)

Les liens entre orientation client (plus exactement « orientation marché » dans certains cas, *cf.* Chapitre 1) et rentabilité ont fait l'objet de tant de recherches que plusieurs méta-analyses[4] y ont été consacrées.

L'affirmation d'Ellis, en conclusion de sa méta-analyse réalisée dès 2006[5], résume bien les choses : « Cette étude fournit des preuves quantitatives confirmant la nature universelle des liens entre orientation marché et performance ». Et, pour citer un exemple plus spécifiquement dédié aux liens entre orientation client et performance

....

4 Comme son nom l'indique, une méta-analyse consiste à reprendre, sur une problématique spécifique, l'ensemble des recherches publiées dans les meilleures revues scientifiques, et de considérer chacune des études réalisées et/ou hypothèses testées comme un individu. On obtient donc une sorte de « méta-étude », composée de *n* études, qui reprend l'ensemble des résultats déjà publiés – prenant d'ailleurs même en compte le « biais de disponibilité », c'est-à-dire les études réalisées mais non publiées.

5 Ellis P. (2006), *"Market Orientation and Performance: A Meta-Analysis and Cross-National Comparisons"*, *Journal of Management Studies*, 43, 5, 1089-1107.

financière, Pekovic et Rolland (2012)[6] confirment, en étudiant plus de 7 500 entreprises françaises, que s'orienter client améliore significativement la performance financière (profit et EBITDA).

Pour autant, les liens entre orientation client et rentabilité ne sont ni simples, ni directs. À partir d'une autre méta-analyse, Kirca *et al.* (2005)[7] apportent un certain nombre d'explications plus détaillées

TABLEAU 3.1 Les conséquences de l'orientation marché (adapté de Kirca *et al.*, 2005)

L'orientation marché a des conséquences positives sur[a]...	r[8]	p-value
Les clients		
Ventes	0,26	$p < 0,05$
Part de marché	0,31	$p < 0,05$
Qualité perçue	0,36	$p < 0,05$
Satisfaction	0,45	$p < 0,05$
Fidélité	0,35	$p < 0,05$
L'innovation		
Capacités d'innovation	0,45	$p < 0,05$
Performance des nouveaux produits	0,36	$p < 0,05$
Les salariés de l'entreprise		
Satisfaction au travail	0,61	$p < 0,05$
Engagement organisationnel	0,71	$p < 0,05$
Esprit d'équipe	0,51	$p < 0,05$
Conflits internes	- 0,54[b]	$p < 0,05$
Performance globale	***0,46***	***$p < 0,05$***
Profit	***0,27***	***$p < 0,05$***

a. 355 effets étudiés au total (n = 61 561).

b. Lien négatif : l'orientation client réduit les conflits internes.

6 Pekovic S., Rolland S. (2012), « L'impact de l'orientation client sur la performance des entreprises françaises : étude empirique des effets directs et modérateurs », *Recherche et Applications en Marketing*, 27, 4, 11-38.

7 Kirca A. H., Jayachandran S., Bearden W. O. (2005), *"Market Orientation: A Meta-Analytic Review and Assessment of Its Antecedents and Impact on Performance"*, *Journal of Marketing*, 69 (2), 24-41.

8 Dans une méta-analyse, ce r ne correspond pas au coefficient de corrélation de Pearson mais est un « coefficient de corrélation moyen corrigé » – plus précisément un estimateur du coefficient de corrélation sur l'ensemble de la population, corrigé en termes de fiabilité et pondéré selon la taille de l'échantillon.

(*cf.* Tableau 3.1) : être orienté marché (et donc en premier lieu être orienté client) a des conséquences sur les clients, sur l'innovation mais aussi sur les salariés. Et en conséquence, sur la performance globale de l'entreprise[9] ainsi que ses profits.

En intégrant les résultats d'autres recherches, la figure 3.1 présente une vision simplifiée des liens entre orientation client et rentabilité.

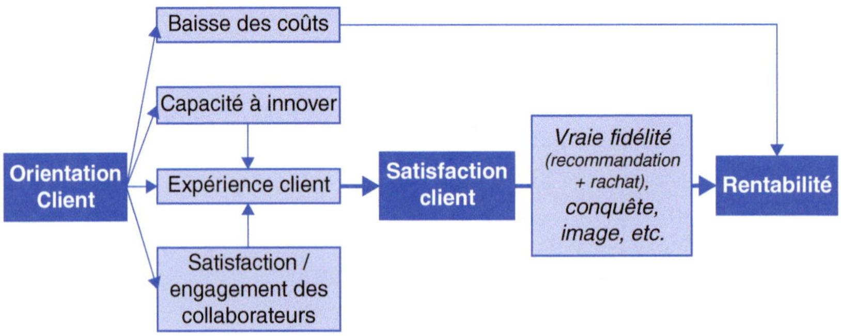

FIGURE 3.1 Orientation client et rentabilité, une vision simplifiée

Investir dans l'orientation client améliore donc la rentabilité à travers deux principaux chemins : la satisfaction des clients et la réduction des coûts.

Être orienté client permet d'améliorer l'expérience client et donc la satisfaction

Comme le montre la figure 3.1, créer une véritable orientation client au sein de l'entreprise permet d'améliorer la satisfaction des clients à travers trois chemins :

L'orientation client pour l'amélioration de l'expérience client

Rappelons-le, l'expérience client est vue du côté des clients et non de l'entreprise : « Tout ce qu'un client fait, ressent, pense et raconte

9 Dans les études prises en compte dans cette méta-analyse, la performance globale est généralement mesurée par la comparaison entre la performance de l'entreprise et celle de ses concurrents, ou encore par le degré d'atteinte des objectifs de rentabilité de l'entreprise. Ce type d'indicateur prend donc en compte les revenus mais aussi les coûts d'implémentation des stratégies.

tout au long de ses interactions directes et indirectes avec une organisation » (Ray et Sabadie, 2016, p. 144, *op. cit.*). En tant que client, nous ressentons souvent « au fond de nos tripes » si l'organisation mais aussi les collaborateurs sont sincèrement orientés client. Et comme le montrent les chiffres évoqués plus haut, ce ressenti impacte fortement l'expérience que nous vivons, et donc notre satisfaction.

Exemple

Zappos ne peut en aucun cas répondre positivement à toutes les demandes de ses clients. Pour autant, cette entreprise a un taux de clients enchantés proche de 100 % et un niveau de recommandation hors normes. Cela s'explique par la véritable obsession client dont font preuve à la fois les collaborateurs et l'organisation (normes, process, etc.) : tout y est fait, pensé et organisé autour de la satisfaction client. Et les clients le ressentent fortement à chaque interaction.

Nos recherches récentes montrent ainsi que cette « orientation client perçue » constitue, dans de nombreux cas, le levier qui impacte le plus l'enchantement mais aussi la recommandation (mesurée à travers le NPS), et ce plus encore que le rapport qualité / prix ou même la qualité du produit ou du service concerné[10]...

Orientation client et Covid-19 : l'exemple des Menuires

*Par **Marlène Giacometti**, directrice de l'Office de Tourisme des Menuires et de Saint-Martin-de-Belleville.*

Hiver 2020-2021. Aux Menuires, où le ski est habituellement pratiqué par plus de 90 % des vacanciers, la Covid-19 a poussé tous les acteurs à aller bien au-delà de leurs prérogatives habituelles : le service des pistes a proposé des activités ludiques, les écoles de ski

10 Pour plus de détails, on se référera à l'encadré « La Question COS® : l'indicateur ultime d'une véritable orientation client » (p. 118).

ont initié les enfants à la construction d'igloos, des commerçants ont même changé de métier en proposant des balades en trottinettes électriques...
En revanche, les clients ont souvent transformé les navettes en pseudo-remontées mécaniques. Surchargées et pas assez nombreuses, elles ont fini par générer de nombreuses réclamations. Moniteurs, office de tourisme, étudiants, puissance publique, etc. se sont donc réunis pour essayer d'améliorer le service proposé « au fil de l'eau » mais avec les moyens du bord !
Résultat ? Quelques surprises (très) positives, malgré la fermeture du domaine skiable et ces problèmes de navettes :

- La « satisfaction globale du séjour » atteint 9 ou 10 pour 46 % des répondants, au même niveau que l'hiver dernier ;
- « L'intention certaine » de recommander Les Menuires (notes 9 ou 10) atteint 69 % des répondants, contre 60 % la saison précédente !
- De même, l'intention certaine de revenir (9 ou 10) atteint quant à elle un record de 84 %.

Certes, restons prudents sur l'extrapolation de ces résultats pour l'avenir (fréquentation en baisse de 85 %, propriétaires surreprésentés, etc.), mais :

- L'intention de recommander Les Menuires semble bien plus liée à la volonté collective et individuelle qui nous est prêtée de « nous préoccuper d'abord de la satisfaction de nos clients » plutôt qu'au strict respect de process souvent rigides.
- Dans ces conditions particulières, et s'ils ont vu que « tout a été fait pour eux », les vacanciers peuvent passer outre certains éléments négatifs (navettes).
- Plus que tout, la mobilisation de chaque acteur, pour aller plus loin que ses prérogatives à lui et ne laisser aucun interstice du parcours client « non traité », est certainement la principale clé de la recommandation.

La mobilisation générale et la solidarité des différents acteurs vers un objectif commun de satisfaction client nous auront donc permis de ne pas détériorer notre image, mais aussi que nos clients fidèles

> restent, plus que jamais, nos principaux prescripteurs. Je tire personnellement une grande fierté que cette mobilisation et cette solidarité soient l'ADN de notre territoire. À nous de faire qu'elles le restent !

L'orientation client pour la performance des politiques d'innovation

Une littérature abondante montre qu'une entreprise orientée client aura une meilleure capacité à innover, des idées d'innovation plus radicales et un meilleur taux de succès de ses nouveaux produits. Ces conséquences inattendues, voire contre-intuitives, proviennent d'une dimension centrale mais souvent ignorée de l'orientation client : la proactivité. En effet, comme nous l'avons déjà évoqué, être orienté client ne consiste pas uniquement à répondre aux demandes des clients. Et pour aller plus loin, être *customer driven* n'est pas être véritablement orienté client : les clients n'ont pas toujours raison et ne savent pas toujours exprimer leurs besoins ni leurs envies – voire n'en ont pas encore conscience. Une entreprise orientée client doit être proactive.

À l'instar de ce que prônait Steve Jobs chez Apple, être proactif commence donc par écouter et comprendre suffisamment ses clients pour être capable d'anticiper leurs besoins et leurs envies. C'est cette proactivité qui permet de trouver des idées plus radicales, d'améliorer sa capacité à innover et de développer des nouveaux produits plus adaptés à la demande.

L'orientation client pour la satisfaction et l'engagement des collaborateurs

Comme le montrent entre autres les résultats de Kirca *et al.* (2005) évoqués prédécemment, s'orienter client améliore la satisfaction des salariés au travail ainsi que leur engagement, réduit les conflits entre services, et permet de renforcer l'esprit d'équipe : autant de points qui vont permettre d'améliorer l'expérience vécue par les clients et donc leur satisfaction.

Être orienté client permet de réduire les coûts

S'orienter client, c'est réduire les embûches et autres chausse-trappes internes qui détruisent la volonté et la capacité des équipes à agir en faveur des clients. Cette meilleure fluidité vers l'objectif permet généralement de réduire drastiquement les coûts de production mais aussi d'après-vente, entre autres ceux liés à la non-qualité (retours, réclamations, etc.).

Exemples

- Dans une entreprise en B to B (prestations de services), la mise en place d'un site internet réellement orienté utilisateur a permis de diminuer de 65 % le nombre d'appels au SAV.
- Chez Uber, l'utilisation systématique de l'application de guidage Waze permet non seulement d'améliorer la satisfaction client (qui connaît exactement son heure d'arrivée ? Qui a la certitude que le chauffeur empruntera le meilleur itinéraire ?) mais aussi améliorer la rentabilité de la journée des chauffeurs (durée des courses optimisée donc plus de courses par jour).

Les conséquences positives d'être véritablement connecté client : l'exemple de Décathlon

*Par **Gaëtan Maillet**, designer des services sur la plateforme e-commerce chez Decathlon France.*

EasyReturn : un projet qui vise à faciliter les retours produits chez Décathlon.

EasyReturn est un projet lancé en 2016 suite à une lettre d'une collaboratrice adressée à Michel Aballéa, notre directeur général. Ce courrier expliquait que la mission qu'elle exerçait ne la satisfaisait pas pour deux raisons : tout d'abord, l'ennui à ce poste dû à la répétition des gestes liés aux retours produits ; ensuite, le volume de produits jetés suite à ces retours (7 millions de produits retournés

chaque année en France, dont 5 % jetés, soit environ 10 millions d'euros mais aussi un impact écologique important).
J'ai pris en charge ce projet en décidant de me mettre à la place de nos clients et en vivant l'expérience personnellement. Je me suis rendu dans plusieurs magasins pour accueillir nos clients et j'ai aussi réalisé des observations sur les retours produit : effectivement, l'accueil était fortement impacté par ces opérations qui représentaient environ 70 % de leur temps de travail ! Surtout, j'ai constaté l'irritant des files d'attente avant d'être pris en charge par nos équipes et ai aussi visualisé la possibilité de redonner une seconde vie à certains produits. Enfin, certains clients avertis sur l'environnement nous posaient la question suite à leur retour : « Que faites-vous de mon produit abîmé ? ». Gênés, nous répondions que notre procédure était de les jeter...
Comme nous sommes une entreprise omnicanal, j'ai aussi fait l'expérience de commander un produit sur internet et de le retourner. Le constat est que le parcours digital est un véritable parcours du combattant : 40 clics pour m'annoncer en fin de parcours que les frais de retours sont payants et que je dois remplir sur papier libre le nom de l'entrepôt de retour ! Pour aller au bout de ma démarche, je vais faire la même opération chez les meilleurs *Pures Players* du marché, et je constate que nous sommes loin des standards du marché :

- Les frais de retours sont gratuits ;
- Le remboursement s'effectue dès la prise en charge par le transporteur, alors que chez nous il me faudra 10 jours pour obtenir le remboursement, et sans aucune communication entre l'envoi de mon colis et son remboursement ;
- L'un d'eux me surprendra même en me proposant de garder un t-shirt à 4 €, en m'informant que cela leur coûtera moins cher et que ce sera mieux pour notre planète si je garde le produit et qu'il me le rembourse. Effet waouh !

En s'inspirant, en explorant, en testant sur le magasin de Neuville-en-Ferrain et sur Décathlon.fr, nous avons ainsi développé plusieurs expériences pour faciliter l'autonomie des retours pour nos clients et nos collaborateurs :

- Pour les produits neufs, une borne de retour en magasin afin que les clients réalisent le retour en toute autonomie grâce à la technologie RFID utilisée pour notre encaissement : gain de temps important pour les clients mais aussi pour les collaborateurs ;
- Pour les produits abîmés et/ou défectueux, une appli mobile afin que nos collaborateurs enregistrent le retour directement au sein des rayons. Ces produits sont ainsi transférés automatiquement vers le site de vente de produits en magasin Décathon.occasion.fr. Et demain, ils le seront également vers d'autres applications de dons et de recyclage (en test actuellement) ;
- Sur internet, un retour digital plus simple, plus fluide, et surtout gratuit sur décathlon.fr depuis le 1er avril 2021. En parallèle, une interface logistique e-commerce plus efficiente pour les collaborateurs, mais aussi interopérable avec le site de Décathon.secondevie.fr ;
- Plus largement, une refonte de notre politique de retours plus responsable et plus cohérente pour nos clients mais aussi nos collaborateurs.

Au total, le projet Easyreturn, après avoir été défriché, expérimenté puis testé a rejoint en 2021 les projets de déploiement. Il a aujourd'hui toute sa place dans le projet omnicanal de chacun des services retail, encaissement, digital, logistique, conception pour être priorisé, industrialisé puis déployé au sein du réseau Décathlon France et United.

Par ailleurs, en s'occupant mieux de ses clients et en développant une réputation positive sur son marché, une entreprise orientée client **réduit ses coûts de conquête mais aussi de fidélisation.** Or un client fidèle coûte généralement moins cher à satisfaire : il sait en effet traiter avec nous, connaît nos limites et sait s'en débrouiller. Il a aussi ses habitudes d'achat qui nous permettent de réduire nos coûts : « Votre poisson, monsieur Antonietti, comme d'habitude ? » ; « Oui, comme d'habitude, merci ! » : trois minutes de discussion gagnées qui permettront d'améliorer la productivité du serveur et de mieux satisfaire ses clients.

Pour finir sur ces aspects de rentabilité, nous voudrions insister sur une conséquence largement sous-estimée de la culture client : **son effet multiplicateur sur le ROI des process.** En « décalaminant les tuyaux » entre process et performance, c'est-à-dire en permettant aux process de délivrer toute leur valeur ajoutée, cet effet méconnu a un impact important en termes de productivité, de réduction des coûts et d'amélioration de l'expérience client – et donc de rentabilité. Ainsi, lorsqu'une entreprise se recentre véritablement vers ses clients, on constate deux résultats complémentaires :

- les process qui n'étaient pas suffisamment orientés client disparaissent peu à peu au profit de nouveaux process plus orientés client ;
- les normes et ces process ayant dorénavant plus de sens pour les collaborateurs deviennent à la fois plus respectés et mieux respectés, c'est-à-dire utilisés en bonne intelligence, surtout pas « le doigt sur la couture ». Ainsi, on obéit moins « à la lettre », moins bêtement aux normes et aux process, et c'est « l'esprit » du process qui l'emporte : bref, la norme ou le process a enfin atteint son véritable objectif !

De même, les KPI associés ne deviennent pas des objectifs en tant que tels, mais restent des indicateurs permettant de progresser et de vérifier le degré d'avancement vers l'objectif visé.

Au total, la rentabilité s'en trouve évidemment largement accrue – et la satisfaction au travail également !

À RETENIR

Réduction des conflits internes, gain de productivité, meilleur ROI des process, limitation des retours et autres réclamations client, et même innovations permettant de conjuguer à la fois satisfaction client et minimisation des coûts : contrairement à ce que l'on croit, s'orienter client permet souvent de diminuer les coûts.
Il est donc central de comprendre (et idéalement de mesurer dans sa propre organisation) que s'orienter client n'est pas incompatible avec la réduction des coûts, bien au contraire !

Deux autres bonnes raisons de s'orienter client

Outre les conséquences positives détaillées ci-dessus, s'orienter client présente deux autres conséquences sur lesquelles nous voudrions insister : en premier lieu, la décision de s'orienter client ainsi que sa mise en œuvre ne dépendent que de l'entreprise elle-même et de ses collaborateurs. L'orientation client est donc actionnable par l'entreprise. Ensuite, l'avantage concurrentiel acquis via cette meilleure orientation client est beaucoup plus durable, car difficilement imitable, contrairement à d'autres stratégies comme la baisse des prix, etc.

L'orientation client est une variable actionnable par l'entreprise

Décider de créer une véritable culture client au sein de l'entreprise est une décision qui ne dépend que de facteurs internes : l'organisation « a la main » sur cette décision et sur sa mise en œuvre. Or, parmi les facteurs qui influencent le plus la qualité de l'expérience client, rares sont ceux directement actionnables par l'entreprise.

Rappelons-le, l'expérience client ne se « manage » pas : au mieux, l'entreprise cherche à optimiser tous les facteurs qu'elle maîtrise peu ou prou, et subit ceux qu'elle ne peut en aucun cas maîtriser. Or la culture client fait partie des très rares facteurs réunissant deux caractéristiques fondamentales du succès d'une entreprise : d'une part, elle impacte très fortement la qualité de l'expérience client et, d'autre part, elle est réellement maîtrisable par l'entreprise.

Ainsi, les Arcs, Tignes ou Val d'Isère ne maîtrisent pas le temps qu'il fait, bien que cette variable joue évidemment un rôle important sur l'expérience vécue par leurs clients. De la même façon, Carrefour ne maîtrise pas non plus les interactions entre ses clients. En revanche, Carrefour et ces stations de ski peuvent librement décider d'investir dans une meilleure culture client, et ce succès ne dépend que d'eux.

L'orientation client constitue un avantage concurrentiel durable

Qu'est-ce qui constitue un avantage concurrentiel durable, donc difficilement imitable rapidement ? Une vraie innovation brevetée, un savoir-faire et/ou des compétences particulières et rares, une domination par les coûts suffisamment marquante ou encore l'accès à un réseau de distribution exclusif et particulièrement performant... (quoique, en réalité, quel savoir-faire et/ou quelles compétences particulières et rares ne s'achètent pas ?).

Contrairement à cela, être orienté client ne s'achète pas ni ne se met en place en quelques jours ou quelques semaines. La culture de l'entreprise est donc l'avantage concurrentiel le moins imitable rapidement, et n'est évidemment pas achetable – à moins de racheter toute l'entreprise !

Malheureusement, s'orienter client ne suffit pas pour obtenir un tel avantage concurrentiel. Encore faut-il le faire suffisamment tôt par rapport à ses concurrents.

Source d'avantage concurrentiel ou simplement obligation pour « rester dans la course » ?

Si, pour les raisons évoquées plus haut, il paraît crucial de s'orienter client, la question devient celle du *quand* et du *comment*. Le *comment* constitue « la » grande question habituelle, et fait donc l'objet de la suite de cet ouvrage.

En revanche, la question du *quand* est rarement prise en compte parce que nous raisonnons généralement en fonction de nos contraintes et de nos possibilités internes (Sommes-nous vraiment prêts ? N'y a-t-il pas priorité plus urgente vu de l'interne ?). Cette façon de raisonner très autocentrée nous empêche de nous poser la seule vraie question qui compte : vu l'évolution de notre (nos) marché(s), et en particulier par rapport à nos concurrents mais aussi aux futurs entrants, pouvons-nous vraiment prendre le risque de ne pas nous orienter client *immédiatement* ?

Car si s'orienter client permet de construire un avantage concurrentiel durable, qu'en est-il si nous ne sommes pas parmi les premiers à devenir orienté client sur notre marché... ? En d'autres termes, qu'advient-il aux entreprises moins orientées client que leurs compétitrices ?

Question importante qui, en réalité, induit deux questions successives : l'orientation client est-elle *inéluctable* ? Si tel est le cas, faut-il plutôt s'orienter client *avant* ses concurrents, *en même temps*, ou au contraire le faire *plus tard* ?

Comme David Gotteland l'évoque plus haut, ces questions centrales ont été examinées par Kumar *et al.* (2011)[11]. Leurs résultats sont importants à connaître afin de pouvoir décider en connaissance de cause. Ces auteurs ont étudié 261 entreprises de différents secteurs (industrie, services, retail, etc.) sur une période de 9 ans. Trois vagues d'enquêtes ont été réalisées, leur permettant de voir l'évolution de ces entreprises mais aussi de leur marché. En prenant évidemment en compte un certain nombre de variables dites « de contrôle » afin d'isoler l'effet spécifique de l'orientation client, leurs analyses fournissent des éléments de réponse particulièrement intéressants à nos deux questions :

- *Question 1 : la maturation d'un marché conduit-elle les entreprises à s'orienter client ?*

Sur ce point, leurs résultats sont clairs (*cf.* Figure 3.2). Les courbes en pointillés (courbe du haut) et bleue pleine (bas) représentent, pour chacune des trois vagues d'enquêtes, le nombre d'entreprises *orientées client* (courbe du haut) ou *très orientées client* (courbe du bas).

Comme on peut le constater sur la courbe en pointillés, si seulement un tiers des entreprises l'étaient déjà lors de la première vague, près de la moitié l'étaient devenues lors de la deuxième, et près des trois quarts lors de la troisième... Les auteurs indiquent, de plus, que cette tendance est identique quels que soient les marchés (retail, industrie, services, etc.).

Au total, la moyenne d'orientation client mesurée sur de nombreux items augmente de 28 % en 9 ans. De même, l'écart type se réduit de 1,08 à 0,88, soulignant une forte réduction des écarts de niveau de culture client entre compétiteurs : la tendance est claire et concerne toutes les entreprises.

Et comme on peut le constater cette fois à travers la courbe bleue (courbe du bas), la tendance est similaire pour les entreprises les plus orientées client.

11 Kumar V., Jones E., Venkatesan R., Leone R. P. (2011), *"Is Market Orientation a Source of Sustainable Competitive Advantage or Simply the Cost of Competing?"*, *Journal of Marketing*, 75 (1), 16-30.

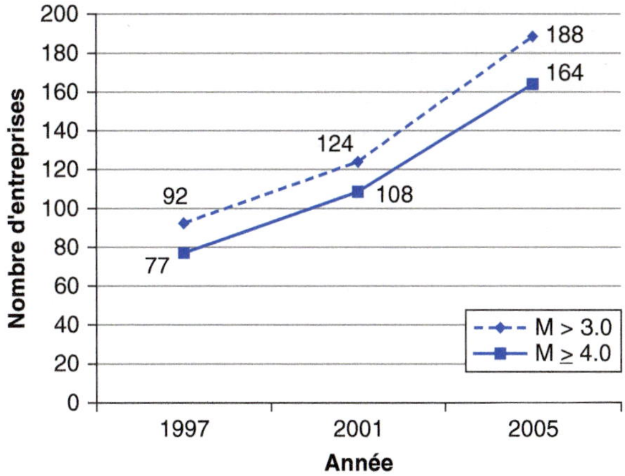

FIGURE 3.2 Nombre d'entreprises orientées client à travers le temps

Source : Kumar et al. (2011), p. 23

Cette recherche confirme de façon scientifique un constat que nous pouvons faire en regardant l'évolution des marchés autour de nous : plus un marché devient mature, plus les compétiteurs présents sur ce marché deviennent orientés client.

Ainsi, **la tendance à l'orientation client est inéluctable.** Il s'agit juste d'une question de temps et de degré de maturité du marché. Certains marchés vont mûrir plus vite que d'autres, obligeant les forces en présence à s'orienter client plus vite que sur d'autres marchés.

- *Question 2 : faut-il plutôt s'orienter client avant ses concurrents, en même temps, ou au contraire le faire plus tard ?*

Kumar *et al.* (2011) proposent, là aussi, des éléments extrêmement intéressants (*cf.* Figure 3.3). Le titre de leur article reflète bien leurs conclusions : en fonction du moment où une entreprise s'oriente client (avant, en même temps, ou plutôt en retard par rapport à ses concurrents), cette transformation culturelle se révèle une vraie source d'avantage concurrentiel durable ou simplement une obligation coûteuse mais nécessaire si l'on veut juste « rester dans la course » !

Sans rentrer dans des détails statistiques trop pointus, on retiendra trois résultats marquants :

1° **L'orientation client a un effet positif sur les ventes** (donc les revenus), mais aussi **sur les profits** (revenus – coûts). Donc même en

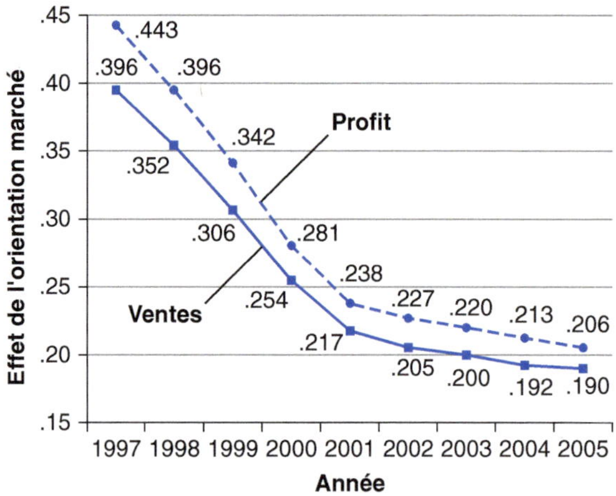

FIGURE 3.3 Effet décroissant de l'orientation client sur les ventes et les bénéfices

Source : Kumar et al. (2011), p. 24

intégrant les coûts induits par cette transformation, s'orienter client est rentable. Et la forme de cet effet est similaire sur les ventes et le profit.

2° **Cet effet positif diminue avec le temps** : plus une entreprise s'orientera client tardivement par rapport à ses concurrents, moins l'effet sera important. Ainsi, sur les 261 entreprises étudiées par Kumar et ses collègues, on peut estimer que cet effet est deux fois moindre pour les entreprises qui entreprennent leur mutation tardivement. On notera également ceci : même si elle continue de descendre dans sa deuxième partie, la pente est beaucoup plus forte durant la première moitié de la période étudiée ; le retard pris au début est donc très coûteux.

3° Enfin, et surtout, **les entreprises qui auront trop attendu pour s'orienter client devront « payer le prix fort »**, c'est-à-dire s'orienter client de gré ou de force, sous peine de se voir éjectées de leur marché.

IMPORTANT

Une entreprise a donc tout intérêt à s'orienter client le plus rapidement possible par rapport à ses concurrents, et en particulier à être la première (ou parmi les premières) à le faire :

- le ROI de cette transformation sera beaucoup plus important (fois 2 sur les profits et sur les ventes pour les 261 entreprises étudiées par Kumar et ses collègues) ;
- cela lui conférera aussi un avantage concurrentiel important et durable ;
- à l'inverse, les retardataires devront payer le prix fort, c'est-à-dire s'orienter client de gré ou de force, sous peine de se voir éjectés de leur marché.

Ce que nous avons déjà pu constater avec nos propres diagnostics

En nous appuyant sur la base de données issue du COS® Company (près de 140 entreprises de toutes tailles et tous secteurs), nous avons pu confirmer les liens forts entre culture client et certains indicateurs clés de performance (performance client et performance commerciale).

Le lien culture client / satisfaction client

Pour chacune des analyses que nous avons pu mener avec des datas collectées chez nos clients (satisfaction, NPS, etc.), nous avons constaté que les unités commerciales les plus orientées client bénéficiaient quasi systématiquement d'un double avantage :

- meilleure performance client (satisfaction globale, NPS...) ;
- progression plus rapide sur ces indicateurs client.

La figure 3.4 montre un exemple de ce type de résultats (entreprise possédant plus de 500 points de vente en France).

Comme on peut le constater (points de vente comparables en termes de zone de chalandise et de CA), les 5 points de vente les plus orientés clients ont un NPS de 11 points (!) supérieur aux 5 les moins orientés clients. Mieux : l'évolution du NPS de ces « Top 5 » est de 15 points supérieure à celle des 5 moins bons. Si ces points de vente ne s'orientent pas client rapidement, l'écart – déjà marquant en termes

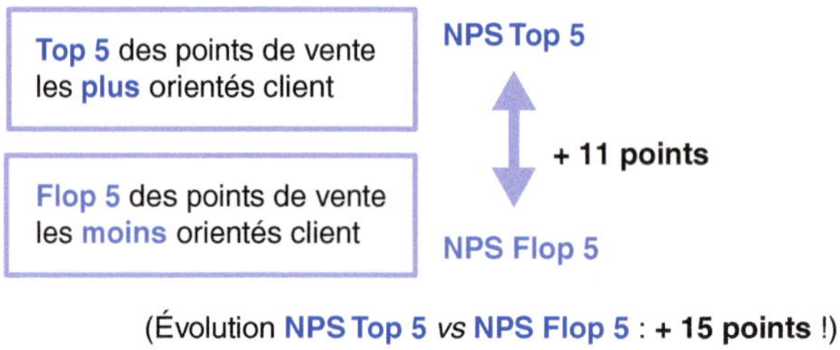

FIGURE 3.4 Les liens entre orientation client et NPS

de NPS – va donc se creuser encore plus dans un avenir proche, avec les conséquences qu'on connaît en termes de CA et de rentabilité.

Le lien culture client / performance commerciale

De la même manière, nous sommes souvent amenés – dès que les données sont disponibles – à évaluer la relation entre performance économique et niveau de culture client. Nos analyses confirment les résultats des publications académiques mentionnées plus haut : en moyenne, les unités commerciales les plus orientées clients obtiennent des résultats économiques supérieurs – voire très supérieurs – à celles ayant une plus faible préoccupation client. Et cela semble vrai à la fois en absolu (performance commerciale à un temps *t*) et aussi en évolution (t1 — t0).

Exemple

Nous avons travaillé avec un réseau (l'un des leaders en France) de grandes surfaces spécialisées (GSS) textile qui désirait comprendre l'évolution de la performance commerciale de ses points de vente (PDV). Sur la base d'un diagnostic de culture client COS® Company effectué auprès des plus de 200 magasins de cette enseigne, les données commerciales fournies par cette entreprise ont montré que (*cf.* Figure 3.5) :

- L'évolution du chiffre d'affaires des 50 magasins les plus orientés client est 80 % supérieure à celle des 50 les moins orientés client ;
- De la même façon, l'évolution du panier moyen de ces magasins est 50 % supérieure ;

- Encore plus marquant, l'évolution du taux de transformation en point de vente (pourcentage d'acheteurs / nb de personnes visitant le PDV) des 50 magasins les plus orientés client s'est révélée 3,2 fois supérieure à celle des moins bons en orientation client...[12]

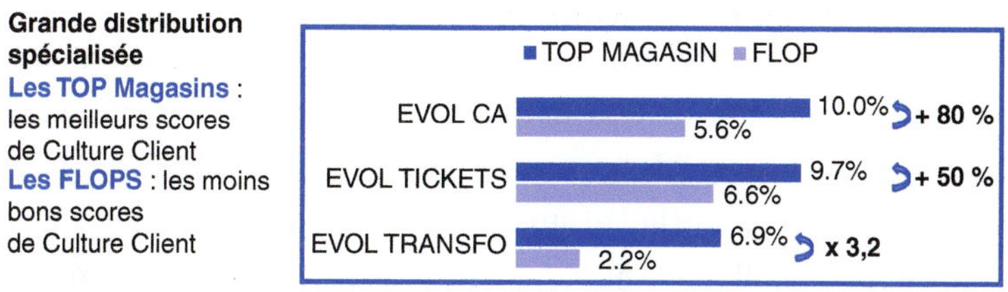

FIGURE 3.5 Les liens entre orientation client et performance commerciale

Concrètement, un magasin avec une équipe plus orientée client se préoccupera plus de tenir le magasin propre et rangé, les collaborateurs veilleront à terminer la mise en rayon avant l'ouverture et éviteront que les cartons et autres cintres ne traînent dans les allées. L'équipe prendra un soin particulier à lutter contre les ruptures. Les collaborateurs se gareront sur le parking le plus loin possible de l'entrée pour laisser les meilleures places aux clients. Ils sauront être à l'écoute des attentes / remarques des clients et les prendront en compte pour s'améliorer. Ils sauront aussi contourner un process lorsqu'ils jugeront que la situation le nécessite, etc. Bref, une équipe orientée client aura des comportements en permanence centrés sur la satisfaction client, quelles que soient les tâches et bien au-delà de la simple relation commerciale.

La même analyse a été répétée au sein de plusieurs réseaux avec toujours la même conclusion : avoir un bon niveau de culture client génère une meilleure performance commerciale, et les différences sont souvent marquantes au sein d'un même réseau. Autrement dit, au-delà des contingences logistiques, de la formation commerciale

12 Notons que cette enseigne propose un système de vente non assistée. Une occasion supplémentaire de rappeler que la culture client met les collaborateurs en situation de prendre soin des clients même lorsqu'il n'y a pas spécifiquement de « relation » client en tant que telle (en termes de processus de vente).

des équipes, de la stratégie de communication locale, etc., la culture client est un formidable levier de performance.

Certes, on ne peut pas parler de causalité puisque nous ne contrôlons pas ici l'effet d'autres variables. Néanmoins, nous avons à chaque fois vérifié auprès du top management que les unités commerciales classées comme fortement ou faiblement préoccupées client ne pouvaient pas, en réalité, appartenir à une « famille » de points de vente caractérisée par une variable spécifique qui aurait été LA vraie variable explicative de leur mauvaise performance commerciale (ex. : des unités commerciales ouvertes depuis moins d'un an ou dans des situations concurrentielles sur zone de chalandises particulières).

Nous avons observé malgré tout quelques rares contre-exemples intéressants à souligner :

- dans le monde des pharmacies d'officine, nous avons ainsi pu constater que certaines pharmacies peu orientées client avaient d'excellents taux de satisfaction. Il s'est avéré qu'il s'agissait d'officines dites « de flux » situées en galeries commerciales d'hypermarchés. Les clients les fréquentent dans le cadre de leurs courses à l'hypermarché, ce qui rend le choix de la pharmacie évident, car pratique. De plus, leur promesse n° 1 est centrée sur le prix, et c'est exactement ce que les clients recherchent dans ces pharmacies. La préoccupation client y est certes faible mais les clients sont malgré tout ravis car ces officines sont, selon eux, pratiques et peu chères – caractéristiques qui, dans ce cas précis, compensent largement leur faible orientation client. Au moins pour le moment... ;
- plus largement, des magasins en situation de « monopole de fait », soit parce que c'est la seule façon d'obtenir le produit recherché, soit parce que le contrat client-fournisseur est enfermant (pas possible de sortir du contrat), peuvent aussi performer économiquement sans être particulièrement orientés client. Nous retrouvons là les résultats de Kumar *et al* : sur un marché peu ou pas du tout mature (monopole), s'orienter client n'est pas encore une question de survie ! Mais qu'adviendra-t-il lorsque ce monopole artificiel n'existera plus... ?

En raisonnant cette fois à l'inverse, c'est-à-dire en s'intéressant aux conséquences d'un manque d'orientation client, on constate que les entreprises en difficulté qui ont du mal à survivre sont en général celles qui ont de fortes lacunes en matière de culture client.

Exemple

Une enseigne réputée de grande distribution spécialisée constitue ainsi un bon exemple d'entreprise pour laquelle la crise sanitaire est venue accélérer ce que le manque d'orientation client avait déjà mis à mal.

Cette enseigne a connu une hypercroissance lui ayant fait atteindre jusqu'à plus de 10 marques et des milliers de collaborateurs. Mais la décision de monter en gamme pour se démarquer des concurrents d'entrée de gamme de périphérie mena finalement à des investissements lourds et à une forte perte de clientèle. Depuis, l'enseigne court derrière ses parts de marché sans avoir les moyens ni le temps de moderniser ses outils. Fin 2019, l'entreprise est en difficulté, avec de fortes restrictions financières et un plan de sauvegarde de l'emploi : afin de pouvoir se rembourser de leurs créances, les actionnaires demandent en effet une restriction forte des budgets et des investissements. La direction générale essaie pourtant de réorienter l'entreprise vers ses clients afin de regagner des parts de marché, mais les blocages structurels internes sont tels qu'ils bloquent le processus. Jusqu'à l'arrivée de la Covid-19.

Quelques exemples de blocages culturels internes empêchant de se transformer :

- Idée : avoir un stock unifié pour permettre à n'importe quel magasin de faire livrer un produit commandé en ligne, sans devoir compter sur l'entrepôt. Réponse de la DSI : impossible en l'état actuel des outils (trop coûteux et de nombreux mois avant d'y parvenir) ;
- En 2020, le marché de l'occasion devient incontournable. Les acteurs du retail qui s'y mettent y vont timidement de peur de « s'auto-concurrencer ». Il y a un créneau à prendre, mais vite. L'entreprise met alors en place un projet réellement innovant, mais celui-ci sera tué dans l'œuf par les contraintes internes (pour effectuer un simple test en magasin, le service juridique

avait conclu qu'il fallait d'abord changer les statuts de l'entreprise, donc devoir présenter le projet aux partenaires sociaux, partenaires qui y ont vu une potentielle surcharge de travail, etc.). Pendant ce temps, le train passe...

- Même si direction et organisations syndicales étaient, chacune de leur côté, tout à fait en phase avec les projets liés à la culture client, la moindre erreur était utilisée à des fins de politique interne. Si cela est parfaitement compréhensible au vu de l'histoire et du contexte, toute initiative est néanmoins bloquée ou décortiquée pendant de longs mois.

Les freins au développement de la culture client

Nous venons de montrer que les entreprises ont un intérêt financier à développer leur culture client. Mais pourquoi les dirigeants rechignent-ils à la déployer ? Qu'est-ce qui empêche ou ralentit cette transformation malgré les prises de conscience ?

Nous observons que, malgré beaucoup de « bonnes intentions », les véritables transformations sont encore peu nombreuses. Pourquoi autant de différences entre les intentions et les réalisations ? Certes, il y a parfois de simples effets d'annonces de dirigeants qui cherchent uniquement à travailler leur image, mais bien souvent il ne s'agit pas de cela. Au-delà des deux problèmes majeurs déjà évoqués plus haut (1° Culture client : ne pas se tromper de guerre ; 2° S'orienter client est-il vraiment rentable ?), il nous paraît intéressant de pointer les résistances que nous avons pu observer à ce mouvement, même parmi les entreprises résolument décidées à se transformer. L'expérience mais aussi les recherches académiques montrent qu'il existe huit principaux freins dus soit au contexte de l'entreprise, soit à des facteurs internes.

Le contexte de l'entreprise

Parmi les freins majeurs, on retrouve **l'obsession de rentabilité à court terme** réclamée par les actionnaires. En effet, la recherche de performance à court terme « à tout prix » concentre le management sur des leviers qui les empêchent d'envisager les investissements nécessaires pour ancrer leur « renouveau culturel » : la recherche de pure réduction des coûts à très court terme, en tant que telle, vit généralement très mal avec la volonté de tourner l'entreprise vers ses clients. Même si, en réalité, ce n'est pas une fatalité : comme nous l'avons vu, ces deux notions peuvent au contraire se nourrir ! Malgré tout, on remarque que la plupart des décisions en matière de réduction des coûts se concentrent généralement sur ce qui rapporte « immédiatement » et de façon visible, sans préoccupation réelle de l'impact sur l'expérience client.

Lorsque les collaborateurs, au quotidien, voient parfaitement ce qu'il faudrait faire pour régler certains dysfonctionnements subis par les clients et qu'on leur demande de faire des efforts en termes de budgets (limitation des ressources), leur entreprise leur renvoie que les clients ne sont évidemment pas la première préoccupation. Dans ce contexte, comment peut-on vouloir mettre ensuite la pression sur les équipes pour mieux s'occuper des clients... ? Nous sommes bien là au cœur des problématiques de culture client : les comportements des équipes au quotidien seront d'abord guidés par des croyances et des valeurs forgées à partir des comportements de leurs managers, et en particulier leurs injonctions souvent paradoxales (faites ce que je dis, mais surtout pas ce que je fais...).

Dans la même veine, on note souvent que les managers sont nombreux à considérer (consciemment ou non, nous y reviendrons), que la recherche de la satisfaction client coûte cher et ne rapporte pas forcément... à court terme.

Exemple

Nathalie Meurillon, chef de projets Parcours clients – Écoute clients, explique bien que lors de la mise en place du projet COS® Company au Crédit Agricole Île-de-France, il a d'abord été nécessaire de démontrer que la satisfaction serait rentable dans un secteur où la culture « risque » est prépondérante.

Les chiffres fournis dans ce chapitre ont justement pour objectif de fournir au lecteur des éléments tangibles et crédibles à ce sujet afin de gagner du temps et convaincre les directions générales.

Autre frein : des **résultats économiques défavorables**, surtout si le marché est en décroissance. De la même manière qu'on ne remet pas au sport un malade en réanimation, l'expérience montre qu'il est vain de vouloir transformer une entreprise « sous perfusion ». L'entreprise « en survie » n'a pas la possibilité de se transformer, elle cherche par tous les moyens à sauver son cash à court terme. Dans ce type de cas, malheureusement décuplés par la crise de la Covid-19, on peut oublier toute velléité de transformer les pratiques et les attitudes des collaborateurs, au moins pendant cette période.

Des facteurs internes limitants

Des équipes souvent épuisées par l'enchaînement des plans d'économies et des revirements stratégiques qui défilent au rythme des changements de dirigeants. Nombreuses sont en effet les équipes qui voient leur top management changer tous les deux ou trois ans. Chaque nouveau dirigeant ayant sa propre stratégie, il n'est pas rare de démonter et remonter sans cesse les projets / outils / organisations... sans avoir le temps de voir des résultats satisfaisants, ce qui provoque un sentiment de découragement bien compréhensible au sein des équipes. Les collaborateurs ont alors tendance à se désengager, ce qui est destructeur pour la culture client mais aussi pour le business. Les résultats de la méta-analyse de Kirca *et al.* (2005, *op. cit.*) soulignent ainsi le très fort pouvoir destructeur – ou au contraire mobilisateur – du management, et en particulier celui du top management. Avec l'expérience, nous avons acquis la certitude (mais aucun scoop là-dedans !) qu'une vraie implication visible et durable de la direction constitue LE premier facteur clé de succès de tout recentrage client. D'où la nécessité « d'accompagner » au préalable le top management :

- en lui faisant prendre conscience de ce qu'est l'orientation client afin qu'il « ne se trompe pas de guerre » ;
- en abordant directement et immédiatement les questions de rentabilité : en quoi, pourquoi, et comment s'orienter client est-il rentable ?

Des outils de travail obsolètes ou peu orientés client (informatique, production, gestion, logistique, etc.). Deux questionnements réels :

- « Comment voulez-vous me faire croire que nous allons mettre le client au cœur de nos préoccupations alors que nous ne sommes pas capables de livrer une commande web en moins de 10 jours ? » ? ou encore
- « Comment me faire croire que la satisfaction client doit être ma priorité lorsque [moi, chargé de clientèle d'une entreprise] je suis amené à parler à mon client à tout moment et que notre système d'information ne me permet même pas de voir les interactions récentes entre ce client et les autres services de l'entreprise... » ?

Nous avons ainsi acquis la conviction que le travail sur la culture client doit s'accompagner d'un gros effort sur les outils (IT, logistique notamment) permettant une meilleure fluidité interservices mais aussi une meilleure fluidité de l'expérience client. Des outils efficaces permettent en effet aux collaborateurs de vivre leur quotidien de manière plus adaptée à l'idée qu'ils se font (ou qu'on leur demande d'avoir) des besoins des clients. Ces signaux internes participent ainsi fortement à la création d'une vraie culture client : « Dans mon entreprise, nous nous donnons les moyens de servir au mieux les clients ».

Plus généralement, **des politiques RH (rémunération, primes et autres récompenses, mais aussi promotions, etc.) ne valorisant que peu ou pas du tout les aspects « client »**. Les recherches du domaine soulignent que les systèmes de rémunération et de promotion font partie des quatre leviers les plus impactants dans le succès ou l'échec d'un recentrage client. En effet, plus encore que les outils IT ou logistiques, ces politiques RH donnent une information majeure aux collaborateurs sur l'importance *réelle* de la satisfaction client au sein de l'organisation...

La **culture de la centralisation de la décision et de la responsabilité**. Là aussi, les résultats scientifiques (voir entre autres la méta-analyse de Kirca *et al.*, 2005, *op. cit.*) sont formels : « trop » de centralisation et/ou « trop » de formalisation (normes, process) empêchent le développement d'une véritable culture client – « trop de centralisation » semblant d'ailleurs avoir, en moyenne, un effet négatif plus de deux fois supérieur à « trop de formalisation »...

Ce thème concerne en premier lieu les entreprises à réseau. Peut-être est-ce dû à une forte tradition jacobine en France, mais les managers centraux aiment garder le pouvoir. Les équipes « en région », dans les agences, dans les restaurants, dans les hôtels, dans les magasins sont souvent placées en simples exécutants des décisions centralisées. Or, qui mieux qu'elles sont capables de savoir ce que veulent les clients et ce qui les gène au quotidien ? Pourquoi ne pas leur faire plus confiance sur de nombreuses décisions qui pourraient leur incomber ? La peur de les voir prendre des décisions qui se retourneraient contre l'entreprise ? Dans l'armée, il est connu que si un chef a peur que ses soldats retournent les armes contre lui, c'est soit qu'il n'a pas les bons soldats, soit – plus probable – que ses propres décisions ne permettront pas de gagner la bataille...[13]

Exemple

Illustrons le phénomène des conséquences néfastes de la centralisation à outrance avec un exemple en GSS : il peut ainsi arriver (et c'est normal) que certains produits mis à la vente se révèlent défectueux, c'est-à-dire « invendables ». Dans ce cas, le process normal consisterait à ce que les équipes déclarent ce produit comme défectueux et le renvoient au dépôt de manière à recevoir un autre modèle non défectueux, évitant ainsi la rupture en magasin. Or, ici, la peur des vols par les équipes (qui pourraient faire de fausses déclarations de défectueux) a amené les dirigeants à changer le process : seuls les directeurs régionaux pouvaient déclarer les défectueux. Malheureusement, chaque

13 Éric Plat, président directeur général d'Atol en a la conviction : « Tout ce que nous mettons en place au siège doit servir aux associés (les patrons de boutiques) ; ce sont leurs clients, et ce sont eux qui peuvent réellement agir auprès des clients, si par exemple certains expriment une insatisfaction » (extrait d'une présentation de l'outil d'écoute clients Critizr mis en place par le siège mais exploité par les associés eux-mêmes).

DR s'occupant de 25 magasins et passant dans chaque magasin en moyenne tous les trois mois, de nombreuses ruptures ont été constatées en magasin faute de réassort à temps. En effet, tant qu'un produit n'est pas déclaré en défectueux, il est officiellement « en vente » pour le service d'administration des ventes : donc pas de réassort organisé. Conséquences :

- Les équipes sont infantilisées, déresponsabilisées. Un peu comme si on leur disait : « Vous êtes des voleurs potentiels, on ne vous fait pas confiance ». Difficile de les embarquer sur l'expérience client par la suite !
- Il y a une perte de chiffre d'affaires due aux ruptures en magasin.

Exemple supplémentaire pour montrer que culture client et business sont deux notions liées...

L'**organisation en silos rigides, pas assez interconnectés et trop souvent en conflit**. Guidés par leurs propres KPI spécifiques parce que définis verticalement et pas horizontalement (*cf.* Chapitre 1), les différents services sont souvent hermétiques les uns aux autres. Plus encore, on observe souvent que les managers des différents services ont besoin de sentir leur pouvoir sur leurs équipes mais aussi vis-à-vis de leurs collègues des autres services. Cela mène à des situations parfois absurdes où les passes d'armes concernent des guerres d'ego et de territoires plutôt que des avancées pour les clients... et donc le business ! Malheureusement, contrairement à de nombreuses voix qui s'élèvent pour « casser les silos », nous ne croyons pas à cette solution à court terme : trop déstabilisant et trop loin des capacités d'acceptation actuelles des managers, entre autres pour les raisons évoquées ci-dessus... En revanche, une solution acceptable à court terme consisterait sans doute moins à casser les silos qu'à apprendre à mieux travailler de concert et à y donner un vrai sens. À ce titre, soulignons évidemment l'importance prépondérante des politiques RH et des KPI : si mon KPI est vertical et ne concerne que mon silo, pourquoi m'ennuyer à essayer de mieux collaborer avec les autres services ?

EXEMPLE

Frédéric Loberman, directeur de la simplification de l'expérience client chez Orange Group, évoque ce sujet en prenant l'exemple des pilotes de la patrouille de France. Chacun est bien dans son appareil avec ses propres commandes et responsabilités, mais chacun doit avoir conscience des conséquences de ses décisions sur les autres. Et rien ne marchera si chacun n'assume pas son rôle dans le succès du collectif.

Plus d'une vingtaine de recherches ont ainsi montré qu'une bonne ou mauvaise connexion entre services constituait le facteur clé de succès le plus important pour qu'une entreprise devienne véritablement orientée client. Et à ce titre, il faut en priorité travailler à la réduction des conflits entre services...

Des **collaborateurs « empêchés » par le stress de l'inconnu les poussant à rester arc-boutés sur ce qu'ils maîtrisent** (le fameux « on a toujours fait comme ça ! »). Ce qui est passionnant dans le travail sur la culture client, c'est notamment le fait qu'elle soit « humain-dépendante » : elle a besoin de collaborateurs en confiance et ayant le sentiment d'être responsabilisés. Être orienté client, c'est aussi questionner ce qui ne va plus dans nos process, services, offres... du point de vue client. Or, il faut une bonne dose de confiance en soi et dans son entreprise pour porter et donc supporter ces remises en question ! Dans de nombreuses entreprises, ce serait en effet prendre trop de risques personnels que se lancer dans une pareille aventure. Une fois de plus, on retrouve ici le rôle du management, et en particulier celui de la direction.

Comment combattre ces freins au développement de la culture client ?

Face à toutes ces contraintes et tous ces freins potentiels, faut-il pour autant être fataliste et abandonner l'idée de transformation ? Malheureusement, la plupart des entreprises (selon le degré de maturité des marchés) n'ont pas vraiment le choix. Et il semblerait même que ce soit leur seule option pour se projeter et construire plutôt que de se protéger et souffrir. Mais comment s'y prendre dans ces conditions ?

Pour contrer ou dépasser ces freins, inutile de « passer en force » en se contentant de mettre la pression sur les équipes au contact des clients. La solution consiste au contraire à ce que le **business model de l'entreprise devienne réellement compatible avec la satisfaction durable des clients.** En clair, privilégier la satisfaction client doit faire partie du business model au lieu d'aller contre. Certains business models sont en effet incompatibles avec une satisfaction client durable parce que l'entreprise ne gagne de l'argent qu'au détriment de la satisfaction de ses clients[14].

Pour ce faire, l'entreprise doit engager un vrai travail de remise en question de ce qui a fait ses succès passés : s'attacher à comprendre finement son business, ses forces et ses faiblesses, comprendre son environnement, ses concurrents et les évolutions des besoins des clients d'une part... Et, d'autre part, elle doit aussi comprendre en quoi son organisation actuelle (fonctions supports, marketing, fonctions marchés, commerciales, etc.) permettra ou non de s'adapter aux changements inévitables que cette remise en question ne tardera pas d'apporter. Bref, parler stratégie et diagnostic stratégique. Mais stratégie au service d'une valeur supérieure apportée à ses clients par rapport à ses concurrents !

Exemple

Citons encore ici le cas de cette entreprise confrontée à de multiples et profonds freins internes (forts silos, désengagement des collaborateurs, obligation de réduire ses coûts, etc.) mais aussi externes (nécessité de digitaliser son offre, de se positionner sur de nouveaux marchés, etc.) et ne voyant pas comment conjuguer toutes ces problématiques en un seul plan stratégique global.

14 Ainsi, contrairement à d'autres, certaines compagnies d'assurances ne gagnent de l'argent qu'en remboursant mal leurs clients en cas de sinistre. Dans ce cas, l'intérêt de l'entreprise est clairement antagoniste à celui des clients, et la transformation ne pourra en aucun cas avoir lieu tant que le business model n'aura pas changé.

> Le fait d'avoir adopté une nouvelle perspective stratégique « orientée client » a permis de recoller les différentes pièces du puzzle en un tout cohérent et surtout viable économiquement. Partant d'une vision commune (« délivrer, de façon durable, une valeur supérieure à nos clients »), elle a ainsi réussi à construire un plan stratégique transversal qui définit les principales orientations mais aussi « la façon de décider » au quotidien, qu'il s'agisse de développement de nouveaux produits, de politique d'embauche et même de choix d'un nouveau logiciel de comptabilité !

Dit autrement, si l'entreprise veut survivre dans ce « nouveau monde horizontal », elle doit accepter de questionner son modèle historique de business mais aussi son organisation. C'est comme cela que tous les services se remettront à collaborer dans un sens commun « orienté client » plutôt que de se neutraliser entre eux en cherchant avant tout à se protéger. C'est comme cela aussi que les équipes au contact des clients adhéreront au sens de la démarche lorsqu'on leur parlera d'expérience client. C'est comme cela enfin que les collaborateurs du back-office retrouveront du sens à leur travail : tous, à notre niveau, nous participons à créer, directement ou indirectement, une valeur supérieure pour nos clients. Et ils nous le rendront bien.

Bref, il s'agit de créer un nouveau **cadre de référence** interne à l'entreprise. Tout projet de transformation client dans une entreprise en difficulté doit donc être porté au plus haut niveau dans un mouvement général de réécriture de sa stratégie, de son développement et des principes d'organisation et de management. Mais quel programme pour des entreprises dont le quotidien est d'abord rythmé par la recherche de solutions de court terme pour redresser le business… ! Pourtant, contre toute attente, un tel changement de paradigme ne nécessite ni quinze ans d'investissements ni une révolution interne. En effet, comme le montrent de très nombreux exemples, **de simples « petits pas » bien choisis permettent d'accélérer drastiquement les changements** et d'opérer un tel pivotement à la fois rapidement et sans dégâts.

En terminant cette partie, on a compris que les entreprises opérant sur des marchés matures n'ont pas vraiment d'autre choix que de devenir orientées client. Elles y ont un intérêt économique évident, et l'évolution globale des rapports sociaux les y pousse de toute façon. Plus elles se transformeront rapidement (en tout cas plus vite que leurs concurrents), plus elles en tireront profit. Il ne s'agit donc pas d'une énième mode inventée par des influenceurs en manque de différenciation : cette transformation s'inscrit mécaniquement, inéluctablement, dans le sens de l'Histoire... Mais encore faut-il l'avoir compris !

Après avoir défini ce qu'était une vraie culture client, puis avoir prouvé en quoi une telle transformation était inéluctable mais surtout rentable, abordons maintenant le troisième facteur clé de succès d'un véritable recentrage client : **établir un diagnostic clair et sincère du « niveau de culture client actuel » de l'entreprise**, de ses forces et de ses faiblesses à ce sujet. Diagnostic qui doit impérativement être « chirurgical » pour permettre de décider et d'agir non seulement globalement (direction générale) mais aussi localement (point de vente, usine, BU, back-office, etc.). Car comment agir de façon optimale sans savoir où, ni comment, le faire en priorité ?

Partie II

Mesurer la culture client pour mieux la piloter

Nous avons très vite acquis la conviction que, pour arriver à faire évoluer les entreprises, il fallait s'appuyer sur une forme d'audit objectif de la situation. Nous voulions sortir du simple rôle incantatoire : développer sa culture client ne se décrète pas, les longs discours ne suffisent pas. Pour agir, il faut d'abord rendre tangible cette notion qui peut paraître très conceptuelle en première approche. Nous-mêmes avions abordé le sujet à pas de loup, persuadés de mettre les pieds dans un « machin » assurément inextricable... Mais définir clairement le périmètre – de quoi l'on parle – permet déjà de se sentir beaucoup plus à l'aise. Ensuite, arriver à obtenir une vision complète à 360°, pourtant précise, de « là où nous en sommes aujourd'hui en matière de culture client » permet de passer rapidement aux décisions et aux actions opérationnelles et, ainsi, aux résultats tangibles. Notre objectif était donc double :

1. Permettre aux entreprises de prendre conscience de leur niveau d'orientation client actuel, et ce, dans chacun des compartiments du jeu de l'orientation client, mais également de disposer d'une mesure non discutable permettant de se comparer à d'autres, et donc de « se situer » – y compris hors de son propre marché. En effet, la notion historique de « *best in class* sectoriel » est largement dépassée : dans la tête de nos clients, leur *best in class* se situe sûrement dans un autre secteur que le nôtre !
2. Identifier les leviers de progrès prioritaires (le *quoi* mais aussi le *où*) et se fixer des objectifs à manager. Et pour cela, dépasser la simple prise de conscience « façon NPS » qui ne donne qu'une vue d'hélicoptère : intéressant, mais pas opérationnel ! Donc des résultats suffisamment précis pour décider et agir de façon « chirurgicale ». Et au final, obtenir une feuille de route mais aussi la possibilité de mesurer ultérieurement les progrès réalisés.

Mais au-delà de cela, ce diagnostic préalable a également un effet pédagogique en soi car il permet de balayer (et donc de former les équipes à) l'ensemble des leviers de la culture client activables au sein d'une organisation.

- JEU -

Réunissez vos collaborateurs (idéalement, réunissez le comité de direction...) et demandez-leur, individuellement puis en travaillant par groupes, de lister les grandes dimensions structurantes de la culture client de toute entreprise.

Faites ensuite de même au niveau en dessous, c'est-à-dire demandez-leur de lister les différentes sous-dimensions qui forment chacune de ces grandes dimensions.

Comme vous le constaterez, il s'agit d'un exercice difficile... Mais qui surtout vous donnera, selon les groupes de travail, des visions très différentes de la problématique ! Voilà pourquoi le fait même de partager une vision commune, et surtout structurée, des différents leviers constituant la culture client d'une entreprise, fait faire un véritable bond en avant à l'organisation mais aussi à chacun des collaborateurs.

Chapitre 4

Les enjeux autour de la mesure : quelles approches pratiques ?

Avec près de deux millons de résultats sur Google, *Customer Orientation*[1] semble être un sujet porteur. On pourrait donc supposer qu'il existe un véritable marché de la mesure de cette problématique si importante pour les entreprises.

Pourtant, en dehors de ceux développés par des chercheurs, il n'existe que très peu d'outils. Ces rares dispositifs non académiques sont proposés par des cabinets de consultants, le plus souvent anglo-saxons, et vont du test psychologique destiné aux commerciaux à une batterie de questions posées aux collaborateurs. Bref, pas de véritable marché installé, et encore moins de mesure référente : une fois de plus, tout le monde en parle, mais rares sont ceux qui ont investi dans un instrument permettant de réaliser un diagnostic solide, et donc de mettre en place une stratégie claire. Car comme le disait Sénèque : « Lorsqu'on ne sait pas vers quel port on navigue, aucun vent n'est le bon ».

Deux principales raisons expliquent une telle situation :

1. Comme évoqué plus haut, la problématique « Culture Client » n'est pas vraiment claire dans l'esprit des dirigeants. Et comme l'on ne mesure bien que ce que l'on a bien défini, il y a peu de chances que de bonnes mesures existent !
2. Ne nous cachons pas derrière notre petit doigt : si les dirigeants avaient réellement pris conscience du danger à ne pas être suffisamment orienté client, la plupart des entreprises auraient déjà pris le sujet à bras-le-corps. Nécessité fait (souvent) loi. Or cette prise de conscience n'en est visiblement qu'à ses débuts. Ou plutôt, comme

1 Auxquels il faut ajouter des résultats à peu près similaires pour l'expression *"customer centricity"*, *"customer culture"* n'ayant quant à lui que 86 900 occurrences. En français, « orientation client » obtient 322 000 résultats et « culture client », 86 200.

nous l'affirmait un cadre dirigeant : « Un peu comme pour les problèmes d'écologie, il faudra malheureusement en arriver à taper le mur pour qu'on prenne vraiment le taureau par les cornes » !

Ainsi, même si la plupart des entreprises sentent bien que l'évolution de leur marché les mène inéluctablement à ce type de transformation, pourquoi se confronter à une problématique que l'on connaît mal ? Comme l'écrivait Theodore Levitt (dès 1960) dans la *Harvard Business Review*[2], l'équation est simple : le manque de maîtrise du sujet génère une myopie et un refus d'obstacle car on préfère se concentrer sur ce que l'on maîtrise, c'est-à-dire l'optimisation de la production, la réduction des coûts, etc.

Toutefois, les réactions très positives des comités de direction à une explication claire et étayée par de (vrais) chiffres montrent bien que les dirigeants ne sont pas dupes... Et souvent, nous constatons que cette explication, en améliorant le degré de maîtrise perçu et en rendant plus tangibles les éventuelles conséquences négatives, provoque un déclic permettant à l'entreprise tout entière d'avancer. Or dans un contexte où *"the winner takes all"* (voir les résultats de Kumar *et al.* évoqués au chapitre précédent), cette prise de conscience avant ses concurrents est souvent salvatrice.

Les solutions classiques : la tentation de l'audit standard

Première solution : auditer les process

Il est aisé d'imaginer passer quelques jours dans une entreprise, y faire quelques entretiens et de nombreuses observations pour faire

2 Vainqueur du McKinsey Award en 1960, ce fameux article de Theodore Levitt n'a malheureusement rien perdu de son actualité lorsqu'il indique que les entreprises se porteraient nettement mieux si elles se concentraient sur les attentes des clients plutôt que de chercher à vendre des produits... Mais, affirmait-il : "*it is not surprising that, having created a successful company by making a superior product, management continues to be oriented toward the product rather than the people who consume it*".

un premier diagnostic de sa culture client. Certes, on repérera ainsi des process favorables ou non à la culture client. Pour cela, il suffit d'avoir en tête l'ensemble des leviers de la culture client et les passer en revue.

On nous demande souvent de réaliser un tel diagnostic, l'objectif étant de repérer et d'objectiver en quoi l'organisation, via les normes et les process en place, a la capacité de développer sa culture client. Certains cabinets n'hésitent pas non plus à envoyer un questionnaire aux dirigeants leur demandant de noter eux-mêmes, de façon bien sûr « objective » (sic !), les pratiques et process actuels concernant les principaux thèmes de la culture client. Ce type d'audit permet de mettre assez rapidement en valeur soit les manquements flagrants, soit les principaux destructeurs de la culture client.

En revanche, il est plus compliqué de mesurer si les process « orientés client » sont réellement contributeurs à l'orientation client de l'entreprise. Car pour ce faire, il faudrait s'assurer qu'ils soient réellement connus par tous et que le signal renvoyé soit également perçu comme favorable. Accessoirement, il ne faudrait pas non plus que ce genre de dispositifs soient balayés par d'autres, eux destructeurs de culture client... Ainsi, s'arrêter à une vision process donne des éléments certes intéressants, mais potentiellement trompeurs car vraiment trop parcellaires : organisation, normes, process qui peuvent, sur le papier, être de bonnes décisions, ne suffisent pas à juger du bon développement d'une véritable culture client.

Attention, loin de nous l'idée de penser que **les process et autres normes « orientées client » ne sont pas utiles, bien au contraire. Ils sont même indispensables !** Nous disons simplement qu'il ne faut pas se contenter d'un simple audit de ceux-ci pour évaluer le niveau réel de culture client d'une entreprise.

Exemple

Dans une grande société d'assurance, nous avons visité un service client exemplaire en matière de préoccupation client, avec un patron de département motivé à transformer la façon dont étaient gérés les irritants clients.

> Il avait mis en place de nombreux process permettant de réorienter l'ensemble des tâches vers l'optimisation du parcours client. Tous les signaux étaient donc au vert. Malheureusement, les collaborateurs du service client n'étaient pas du tout intégrés au reste de l'entreprise : nous avions donc là des process clairement orientés client mais qui n'avaient aucun impact dans l'entreprise, en raison de la mise à l'écart de ce département manifestement atypique.

Autre situation qui risque fort de vous faire sourire tellement cela va vous parler : si l'absence de processus d'écoute client (enquête de satisfaction, captation d'avis, etc.) risque fort de brider la culture client, les avoir (voire les multiplier) ne garantit en rien qu'ils contribuent réellement à créer de la culture client : tout dépendra de l'usage réel qui en est fait... Nos résultats sur près de 140 entreprises à ce sujet sont malheureusement sans appel : si la grande majorité des organisations déclarent mettre en place différents process d'écoute client, les résultats concernant leur utilisation en interne sont beaucoup plus mitigés... Avec souvent, d'ailleurs, une direction générale persuadée qu'ils sont utilisés par les équipes, et des collaborateurs déclarant le contraire !

Ainsi, au total, un simple audit des process ne donne en réalité que des indications parcellaires sur le réel degré d'orientation client d'une organisation.

Deuxième solution : auditer les pratiques

De la même manière, des entretiens approfondis et/ou de l'observation non participative permettent de détecter des bonnes et des mauvaises pratiques en matière de culture client. Par exemple des collaborateurs qui, spontanément, échangent sur les clients de façon informelle lors du déjeuner, ou encore des équipes qui organisent régulièrement des réunions pour confronter leurs visions des attentes client. Mais des milliers de « microdécisions » – orientées client ou pas – étant prises chaque jour au sein des entreprises, il convient de descendre à un niveau important de détail. En effet, comme le montrent nos résultats, en rester à écouter ce que dit la direction, ou même les managers intermédiaires, n'est malheureusement pas représentatif de la réalité. Il faut descendre au plus profond de l'organisation pour comprendre ce qui se joue au quotidien, d'où un audit complexe mais surtout coûteux.

Enfin, il est impératif de faire le tri entre les pratiques qui sont du ressort de l'organisation *stricto sensu* (les normes et/ou habitudes qui ont été prises et que chacun intègre) *versus* celles qui relèvent des collaborateurs eux-mêmes, dans leur for intérieur.

Exemple

Dans une banque de détail figurant parmi les leaders en France, une pratique semble s'être installée lors des négociations de prêt immobilier :

- Soit le client demande un meilleur taux en s'appuyant sur des taux proposés par les concurrents. Dans ce cas, le conseiller peut s'aligner sur l'offre concurrente ;
- Soit le client, plutôt en confiance et fidèle, ne négocie rien. Dans ce cas, il sera donc amené à payer le prix fort. En d'autres termes, mieux vaut être un client méfiant qu'un client fidèle qui nous fait confiance…[3]

Ce qui nous interpelle ici, c'est qu'il ne s'agit pas d'un process, d'une pratique généralisée par une directive interne, mais d'une pratique observée seulement chez certains conseillers… Ainsi, ce genre de décision (« je m'aligne uniquement pour les clients qui râlent, et les autres paieront le prix fort ») relève d'une logique *personnelle* du conseiller et/ou de son manager.

3 Si, à cet instant, vous vous dites (comme beaucoup d'entre nous) « c'est de bonne guerre ! », c'est soit que vous êtes encore dans l'ancien monde vertical, soit comme malheureusement 93 % des Français en 2019, vous avez été « contaminé » en tant que client ou collaborateur, et que vous avez fini par vous faire une raison : on ne peut pas faire confiance aux marques ! Revenez alors à l'exemple de Netflix évoqué dans le chapitre précédent ou regardez les pratiques de certaines marques à l'heure actuelle : pour survivre dans un monde horizontal où le client a réellement le choix, la priorité consiste à renouer une relation de confiance avec ses clients – principale conséquence d'une véritable culture client… !

Ainsi, auditer les pratiques nécessiterait, pour obtenir une vision réaliste et utilisable, de « descendre » très en profondeur dans l'organisation : long et coûteux...

- JEU -

Fort de cet exemple, posez-vous la question : que feriez-vous si vous étiez à la direction de cette banque pour ne pas passer à côté de l'existence de telles pratiques ? Et pour y mettre fin ?

Pas facile de diagnostiquer des comportements personnels, qui ont pourtant des conséquences importantes en termes d'expérience client... ! Pas facile non plus de distinguer ce qui relève de la logique personnelle de ce qui dépend de l'organisation : la frontière est parfois ténue.

Et pour répondre à la seconde question (comment mettre fin à ces pratiques ?), mettriez-vous en place un process ou une norme interdisant voire sanctionnant ce genre de pratiques ? Mettriez-vous plutôt en place une « formation/sensibilisation » des conseillers afin de modifier leur logique personnelle ? Autre ?

À RETENIR

Il n'est donc pas concevable de réaliser un vrai diagnostic (objectif, précis et fiable) en se contentant d'observer uniquement les process et/ou les pratiques. Il est impératif de disposer d'un outil plus robuste – ce qui n'exclut évidemment pas l'observation de ces deux choses !

Mesurer l'orientation client : quelles approches scientifiques ?

Curieusement, le manque d'outils pratiques est inversement proportionnel au nombre d'échelles de mesure proposées dans la littérature ! Depuis les années quatre-vingt, les chercheurs ont en effet développé de nombreuses mesures directement ou indirectement liées à l'orientation client : MARKOR, MARKOR +, SOCO, SERV*OR (orientation service) pour n'en citer que quelques-unes. L'explication d'un tel foisonnement est simple : les définitions de l'orientation client utilisées n'étant pas toujours les mêmes, les instruments de mesure doivent s'adapter à la définition retenue. D'où de nombreuses adaptations et autres combinaisons formant, au total, un ensemble impressionnant de questions susceptibles d'être utilisées pour mesurer le degré d'orientation client d'une organisation.

Mais tous ces instruments partagent un point commun : le recours à de nombreuses questions successives afin de refléter au mieux la complexité du phénomène. Plus encore, une même dimension est souvent mesurée par plusieurs questions afin de renforcer les qualités psychométriques de la mesure (validité et fiabilité) – mesures dites « multi-items ». Or ce qui est un atout d'un point de vue théorique et méthodologique constitue une limite majeure du point de vue des entreprises. En effet, il semble clair que la complexité de ces mesures scientifiques a fortement limité leur utilisation par les entreprises...

IMPORTANT

Nous avons ainsi fait ce constat en 2010 en recherchant, pour nos clients, un (ou des) instrument(s) de diagnostic à la fois rigoureux et adapté(s) aux contraintes des entreprises. Or si pour nos recherches, nous disposions de multiples solutions fournies par la littérature, aucune ne semblait adaptée pour proposer à nos clients un diagnostic certes valide et fiable, mais aussi simple et opérationnel.

Nous avons donc rédigé un cahier des charges destiné à construire un outil de diagnostic à la fois rigoureux au niveau scientifique et pertinent pour les entreprises : le “ COS® Company ”[4].

Afin de permettre au lecteur d'avancer immédiatement sur sa propre problématique, et indépendamment de l'outil finalement développé (le “ COS® Company ”), nous listons ci-après les caractéristiques majeures d'un « bon » diagnostic de l'orientation client d'une organisation :

4 Consulter : http://www.cos-systeme.com.

compte tenu des contraintes à la fois théoriques, méthodologiques et pratiques, comment obtenir un diagnostic permettant de définir des plans d'actions concrets et opérationnels ? Comme on le constatera, chacun des points évoqués ci-dessous constitue souvent une limite des méthodes actuelles, qu'elles soient académiques ou pratiques.

Les six caractéristiques indispensables à un bon diagnostic alliant rigueur scientifique et opérationnalité sont les suivantes :

- *Il faut impérativement...* ***interroger les collaborateurs de l'entreprise***

En effet, si une culture client est formée par les croyances et les valeurs partagées au sein de l'entreprise, alors la mesure doit être réalisée auprès des gens concernés : l'ensemble des collaborateurs de l'entreprise. Car si nous incitons évidemment nos clients à ajouter la fameuse question COS® (*Customer Orientation Score®*) dans leurs enquêtes de satisfaction client[5], c'est uniquement pour mesurer les conséquences d'une véritable orientation client : la perception qu'ont nos clients de notre « degré d'obsession client ».

> **La Question COS® : l'indicateur ultime d'une véritable orientation client**
>
> Puisqu'on « ne manage bien que ce que l'on mesure bien », il est impératif de mesurer la perception *qu'ont nos clients* de notre niveau d'orientation client, c'est-à-dire notre « degré d'obsession client *perçu* ».
> Certes, les baromètres de satisfaction permettent de mesurer une telle impression lors de certains moments précis de l'expérience (ex. : l'amabilité du vendeur, la simplicité d'utilisation d'un produit, etc.). Mais à notre connaissance, aucune question transversale n'existe pour mesurer formellement ce ressenti émotionnel et holistique du client *tout au long de son expérience avec la marque* : « Moi, client, j'ai senti que j'étais réellement au centre de leurs préoccupations ».

....

5 *Cf.* Notre article original sur la Question COS® (sous presse).

Or, comme le montrent nos études dans différents secteurs, cette perception influence très fortement la satisfaction globale des clients, leur fidélité (NPS) et donc la rentabilité de l'entreprise.

Dans le secteur de l'habillement par exemple, les enseignes jugées les plus orientées client ont un NPS de près de 50 points supérieur aux moins bonnes (+31 *vs* -18). De la même façon, le NPS de clients industriels jugeant un fournisseur « très orienté client » est de 92 points supérieur (+62 *vs* -30) à celui des clients le jugeant peu ou pas orienté client ! Plus étonnant encore, dans certains domaines (prestations de services, etc.), améliorer l'orientation client perçue impacte la satisfaction globale mais aussi la recommandation de façon encore plus importante que le prix ou la qualité des produits/services – confirmant ainsi l'affirmation de Corneille citée précédemment : « La façon de donner vaut mieux que ce qu'on donne » (*Le Menteur*, I, 1, 1644).

Une question simple mais décisive

Les échelles de mesure proposées par les chercheurs étant souvent complexes et lourdes à utiliser, nous avons testé différentes solutions avant d'en arriver à une seule question synthétique que nous proposons d'appeler la « Question COS® » (pour *Customer Orientation Score®*) : « XXX (marque concernée) est une entreprise dont la principale préoccupation est de me satisfaire », mesurée par exemple sur une échelle de 1 (pas du tout d'accord) à 10 (tout à fait d'accord)[6]. Cette question d'orientation client perçue doit être inclue dans les baromètres de satisfaction, NPS, CES, etc. Son caractère transversal suggère de la positionner plutôt en fin de questionnaire, avant la satisfaction globale, une fois que le client aura revécu l'ensemble de son parcours.

Cette Question COS® permet de calculer différents types de scores, pourvu qu'ils soient adaptés aux objectifs et à la situation de l'entreprise. Mais il est impératif de bien distinguer les pourcentages

6 D'autres formulations proches donnent également des résultats équivalents (ex. : « (Marque XXX) est une entreprise qui cherche avant tout à me satisfaire »). Par ailleurs, ajouter une question ouverte permettra aux clients d'expliquer pourquoi ils jugent cette organisation pas du tout, peu, ou au contraire très orientée client, et de pouvoir ainsi agir de façon chirurgicale.

> de clients négatifs et positifs. En effet, se cantonner à une moyenne ou à un score de type NPS ([9,10] – [0-6]) ne permettra pas de comprendre ce qui se joue sur chacun des deux versants de l'orientation client (clients négatifs et clients positifs), et donc d'agir en conséquence.
> Cette question d'orientation client perçue ne remplace évidemment pas un diagnostic interne du niveau *réel* de culture client de l'entreprise, c'est-à-dire tel que vécu par l'ensemble des collaborateurs. Mais de façon complémentaire, elle permet de « boucler la boucle » :
> - en mesurant à quel point l'orientation client de l'organisation mais aussi des collaborateurs est palpable tout au long des relations entre l'entreprise et ses clients ;
> - en permettant aux managers de savoir sur quoi agir en priorité pour améliorer cette orientation client perçue – renforçant ainsi la satisfaction, la fidélité et le bouche à oreille de leurs clients.
>
> Voilà pourquoi cette simple question constitue à nos yeux « l'indicateur ultime » de tous les efforts réalisés en interne pour développer une véritable culture client – à condition de ne pas en faire un KPI pastèque...

En effet, si nous nous estimons orientés client mais que nos clients ne le perçoivent pas, il y a un hiatus quelque part... Mais attention, cette Question COS® ne mesure en aucun cas la réalité de la culture client d'une entreprise telle que vécue de l'intérieur. Seule une mesure effectuée auprès des salariés permettra de le faire.

- *Il faut impérativement...* ***interroger l'ensemble des managers***

Au sein des quelque 140 entreprises avec lesquelles nous avons travaillé, l'avis des dirigeants et autres managers (direction, marketing, etc.) sur le niveau de culture client de leur organisation diverge souvent de celui des collaborateurs ! Cette potentielle divergence – ou convergence – constitue même un résultat majeur à connaître pour une entreprise qui désire mener une transformation culturelle. Voilà pourquoi, si l'on veut transformer réellement l'ensemble de l'entreprise, il est fondamental d'investir dans un diagnostic global qui représente tous les salariés. On peut y ajouter deux autres intérêts que nous avions largement sous-estimés au début de nos travaux... Car le fait même de devoir répondre à des questions, et donc de s'interroger soi-même sur le degré de culture client de notre entreprise, de nos pratiques mais aussi de nous-mêmes à titre personnel :

- constitue une étape centrale d'éveil des consciences à ce que signifie « être orienté client » ;
- permet aux salariés de se sentir personnellement concernés par cette transformation... Et simplifie et accélère donc grandement la suite du projet !

À ce titre, la pire des solutions consiste, comme nous l'avons déjà évoqué, à ne se préoccuper que de l'orientation client des collaborateurs en contact avec les clients (front-office – FO)[7]. La tentation est grande puisque ce sont eux qui paraissent naturellement les plus concernés et les plus influents sur la satisfaction des clients. Or à agir de la sorte, on fabrique une entreprise « à deux vitesses », totalement paralysée parce que coupée en deux en termes de culture... Nous avons souvent observé ce phénomène lors des diagnostics COS® Company : l'opposition entre ces deux cultures bloque totalement l'entreprise, chacun rejetant la faute sur l'autre partie.

IMPORTANT

Comme toute chaîne, une culture client cassera toujours au maillon le plus faible... Il ne sert donc à rien de maximiser la taille de certains maillons et de ne pas investir sur les autres. Car c'est bien l'ensemble de la chaîne qui doit résister !

En conséquence :

- Pour les différentes raisons évoquées ci-dessus, la **meilleure solution**, et de loin, consiste évidemment à intégrer l'ensemble des salariés au diagnostic. Le gain de temps et d'énergie réalisé grâce à cet investissement se révélera précieux pour la suite du projet !

7 En réalité, il existe aussi une autre « pire des solutions » : ne pas interroger la direction ! Car s'il est nécessaire « d'emmener » certains collaborateurs dans ce processus, il serait suicidaire de ne pas commencer par la direction...

- La **solution minimaliste** consiste à interroger un échantillon « représentatif » des salariés, au sens statistique du terme, pour que les résultats obtenus sur l'échantillon puissent être extrapolés à l'ensemble des salariés de l'entreprise. Mais on ne bénéficiera pas du même effet d'entraînement auprès des salariés.

- *Il faut impérativement…* ***mesurer les croyances et les valeurs partagées*** *et non le respect des normes et des process, ou encore uniquement les comportements face au client*

Complétons ce que nous venons d'évoquer plus haut (*cf.* Les solutions classiques : la tentation de l'audit standard). Souvent, les entreprises confondent *enquêtes clients mystère* et *mesure du degré d'orientation client* : vérifier que les normes érigées pour satisfaire les clients soient bien respectées (enquête client mystère) ne donne en réalité aucune indication sur le degré de culture client d'une entreprise. Car si ces normes sont construites sans véritable orientation client, elles pourront être parfaitement respectées mais cela n'améliorera ni la satisfaction des clients ni le degré d'orientation client de l'entreprise !

> **EXEMPLE**
>
> L'obligation (processée et vérifiée par des enquêtes client mystère) de dire bonjour aux clients lorsqu'ils entrent dans la boutique constitue-t-elle réellement un acte « orienté client » ? À l'évidence, cela dépend de la manière… Manière qui pèsera beaucoup plus que le terme « bonjour » en lui-même !

Donc vérifier s'il existe un process qui oblige à dire *bonjour* (audit de la culture client) ou encore que ce process soit bien systématiquement respecté (enquête client mystère) ne fournira que des informations potentiellement fausses sur la véritable culture client de l'entreprise. Nous en revenons une fois de plus à la définition de l'orientation client… Il convient donc de mesurer les croyances et les valeurs partagées, mais aussi les reflets de ces croyances et de ces valeurs au quotidien. Ainsi, notre « façon de raisonner », notre « façon de faire du business », ce que disent et font nos dirigeants, la façon dont nous sommes connectés à nos clients ou encore le degré d'autonomie donné aux équipes pour satisfaire les clients, etc. ; bref, nos croyances et nos valeurs, mais aussi nos façons de nous comporter au quotidien issues de ces valeurs, sont-elles foncièrement orientées client ?

À l'évidence, la mesure étant constituée des perceptions des collaborateurs, elle n'est donc pas « objective ». Mais elle sera toujours beaucoup plus valide et plus fiable qu'une mesure justement objective réalisée par un expert extérieur qui jugerait du bien-fondé de telle ou telle pratique, comme évoqué dans la partie précédente.

- *Il faut impérativement...* ***éviter de mesurer le*** **customer washing** *mais bien la véritable orientation client*

Être orienté client constituant de plus en plus une norme sociale (qui oserait dire qu'il se moque de ses clients ?), toute mesure doit impérativement prendre en compte ce biais potentiellement important afin de pouvoir le corriger si nécessaire. Mais comment distinguer le vrai du faux parmi le déclaratif des collaborateurs qui affirment évidemment se préoccuper de la satisfaction des clients ? Comment ne pas tomber dans le panneau du *customer washing*, cette peinture « de façade » qui cache une réalité bien moins reluisante ? Le point est important car s'il est impératif de mesurer des perceptions, il faut aussi que cette mesure permette de distinguer le bon grain de l'ivraie... Réponse dans le chapitre 6.

- *Il faut impérativement...* ***mesurer chacun des deux piliers d'une véritable culture client***

Comme nous avons également évoqué plus haut, une entreprise sera orientée client si et seulement si (*cf.* Figure 4.1) :

- l'organisation (normes, process, KPI, mais aussi les rites, les mythes, les façons de travailler, etc.) est orientée client. Ainsi, est-il facile ou difficile « d'agir en faveur du client » dans cette organisation ? Quand j'agis pour satisfaire les clients (en back- ou en front-office), l'organisation m'aide-t-elle, me facilite-t-elle la tâche, ou au contraire met-elle des obstacles sur ma route ?
- chacun des collaborateurs est orienté client (et pas qu'en façade !). Par exemple, si lorsqu'il doit « penser client » ou

« agir client » (réunion interne, rencontre d'un client, choix entre différentes solutions, décision ayant un impact direct ou indirect sur les clients de l'entreprise), un collaborateur privilégie spontanément une solution qui ne prend pas d'abord en compte la satisfaction durable des clients, alors l'orientation client n'est pas son orientation/sa culture la plus forte. Il peut être, par exemple, plus orienté vers l'innovation, les produits, la réduction des coûts, l'efficacité opérationnelle, etc. Et il aura donc naturellement tendance (« malgré lui ») à mettre la satisfaction durable des clients au second plan dans toutes ses réflexions, ses décisions et ses actes. Nous reviendrons en détail sur ce point complexe mais central dans le chapitre « La culture client des collaborateurs : la partie immergée de l'iceberg ».

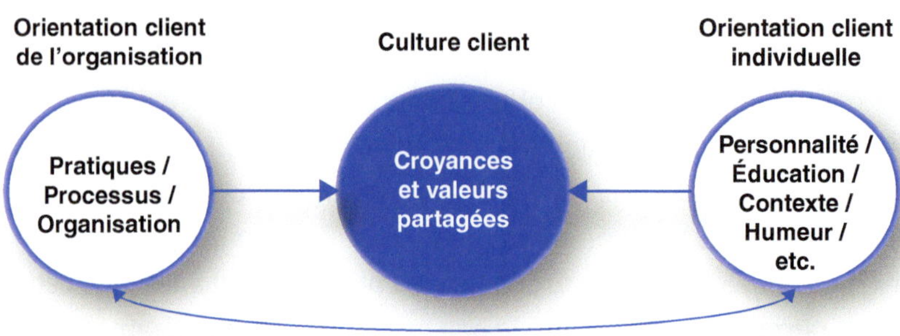

FIGURE 4.1 Comment se construit la culture client d'une entreprise ?

En conséquence, vouloir transformer l'entreprise pour la rendre plus orientée client nécessite de jouer sur chacun de ces deux piliers. Et pour cela, de savoir au préalable où se situent nos forces et nos faiblesses (process, KPI, collaborateurs pas assez orientés client, autre), mais aussi à quels « endroits » : quels boutiques, services, niveau hiérarchique, etc. ?

L'objectif majeur d'un bon outil de mesure consiste donc à établir ce diagnostic « chirurgical » sur chacun de ces deux piliers.

- *Il faut impérativement...* ***établir un diagnostic suffisamment précis*** *pour pouvoir agir au niveau local*

La tentation est grande d'utiliser « un NPS de la culture client », c'est-à-dire un indicateur universel unique qu'on suivra et cherchera à faire croître, croyant ainsi prouver que l'entreprise se transforme. Pour autant, le caractère opérationnel d'un tel indicateur est proche de zéro... En effet, si votre « NPS de la culture client » est de -10, que faites-vous ? (à part, bien sûr, verser dans l'incantatoire en affirmant « qu'il faut obligatoirement que notre NPS soit à +30 d'ici deux ans »). Un indicateur stratégique global n'a jamais permis de déterminer les priorités d'action concrètes ! Il convient donc de mesurer de façon chirurgicale, c'est-à-dire à la fois très précise et fiable, le degré de culture client de chaque maillon de l'entreprise : BU, services, etc. Car comme le montrent les résultats du COS® Company, l'écart-type peut être grand au sein d'une même entreprise.

Exemple

Cet exemple réel est tiré du diagnostic COS® Company. Question posée aux collaborateurs : « Mes managers sont exemplaires en matière de satisfaction client ».

Résultat = +30, Écart-type = 110.

Le « +30 » n'est donc absolument pas représentatif de la réalité car l'exemplarité des managers varie visiblement beaucoup suivant les services, BU, etc. : là où certains managers sont visiblement très orientés client, il existe d'autres endroits où ils ne sont pas du tout perçus comme tels. Et à ce titre, agir de façon globale va non seulement avoir un ROI négatif, mais risque fort, en plus, de générer des réactions négatives.

Il est donc impératif de segmenter les actions en fonction des résultats au niveau local – résultats évidemment fournis par le COS® Company.

IMPORTANT

La mesure doit donc être précise à la fois verticalement (permettre de distinguer les différentes problématiques de l'orientation client, voir le point évoqué ci-dessus), mais aussi horizontalement (distinguer les degrés respectifs d'orientation client de chaque

« strate » de l'entreprise : BU, services, etc.) pour pouvoir ensuite prioriser les différents types d'actions à mener au niveau local.

À partir du cahier des charges défini par ces six caractéristiques, mais aussi de l'obligation que le futur outil de diagnostic soit rapide, qu'il soit simple à mettre en œuvre et à utiliser (pas « une usine à gaz » parfaite mais inutilisable), et qu'il fournisse surtout des résultats « chirurgicaux », nous avons repris les différents éléments apportés par la littérature scientifique et avons tenté de les synthétiser.

Construction de l'outil de diagnostic COS® Company

À partir du cahier des charges évoqué ci-dessus, l'outil COS® Company a été construit pour diagnostiquer chacun des deux piliers de l'orientation client. Ainsi, le "COS® Organization" s'intéresse au degré d'orientation client de l'organisation, et le "COS® Employees" à celui des collaborateurs. Si ce dernier a été construit à partir des développements récents des neurosciences et des recherches en psychologie cognitive et en psychologie sociale (*cf.* Chapitre 6), le COS® Organization a, lui, été plus classiquement construit en s'inspirant des démarches scientifiques de construction d'échelles[8]. En pratique, cinq étapes ont été nécessaires pour aboutir à la version finale :

- Étape 1 : revue de littérature
- Étape 2 : synthèse et création d'une première version
- Étape 3 : test et réduction du premier questionnaire
- Étape 4 : test du deuxième questionnaire (version réduite)
- Étape 5 : finalisation de l'outil COS® Organization

8 Les fondements de cette démarche proviennent, entre autres, de Churchill Gilbert A. Jr. (1979), *"A Paradigm for Developing Better Measures of Marketing Constructs"*, *Journal of Marketing Research*, 16 (February), 64-73 ; ainsi que de MacKenzie Scott B., Podsakoff Philip M., Jarvis Cheryl B. (2005), *"The Problem of Measurement Model Misspecification in Behavioral and Organizational Research and Some Recommended Solutions"*, *Journal of Applied Psychology*, 90 (4), 710-730. De même que Hardesty D. M., Bearden W. O. (2004), *"The Use of Expert Judges in Scale Development: Implications for Improving Face Validity of Measures of Unobservable Constructs"*, *Journal of Business Research*, 57 (2), 98-107.

Au final, la partie « orientation client de l'organisation » de l'outil COS® Company comprend 3 grandes dimensions, chacune étant respectivement constituée de 7, 6 et 7 sous-dimensions (modèle formatif), avec un total d'environ 60 questions. Chaque dimension est spécifique et non substituable : être très orienté client sur l'une ne signifie pas pouvoir se permettre de l'être moins sur une autre. Si l'on cherche à ce que l'organisation soit réellement orientée client, il est en effet impératif de l'être sur chacune de ces trois dimensions à la fois.

Mais indépendamment de l'outil en lui-même[9], les deux chapitres suivants vont donc s'intéresser à chacune des deux grandes composantes de toute culture client en détaillant les trois dimensions de la culture client de l'organisation, puis la culture client des collaborateurs.

9 Pour en savoir plus sur cet outil de diagnostic, sa mise en œuvre, ce qu'en disent les entreprises l'ayant utilisé mais aussi son benchmark actuel, consulter : http://www.cos-systeme.com.

Chapitre 5

La culture client de l'organisation

Toute culture client d'une organisation se structure donc en trois grandes composantes. Détaillons-les maintenant afin de bien en comprendre la structuration mais aussi la multiplicité des leviers (*cf.* Figure 5.1). L'objectif étant, bien évidemment, d'être capable d'agir sur ces leviers pour progresser.

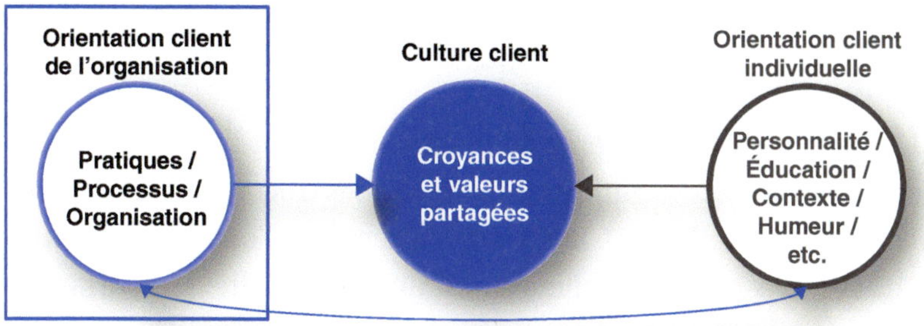

FIGURE 5.1 La dimension organisationnelle de l'orientation client

Avant toute chose, rappelons que toute culture client a besoin d'être nourrie de façon équivalente par ces trois composantes, l'une ne pouvant pas se substituer à une autre. Ainsi, même si la tentation est forte de privilégier ses points forts pour maximiser un éventuel KPI virtuel de type « niveau global d'orientation client de l'entreprise », les conséquences seront en réalité négatives.

À l'inverse, certains dirigeants pensent avoir résolu la question de la culture client en se contentant de mettre en place un KPI (déclencheur de prime collective et/ou individuelle) liée à la satisfaction client : « notre satisfaction globale (ou autre NPS) étant à +23, nous sommes donc orientés client ». En réalité, même si ce genre de décision est importante (il s'agit en effet d'un des sept leviers de l'impulsion stratégique – voir plus loin), elle ne sera jamais suffisante. Pire, en l'absence des autres piliers, elle peut même aller à l'encontre du projet initial en faisant émerger deux idées destructrices de culture client au sein des équipes :

- l'effet *customer washing* décrit plus haut : « Falsifions les mesures afin d'atteindre l'objectif quantitatif, puisque sans cela nous perdrons nos primes » ;
- l'effet « pression client » : plutôt que de diffuser une énergie positive qui consiste à penser et agir en considérant l'intérêt des clients comme prioritaire, les dirigeants se contentent de mettre une pression client négative (menaces, obligation d'atteinte de KPI, perte de sens, etc.) mal vécue par les collaborateurs.

Mais nous reparlerons en détail de ces effets dans la partie sur les KPI.

L'impulsion stratégique, la connexion client, et l'autonomie et la responsabilisation des équipes constituent les trois piliers d'une véritable orientation client (*cf.* Figure 5.2). Attention : l'ordre de présentation de ces trois piliers ne reflète en aucun cas un ordre d'importance : il n'y a aucune hiérarchie entre eux.

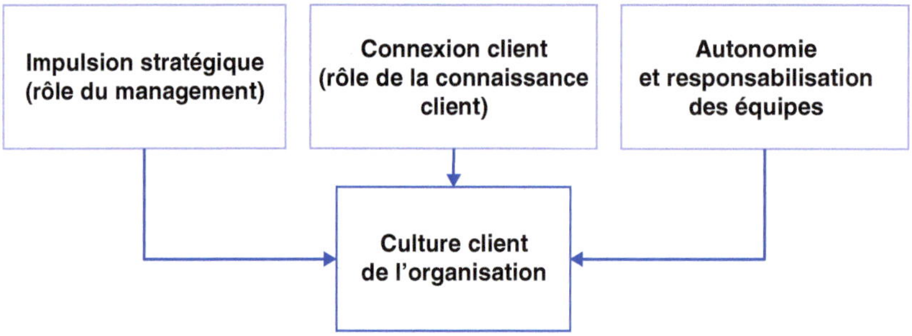

FIGURE 5.2 Les trois dimensions d'une culture client organisationnelle

Impulsion stratégique

Comme son nom l'indique, l'impulsion stratégique est la dimension qui implique avant tout le management. C'est la raison pour laquelle nous la présentons généralement en premier. En effet, il est évidemment illusoire de vouloir développer une forte culture en l'absence d'un management convaincu et donc porteur du projet... Mais au-delà de ce postulat trivial, nous allons voir qu'il s'agit de bien plus que de générer une simple conviction. Le top management et le management intermédiaire – souvent oublié à ce sujet – ont en effet un rôle clé dans la création et le développement d'une véritable culture client : non seulement ils doivent tenir des propos qui vont dans le sens de la préoccupation client, mais ils doivent en même temps – et avant tout – être eux-mêmes exemplaires en termes de comportements. Et c'est souvent là que le bât blesse et que se font les différences entre un recentrage client réussi ou un échec...

Dans de nombreuses entreprises, nous entendons des discours prometteurs sur la nécessité d'être rassemblés autour du client et de ses attentes. La préoccupation client est ainsi érigée en tête des valeurs de l'entreprise : *customer focus* / projet « obsession client » / « ambition client », etc., sont autant d'expressions entendues çà et là au sein des entreprises. Mais comme nous l'avons vu plus haut, il s'agit souvent de simples incantations assez peu suivies d'actions concrètes. Comme si l'écrire et le dire suffisaient à convaincre les clients et les collaborateurs que nous étions préoccupés client !

En effet, les chiffres montrent que les clients sont plus souvent au centre des slides des dirigeants que de leurs préoccupations réelles. Il suffit d'écouter les débats dans les comités de direction (CODIR) pour se rendre compte que les décisions stratégiques ou les choix en matière d'investissement prennent souvent peu en compte l'impact sur le client final. Or ce grand écart entre les incantations et les décisions effectives envoie un message très négatif aux collaborateurs qui vivent ces contradictions au quotidien. Et cela génère encore plus de frustrations, et donc de démotivation voire de désengagement...

Les analyses statistiques réalisées lors de la création de l'outil COS® Company ont permis de regrouper en sept catégories complémentaires les différents éléments qui contribuent à créer une véritable impulsion stratégique. Mais plutôt que de les détailler ici, insistons sur quelques points majeurs apparus au fil de nos expériences.

Pour jouer à plein leur rôle en matière de culture client, les managers, et en particulier le top management, doivent agir sur plusieurs fronts :

- *Ne pas, eux-mêmes, se tromper de guerre en embarquant l'entreprise dans une mauvaise direction*

Certains dirigeants pensent en effet avoir réglé le sujet *"customer centricity"* en nommant un responsable de l'expérience client. « Ça, c'est fait ! » dirait un patron en cochant la ligne « recentrer l'entreprise sur ses clients » dans sa *todo-list*... Mais combien de ces fameux *"Chief Customer Officer"* ont un réel pouvoir, ne serait-ce qu'en siégeant au CODIR ? Et les dirigeants et les autres managers peuvent-ils de ce fait se dédouaner d'exemplarité ? La culture client est l'affaire de tous, elle ne peut être simplement déléguée à un responsable : comme s'il suffisait de nommer un responsable du bonheur pour que les gens soient heureux !

- JEU -

Listez les différents responsables en charge de la culture client (ou même de l'expérience client) que vous connaissez. Positionnez-les dans l'organigramme de leur entreprise : combien d'entre eux font partie du comité de direction ?

Et s'ils n'en font pas partie :

- combien d'échelons les séparent du dirigeant ?
- de qui dépendent-ils : du marketing, du commercial, de la stratégie, de la DSI (si, si, c'est du déjà-vu) ?

Autant d'indicateurs concrets, visibles par chacun des collaborateurs, et surtout assez représentatifs du degré *réel* d'intérêt de la direction pour les problématiques « client » !

Bien entendu, cela peut être un grand pas que d'engager une équipe dédiée à l'expérience client. Beaucoup le font car la recherche de l'optimisation de l'expérience client peut être une stratégie en tant que telle. Ils se donnent ainsi les moyens (mise à disposition de ressources) de développer cet axe stratégique, comme ils le font avec d'autres axes. Mais comme nous l'avons maintenant compris à ce stade de l'ouvrage, **l'expérience client n'est pas la culture client** : vouloir optimiser l'expérience client sans un minimum de culture client interne, c'est comme payer très cher une Ferrari et accélérer à fond en laissant le frein à main... Beaucoup d'énergie pour un résultat bien faible.

Or créer une culture d'entreprise n'est pas une simple stratégie au même titre qu'une stratégie marketing, financière, etc. Cela se situe sur le terrain de la génétique, comme l'avait bien compris Lou Gerstner, patron mythique qui avait réussi à transformer IBM[1] : *"I came to see, in my time at IBM, that culture isn't just one aspect of the game, it is the game."*

Si l'entreprise n'est pas génétiquement orientée client (cas le plus courant), le travail à faire est donc de l'ordre de la transformation génétique. Comme l'avait compris Lou Gerstner, la simple allocation de ressources n'est donc pas la bonne solution, car les mutations doivent être plus profondes : on met un pansement sur la plaie mais on ne soigne pas le mal lui-même. En tant que croyances et valeurs partagées au sein de l'entreprise, la culture précède et construit les décisions et les comportements qui vont permettre, ensuite, de créer une expérience client mémorable. Elle en constitue la charpente, les fondations. Et sans fondations, aucun bâtiment ne fait longtemps illusion : au premier coup de vent, tout s'effondre et il faut recommencer.

IMPORTANT

Répétons-le : investir dans l'amélioration de l'expérience client sans se soucier au préalable de l'orientation client de son entreprise, c'est se mettre dans la position d'un avion au seuil de la piste, juste avant le décollage, avec les réacteurs à fond mais tous les freins bloqués : tout tremble, on sent la puissance des moteurs « empêchée ».

Voilà pourquoi le ROI des politiques d'expérience client est souvent faible : on met les gaz à fond (budgets importants, équipes dédiées) pour améliorer l'expérience client, mais de nombreux freins internes sont bloqués par manque de culture client... Et comme Sisyphe, on s'épuise !

1 Le titre de son ouvrage est éloquent à ce sujet : *"Who Says Elephants Can't Dance? Leading a Great Enterprise through Dramatic Change"*, Harper Business, 2003.

En revanche, lorsque les freins sont libérés, toute cette puissance peut enfin s'exprimer, le cap devient clair et l'accélération très rapide.

Si l'on veut gagner en satisfaction, en fidélité et donc en performance économique, il faut donc **prendre les choses dans le bon ordre, et commencer à travailler au plus tôt la culture de son entreprise**. Cela facilitera (ROI) et accélérera (timing) grandement la focalisation sur l'expérience client (donc la relation client) ; focalisation qui n'est, on l'a compris, qu'une conséquence, un résultat d'une forte culture d'entreprise. Voilà pourquoi tant d'argent et tant d'énergie sont souvent gaspillés en vain pour tenter d'améliorer l'expérience client, et voilà pourquoi les dirigeants se plaignent des ROI négatifs de nombreux plans d'amélioration de la satisfaction client et/ou du NPS. En matière d'expérience client, il en est comme pour tout le reste : sans prise de conscience individuelle et collective, et donc sans motivation, « on ne saurait faire boire un âne qui n'a pas soif ». Vous voulez améliorer vos indicateurs de satisfaction ou votre NPS ? Investissez d'abord dans la culture de votre entreprise !

Mais aucune transformation génétique ne peut se faire sans une impulsion stratégique forte, incarnée, visible et durable.

Exemple

La responsable du projet d'audit de culture client au sein d'un grand magasin rappelle combien il fut indispensable de convaincre le top management et les rendre acteurs de cette transformation culturelle. Parce que trop souvent confondu avec les projets d'expérience / relation client, il fut ainsi fastidieux d'inscrire le projet de culture client dans l'agenda de tous les top managers, en particulier ceux des fonctions supports. Mais la suite montra que cet investissement initial, de l'ordre de l'évangélisation et de l'appropriation, fut payant.

- *Les managers doivent communiquer régulièrement sur l'importance de la satisfaction client, et en même temps montrer des preuves tangibles de considération des clients*

En clair, travailler de concert le « faire » et le « faire savoir » pour assurer une vraie cohérence entre les intentions déclarées et la réalité visible par les collaborateurs. Par exemple, combien de comités de direction mettent à leur agenda un temps consacré à l'écoute des données client et à en tirer des décisions opérationnelles ? Combien de managers de proximité donnent des leçons à leurs collaborateurs mais fuient ostensiblement la relation client lorsque celle-ci se présente ? Combien sont incapables (et peu désireux) de venir en aide à un collaborateur englué dans une relation client compliquée ? Autant de signaux forts ou faibles qui viennent contredire les beaux discours et rendent impossible toute transformation. Comment osons-nous penser que les collaborateurs puissent être dupes de ces incohérences ?

Exemples

Voici quelques bonnes et mauvaises pratiques que nous avons pu relever sur cette dimension de l'impulsion stratégique :

- Durant l'été 2016, en pleine période de grève, le PDG d'une compagnie aérienne décide de se rendre sur le plateau téléphonique du service client. Il prend lui-même quelques appels – donc ne « se montre » pas uniquement 30 secondes sur place pour serrer quelques mains... – et prend personnellement conscience de l'effet extrêmement négatif de cette grève auprès des clients. Bilan : suite à cela, non seulement ses décisions s'en sont trouvées impactées, mais plus encore, les collaborateurs concernés n'ont pas manqué de saluer son geste et de le faire savoir auprès de leurs collègues. Au total, une transformation accélérée par une meilleure appropriation à tous les niveaux.
- À l'occasion du confinement généralisé du printemps 2020, la Maif a été le premier assureur à proposer à ses clients un remboursement d'une partie de leur assurance auto en arguant qu'en l'absence de trajets automobiles, elle avait *de facto* beaucoup moins de sinistres à traiter. Cette décision spontanée – au-delà de « l'effet wow » sur les clients – s'est avérée un formidable accélérateur de culture client en interne.

En effet, quel collaborateur Maif pourrait dire que son patron n'est pas sincèrement préoccupé par la satisfaction de ses clients ?[2]

- Michel Aballea, aujourd'hui directeur général du groupe Décathlon, était DG de Décathlon India en 2014. Il avait demandé qu'un lien cliquable sur la *home page* du site permette à tout un chacun d'envoyer un mail directement sur sa boîte mail (le moins que l'on puisse dire, c'est qu'il s'exposait à de nombreux messages). Pourquoi une telle décision ? Tout d'abord il montre à ses collaborateurs qu'en se mettant lui-même à écouter tous les clients, tout le monde peut / doit le faire ; ensuite, il signifie à chaque collaborateur qu'il sera potentiellement au courant de toutes les réclamations : de quoi mettre une sorte de pression positive auprès des équipes qui devront « hausser le niveau de jeu » – pour le bien des clients ; plus encore, personne ne pourra « cacher les problèmes sous le tapis » en dissimulant les réclamations : il oblige ses collaborateurs à écouter et mieux prendre en compte les problèmes des clients.
- À l'inverse, lors de l'un de nos diagnostics de culture client, une enseigne de produits de sport obtient un très mauvais score sur la priorisation donnée à la valorisation de l'actionnaire à court terme (-20 points *vs* le benchmark), couplé au sentiment qu'on ne cherche pas à créer de la valeur pour les clients (-20 points). Lors de la présentation du diagnostic,

2 Certains observateurs n'ont pas manqué de dire qu'il s'agissait de cynisme et qu'en réalité cette manne financière non prévue avait été utilisée pour « acheter » la fidélité des clients. Mais alors, s'il s'agit d'une si bonne affaire, pourquoi les concurrents n'ont-ils pas tous fait de même immédiatement ? Parce qu'ils sont moins cyniques ? Comme nombre de clients, nous pensons que si toutes les entreprises étaient aussi « cyniques » que la Maif, elles trusteraient, comme la Maif, tous les prix en matière de satisfaction client depuis 17 ans... En effet, la cohérence est telle depuis si longtemps que le doute n'est pas vraiment permis sur les intentions de cet assureur – sans doute effectivement facilité par son modèle mutualiste. Par ailleurs, qui a dit que « culture client » et « rentabilité » étaient incompatibles ? Bien au contraire, nous avons montré dans cet ouvrage qu'une entreprise sincèrement orientée client a nettement plus de chances d'obtenir de meilleures performances économiques. Faire du bien à son entreprise en faisant du bien à ses clients : si cela ne détruit pas de valeur pour les autres parties prenantes (écologie, salariés, etc.), il s'agit d'un modèle plutôt vertueux !

le comité de direction acquiesce avec gravité, parfaitement conscient de cette réalité mais aussi de ses conséquences négatives pour le business. La réunion suit son cours, mais au moment de conclure sur les premières actions à décider à ce sujet, le DG rappelle que, suite à une demande expresse de l'actionnaire, la priorité absolue reste néanmoins la réduction des coûts sur les trois prochains mois de l'année, et ce « peu importe comment ». La messe est dite.

- Dans la même veine, un dirigeant introduit le séminaire d'entreprise et notre future conférence en insistant lourdement sur la satisfaction client. Puis continue son intervention en affirmant « mais avant cela, faisons le point sur le CA et les KPI de productivité ». S'ensuit alors une litanie de plus d'une heure de chiffres et de ratios individualisés, avec désignation nominative des bons et des mauvais élèves en termes de ventes et de diminution des coûts, félicitations et remontrances à l'appui. Puis, sans y voir le moindre problème, le dirigeant nous passe la parole en ajoutant « parlons maintenant de satisfaction client, qui est, je vous le rappelle, au cœur de nos préoccupations ». Grand moment de solitude car toute l'assemblée a bien évidemment conscience, à ce moment précis, de la contradiction entre le discours et les actes. Conscience qui se manifeste plus tard lorsque différents participants nous prennent discrètement à partie en nous disant : « Merci de votre intervention. Mais vous avez vu par vous-même que ce n'est pas gagné ! ».

- *Les managers doivent aussi mettre en place un certain nombre d'indicateurs de performance réellement « orientés client » pour impliquer les collaborateurs de façon collective et/ou individuelle*

Les entreprises orientées client doivent montrer à leurs collaborateurs que l'intérêt des clients n'est pas moins important que celui des actionnaires à court terme.

Dans les KPI, n'oublions pas aussi ceux qui ont pour vocation de récompenser et/ou d'évaluer les collaborateurs (féliciter publiquement, délivrer une rémunération variable ou être pris en compte dans l'évolution de responsabilités/de poste). Ces KPI peuvent être collectifs ou individuels, mais il est indispensable que les personnes au contact des clients aient le sentiment que leur évolution est réellement liée à leur capacité à satisfaire et à fidéliser les clients.

Exemples

- Le 29 mai 2020, Carrefour annonce que 10 % de la part variable de la rémunération de son PDG sera dorénavant liée au résultat du NPS de l'entreprise. Il s'agit là d'un signal fort quant à la volonté sincère de s'engager pour la satisfaction client. Beaucoup plus facile pour être crédible lorsque des changements seront demandés aux équipes !
- Fabrice Beschu, directeur des opérations de Décathlon, milite pour l'utilisation de ce qu'il appelle les « KPI activables » : « Ne confondons pas le KPI activable et le KPI conséquence », dit-il. Un responsable de l'offre doit ainsi être évalué sur la pertinence et la qualité de son offre (satisfaction client et non ventes). Car plus son offre sera de qualité, plus ses ventes progresseront. Il faut ainsi le pousser à suivre les indicateurs qualité de ses produits (KPI activable) plutôt que son CA (KPI conséquence).

La stratégie *Close The Loop*

La société Bristol Myers Squibb (BMS) France, sous l'impulsion de son directeur général Jean-Christophe Barland, a engagé en 2017 un dispositif totalement nouveau d'*incentives* des collaborateurs dans le cadre de son programme *Close the loop*. L'objectif initial de J.-C. Barland était de « brancher l'entreprise sur ses clients » en commençant par le *middle management*. Plusieurs centaines de managers ont suivi une formation au NPS, l'idée étant de les former à tirer profit des retours client.

Les clients (des médecins) sont régulièrement sollicités pour donner leur avis concernant différents points de contact qu'ils ont avec le laboratoire. Les équipes formées (les ambassadeurs) étaient alors invitées, à leur rythme, à rappeler des médecins ayant répondu au questionnaire afin de faire un débriefing plus précis de leur satisfaction ou de leur mécontentement. Cette matière était ensuite partagée et traitée de façon hebdomadaire, et en présence du DG, dans la *customer room*. Les ambassadeurs n'étaient pas valorisés en fonction de la note obtenue sur le NPS mais selon le nombre de rappels / débriefings effectués. D'ailleurs, le score NPS était très peu connu et partagé, il était uniquement le prétexte à capter des avis client.

De cette manière, l'entreprise parvint à être au plus près des attentes clients et modifia régulièrement ses façons d'agir en fonction de ces retours. Les résultats de ces appels ont servi notamment à faire prendre conscience aux fonctions supports de leur rôle dans la chaîne de satisfaction. Au final, les équipes opérationnelles étaient informées en permanence des retours des clients.

Exemple de mauvaise pratique

Dans cette entreprise (opérateur télécom), un « bon vendeur », celui qui pouvait espérer une prime, était celui qui permettait l'ouverture du plus grand nombre de lignes possible. Mais ce KPI commercial, reflet d'une culture centrée prioritairement sur les ventes, pouvait avoir des conséquences négatives sur l'expérience client. En effet, lorsqu'un client venait en agence pour un déménagement, certains vendeurs lui expliquaient qu'il fallait d'abord qu'il résilie la ligne pour en ouvrir une autre (ce qui n'est absolument pas nécessaire en réalité). Et donc s'attribuer « commercialement » l'ouverture d'une nouvelle ligne : « Entre la galère pour un client et ma rémunération, le choix est vite fait. En plus, je ne fais que suivre la politique de l'entreprise ! ». Lorsque le management a mis en place des indicateurs de performance peu ou pas orientés client, les conséquences sont immédiates !

- *Les managers ont la responsabilité de diffuser, faire comprendre et faire adhérer les collaborateurs à la stratégie de développement du capital client de l'entreprise*

Fidéliser ? D'abord conquérir ? Ou les deux de façon égalitaire ? Ce qui importe, c'est que chaque collaborateur connaisse les intentions, la stratégie et les ait comprises. Le discours n'est toutefois pas suffisant, car la culture client sera d'autant plus forte que les managers auront donné aux équipes les moyens associés à la stratégie poursuivie (budget, latitude d'action, organisation…). Ainsi, le top management peut décider que la stratégie capital client consiste à prioriser le recrutement de nouveaux clients à forte valeur, mais les équipes resteront démunies si la définition du terme « à forte valeur » n'est pas suffisamment claire ni partagée en interne, ou encore si un manager intermédiaire continue à animer son équipe sur les KPI habituels qui ne prennent pas en compte cette notion de « forte valeur ».

Exemples

- Dans une société d'assurance avec laquelle nous avons collaboré, les commerciaux étaient valorisés au nombre de dossiers, mais le management insistait aussi sur l'absolue nécessité de la satisfaction client. Or les commerciaux étaient incentivés sur le nombre de contrats signés, sans aucune notion de statut client (nouveau ou ancien) : si une même personne avait 3 contrats, cela constituait 3 dossiers pour le commercial, de la même manière que s'il signait 3 dossiers avec 3 clients différents… Au final, les collaborateurs faisaient donc signer un maximum de contrats pour maximiser leur propre intérêt, sans connaissance du statut des clients. Cela générait évidemment une expérience désastreuse pour les clients fidèles qui avaient le sentiment d'être des étrangers lorsqu'il s'agissait de souscrire un nouveau contrat…
- En 2018, un regroupement de pharmacies a décidé d'engager une stratégie visant à redonner de l'importance à la satisfaction client. Cette stratégie a été ponctuée par le choix d'un nouveau KPI visant à mobiliser tous les collaborateurs sur la stratégie de fidélisation client. Mais en parallèle, de vieilles méthodes de promotion perduraient. Par exemple, les pharmaciens étaient invités à vendre un maximum de boîtes de Doliprane sur une semaine donnée, et les incentives étaient

> suffisamment intéressantes financièrement pour les mobiliser : cette semaine, on décide qu'ils auront mal à la tête et la semaine prochaine ce sera peut-être le mal de gorge... !

Connexion client

La seconde grande composante de toute culture client d'une organisation concerne sa capacité à s'adapter aux évolutions du marché, et en particulier aux besoins des clients. Pour cela, il s'agit :

- d'écouter et d'apprendre à mieux connaître ses clients ;
- de savoir analyser ces informations ;
- de les partager à tous les niveaux de l'entreprise ; et surtout
- d'être en capacité d'exploiter ces informations afin de progresser.

Bref, il s'agit de « brancher les clients sur le système sanguin de l'entreprise ». Reprenons chacun de ces points.

Capter les « bonnes » données client

L'organisation dispose-t-elle d'un maximum de (bonnes et pertinentes[3]) informations sur ses clients, que ce soit via une récolte systématique (comme un organisme de crédit qui détient *de facto* beaucoup d'informations client), via les données d'achats (souvent disponibles par les cartes de fidélité) ou encore des études et/ou de l'écoute client (grâce au service client ou encore les avis Google, Tripadvisor, etc., ainsi qu'évidemment tout autre moyen de « rencontre » avec des clients).

À ce titre, les enquêtes de satisfaction jouent évidemment un rôle majeur. Les entreprises ayant un ou des dispositifs de ce type

3 « Bonnes et pertinentes » signifie des données de qualité et qui soient réellement utiles pour agir. Tout le contraire d'une entreprise qui collecte tous azimuts « pour collecter », quitte à détruire pour cela l'expérience de ses clients (appels, mails et autres sms incessants). Ainsi, le *Big Data* a fait perdre la tête à certaines entreprises qui se sont rapidement trouvées dans l'incapacité de faire face à de telles masses de données en termes de volume, vitesse et variété (les fameux 3V du *Big Data*) – là où d'autres en ont fait au contraire un véritable cercle vertueux, voire un business model.

accèdent en effet à un premier niveau intéressant de « connexion client ». Malheureusement, **on limite trop souvent la connexion client à ces seules enquêtes, et on en oublie d'autres canaux tout aussi importants.** Pire, mesurer la satisfaction client via des baromètres semble constituer, pour certains, le Graal de la connexion client... Combien de fois avons-nous ainsi entendu, en réponse à nos questions sur ces problématiques, « on a des enquêtes de satisfaction », ou pire encore « nous, on est très connectés à nos clients : on a trois baromètres de satisfaction différents » ! Réponses « définitives » qui semblent, évidemment à tort, venir clôturer la question de la connexion de l'entreprise à ses clients ! En tant qu'anciens professionnels des études, nous sommes de farouches défenseurs des (bonnes) mesures de satisfaction, de leur valeur ajoutée et de tout ce que l'on peut en tirer en termes de décisions et d'actions opérationnelles. Mais nous savons aussi qu'elles ne donnent qu'une information parcellaire par rapport à une vraie et complète connexion client – et encore, sous réserve d'en utiliser toute la richesse, ce qui est loin d'être le cas, nous le verrons plus loin.

De plus, ces dispositifs sont trop souvent utilisés pour mettre de la « pression client » aux équipes plutôt que pour progresser (nous en reparlerons dans la dernière partie de cet ouvrage).

Enfin, tendance qui semble malheureusement se généraliser, la soif des entreprises en matière de données client les mène souvent à détruire l'expérience de leurs propres clients ! Comme nous, vous avez sûrement été contacté par mail ou par sms suite à une visite ou un achat dans un magasin, voire après un simple contact, afin de « donner votre opinion ». Mais quand cela devient systématique et qu'on ne peut plus lever le petit doigt sans être sollicité pour répondre à une enquête de satisfaction, l'entreprise scie la branche sur laquelle elle est assise...

Pour éviter cela, la *seule et vraie* question à se poser est la suivante : **que vais-je faire concrètement de cette information lorsque je l'aurai, et m'est-elle vraiment indispensable pour décider et agir ?** Car vu l'utilisation qui en est faite la plupart du temps, à part pour justifier son job ou remplir les KPI de son silo, beaucoup d'enquêtes pourraient passer à la trappe sans que cela ne change rien...

sinon arrêter de détruire encore plus l'expérience client par la traque permanente aux réponses !

Par ailleurs, on ne pense pas suffisamment à une autre forme de captation de données client : **faire appel aux équipes elles-mêmes**. Peu coûteuse, elle est néanmoins efficace et permet aussi de faire bouger les convictions en interne. Il suffit pour cela de mettre en place un process d'écoute des collaborateurs au contact des clients : à eux de nous dire ce qu'ils entendent et comprennent des attentes des clients, et donner leurs idées d'optimisation de nos produits et services (c'est aussi l'occasion de leur demander ce que les fonctions supports pourraient optimiser pour faciliter leur propre travail face aux clients...). Nous y voyons trois intérêts :

1. Compréhension fine des attentes des clients et aide à la priorisation des évolutions à apporter aux produits et services, d'où une meilleure adaptation aux besoins réels des clients ;
2. Prise de conscience des priorités d'actions pour faire évoluer les outils / pratiques en faveur de la fluidité du travail des collaborateurs au contact des clients, d'où la modernisation des outils et l'optimisation de l'expérience collaborateur ;
3. Sentiment de prise en considération des avis des collaborateurs en première ligne, d'où la valorisation de ceux qui sont en « zone de création de valeur ».

Pour autant, cette source de connexion client peut avoir des biais, et ne doit donc en aucun cas se substituer à une connexion directe avec ses clients.

Analyser et partager les données client

Au-delà de la somme d'informations détenues (ou supposées disponibles selon les collaborateurs), il est important que ces données client soient analysées, synthétisées mais aussi partagées partout dans l'entreprise.

Beaucoup de gens s'interrogent sur l'utilité de diffuser la voix du client à tous les niveaux de l'entreprise, et en particulier aux équipes qui ne sont pas au contact des clients. La logique voudrait en effet que les collaborateurs très éloignés des clients (comptabilité, services généraux, RH, etc.) puissent être dispensés de cette connaissance client afin de mieux focaliser leur attention sur leur cœur de métier. Mais si chacun comprend l'impact de ses propres décisions sur la satisfaction client, alors les chances d'efficacité et de réussite seront maximisées. Pour ceux qui l'ont vécu (si, cela existe !), quel bonheur d'avoir une direction informatique, financière ou juridique bien au fait des attentes des clients ! Cela simplifie et accélère énormément la conduite des projets, à la fois sur le fond et sur la forme.

Nous observons aussi de plus en plus d'organisations tellement cloisonnées et silotées que la vision client au sein d'un service est totalement déconnectée de celle d'un autre service. Ainsi, des collaborateurs du service client peuvent malheureusement avoir le sentiment que les clients ne sont jamais contents, alors que si on leur communiquait d'autres informations, venues d'autres services ou d'enquêtes de satisfaction, cela leur permettrait de mieux faire leur job, en ayant une vision plus globale.

Une entreprise qui met le client au centre de ses préoccupations devrait aussi le mettre au centre de son « organisation », au sens premier du terme, c'est-à-dire la façon dont elle s'organise pour créer de la valeur ajoutée. Mais comment s'assurer que chacun, quels que soient son niveau dans l'entreprise et son service, partagera la même connaissance des clients et de leurs attentes ? **Il y a là nécessité de formaliser, d'organiser, de processer, mais aussi de faciliter l'informel**. Se pose alors la question de qui est censé recueillir, centraliser, analyser et diffuser les informations client jusqu'au bout du bout de l'organisation. Force est de constater que cela varie énormément d'une société à l'autre, notamment si les clients sont (ou non) au centre des préoccupations.

Côté organisation et process, *nous insistons sur la nécessité d'exploiter tous les canaux d'informations et de sortir de la religion du « tout NPS »* (ou tout autre indicateur !). Pour cela, il faudra sans doute accepter de confier l'ensemble des dispositifs d'écoute, de connaissance et de compréhension des clients à une entité capable de piloter les dispositifs mais aussi de mener les analyses, synthèses et surtout l'animation des informations. Il n'y aura évidemment pas que des avantages[4], mais recueillir, traiter et analyser les informations clients est un métier qui ne s'improvise pas. Il faudra aussi que cette entité puisse s'appuyer sur des ambassadeurs et des relais dans chacun des services de l'entreprise (back-office compris, bien entendu) afin de s'assurer qu'une vraie « dissémination intelligente » soit faite.

À ce sujet, la littérature scientifique a mis en lumière l'intérêt d'une dissémination « informelle » de la connexion client, c'est-à-dire en dehors des canaux officiels. Mais comment favoriser cette diffusion informelle des informations client ? Dans l'outil de diagnostic COS® Company, nous posons (entre autres) l'affirmation suivante : « Dans mon entreprise, on parle souvent des clients à la machine à café ». Cette simple affirmation déclenche souvent des réactions pour le moins intéressantes chez les collaborateurs audités : incompréhension de certains (« je travaille aux RH. Je ne vois pas pourquoi je parlerais des clients à la machine à café ? »), prise de conscience chez d'autres (« ce serait donc cela, une entreprise orientée client ? Il y aurait autre chose que des affiches et des tracts syndicaux à la machine à café ? »), révélation enfin pour d'autres (« mais c'est une excellente idée, ça ! Je vais afficher là-bas les photos de la dernière rencontre de l'équipe R&D avec des clients ; celle où ils avaient fini ensemble au resto »). Bref, une prise de conscience que, malgré tous les process du monde, la dissémination des informations clients passe avant tout par les interactions informelles entre les collaborateurs.

Favoriser cette transmission informelle consiste avant tout à :

- réduire les contraintes et les risques perçus liés au partage de ce type d'informations[5] ;

4 Le principal danger étant de créer un silo de plus qui rajoute à la complexité et au cloisonnement de l'entreprise... Une mission bien définie et, en conséquence, des KPI adaptés peuvent permettre de limiter ce risque (comme mettre en place pour cette entité des KPI touchant à la disponibilité objective et subjective des informations client dans tous les services : taux de disponibilité et d'utilisation des informations dans tous les services + satisfaction des usagers de cette entité).

5 Par exemple, dans les grands cabinets de conseil (McKinsey, Bain, EY, etc.), les associés peuvent percevoir un vrai risque à communiquer à leurs collègues des informations sur leurs propres clients. En effet, selon le mode de rémunération en place, un associé peut avoir intérêt, ou non, à transmettre ces informations... Et sur des données aussi qualitatives, seule une excellente relation avec l'associé concerné permettra d'obtenir de « bonnes » informations client. Dans ce cadre, et au-delà des obligations formelles décrites dans les normes internes, favoriser ces échanges passe aussi par une facilitation provoquée par le cabinet.

- faciliter et fluidifier les échanges au quotidien ;
- motiver chaque collaborateur à partager les informations en sa possession – à bon escient, bien sûr !

Exemples

Olivier Gavalda, directeur général du Crédit Agricole Île-de-France, oblige ainsi ses collaborateurs à faire partie de groupes de travail transversaux afin, entre autres, de favoriser les échanges entre les services. Faciliter et fluidifier l'informel peut donc aussi passer par une mesure organisationnelle bien pensée !

D'autres débordent d'idées pour fluidifier cette dissémination de façon massive. Rien de formel car sans obligation ni de discours descendant, mais une organisation « au cordeau » de l'informel... Deux exemples :

- Chez Cegid, R. Pernot avait ainsi mis en place un programme *("Customer Power")* pour le moins décalé car s'inspirant du *Flower Power*, programme qui avait d'ailleurs gagné un prix aux Palmes de la Relation Client ;
- Florence Bouchot, responsable Culture Client à la Française des Jeux (FDJ) a créé (entre autres choses) un rendez-vous mensuel destiné à l'ensemble des salariés : le Forum Culture Client[6].

Utiliser les données client pour s'adapter

Une entreprise orientée client cherche à mieux connaître et comprendre ses clients (connexion client), dans l'objectif de progresser en s'adaptant aux attentes – voire en les devançant (nous y reviendrons). Nous touchons là au point le plus critique : s'adapter aux attentes des clients demande une organisation qui le permette, et force est de constater que peu d'entreprises sont organisées dans ce sens. Trois phénomènes expliquent cette situation :

6 Pour plus d'idées à ce sujet à la FDJ, on pourra consulter (entre autres) : https://lehub.laposte.fr/interview/comment-francaise-jeux-ouvre-chakras-experience-client

1. Les décideurs croient plutôt en leur compétence et en leur intuition (nous en revenons à Theodore Levitt et à sa fameuse myopie) ;
2. Les contraintes internes (logistique, tension sur les marges, outils informatiques non adaptés, silos...) limitent drastiquement les capacités d'adaptation d'un système complexe tel qu'une entreprise ;
3. La faible capacité de remise en question. Le « on a toujours fait comme ça » est souvent utilisé pour balayer d'un revers de main une méthode qui mettrait les chefs de produit, responsables de l'offre, etc. dans une situation inconfortable parce qu'inhabituelle.

Décathlon, entreprise obsédée par l'adaptation permanente aux besoins des clients

Décathlon a fondé sa raison d'être sur l'adaptation aux besoins des sportifs. Voici deux exemples de « branchement » des clients sur l'entreprise :

- Les missions test : chaque chef de produit, conformément à sa fiche de poste, doit organiser régulièrement des missions test avec des consommateurs lambda. Le sponsoring des sportifs professionnels est quasiment banni chez Décathlon, tant il est évident que les besoins en matériel d'un cycliste professionnel ne peuvent pas coller avec ceux d'un cyclotouriste... Les missions test consistent à consacrer du temps (en général quelques jours) au contact des pratiquants qui testent les produits et font des retours circonstanciés aux chefs de produit, designers et autres ingénieurs présents. De cette manière, les produits des marques propres de Décathlon manquent rarement leurs cibles. Combien de fois avons-nous entendu : « C'est fou comme c'est pratique » au sujet de produits Décathlon : tente 2-secondes, cage de foot pliable, masque de plongée Easybreath, etc. ! Une manière simple et efficace d'impliquer les clients dans la coconception des produits.
- Chaque client est invité à donner un avis après quelques semaines d'utilisation du produit qu'il a acheté. Les avis client négatifs trop

nombreux sur un produit provoquent *de facto* l'arrêt des ventes de ce produit, jusqu'à ce que le chef de produit ait résolu le problème. Une manière d'impliquer les clients dans la coconstruction des gammes !

Nous retrouvons ainsi les éléments évoqués plus haut : collecte, analyse et dissémination interne des informations client nécessaires à la décision et à l'action, mais aussi capacité à s'adapter au plus vite aux résultats obtenus.

Autonomie et responsabilisation des équipes

Dans cette troisième composante de la culture client d'une organisation, il est principalement question de l'implication et de la responsabilisation des collaborateurs (ce que les Anglo-Saxons nomment l'*empowerment*). Plus les collaborateurs auront envie de privilégier l'intérêt des clients, mais aussi plus l'organisation autorisera une certaine flexibilité ainsi que des prises d'initiatives, plus la culture client sera « naturellement » présente[7].

Le fondement de cette troisième composante est simple : la satisfaction des clients passant nécessairement par des milliers de microdécisions au quotidien, aucun système ne peut tout prévoir ni tout processer. Il est donc fondamental que, lorsqu'une situation ne correspond pas à un « cas type » (donc processé[8]), l'entreprise puisse y faire face de façon orientée client sans se référer à un process. L'autonomie et la responsabilisation des équipes se révèlent particuliè-

7 Précisons tout de même qu'à ce stade nous n'analysons la culture client qu'à travers ce que l'organisation permet ou donne envie de faire ou non aux collaborateurs. Les caractéristiques et motivations intrinsèques des individus sont l'objet du chapitre suivant.

8 C'est, ne l'oublions pas, l'objet même d'un process : faciliter le travail d'un collaborateur et lui faire gagner du temps en lui indiquant ce qu'il doit faire et comment le faire dans une situation « classique » car rencontrée très souvent au sein de l'entreprise. Un process permet également d'assurer la cohérence des réponses de l'entreprise dans une même situation type, et ce indépendamment des collaborateurs et du contexte. Contrairement à ce que certains affirment, un « bon » process peut ainsi être très orienté client !

rement importantes dans des domaines où la capacité d'industrialisation reste limitée : vente et production de services, gestion de la relation client, etc. Mais pour autant, contrairement à une idée reçue, elle est aussi essentielle dans des secteurs tels que l'industrie – et plus généralement la production et la vente de produits !

Répétons-le, il n'est pas question de combattre l'intérêt des process. Comme le dit Julia De Funès[9] : « Le poison est dans la dose, pas dans la chose ». En effet, les process sont les meilleurs alliés de la culture client lorsque :

1. Ils permettent aux collaborateurs d'être plus efficaces (ex. : gain de temps pour traiter une tâche sans valeur ajoutée) ;
2. Ils sont régulièrement revus pour être confortés ou modifiés selon l'expérience de chacun ;
3. Ils autorisent des initiatives hors process à condition qu'elles soient prises avec du « bon sens client ». Cette notion de « bon sens client » est pour nous primordiale. Or de nombreuses organisations ont tué ce bon sens client en installant dans l'esprit des collaborateurs des notions plus prégnantes comme le contrôle – et plus encore le « strict respect » – des procédures.

Difficile de définir ce qu'est une décision prise avec du « bon sens client » mais risquons-nous : il s'agit d'une initiative prise en considérant en premier lieu l'intérêt légitime d'un client, sans pour autant obérer celui de l'entreprise.

Le fonctionnement d'origine de l'organisation

Pour parler d'autonomie et de responsabilisation, il faut d'abord regarder la façon dont l'organisation (services, départements, BU, etc.) autorise ou non une certaine fluidité dans la conduite des projets, la résolution de problèmes, l'identification de solutions... De nombreuses entreprises ont en effet des organisations très silotées, avec une méfiance réciproque entre chaque responsable d'entité, chacun étant préoccupé par le maintien de sa zone de contrôle

9 Source : *La Comédie (in)humaine*, L'Observatoire, 2018.

et/ou un agenda personnel. Dans ce contexte, réussir à mettre le client au centre des préoccupations de tous, y compris des fonctions supports, nécessite souvent de dépasser les guerres de territoire (et d'ego, disons-le) des managers. Nous rejoignons ici la composante *impulsion stratégique*, tant la direction devra être suffisamment forte pour imposer cela aux managers concernés : pas d'autonomie ni de responsabilisation des équipes sans une organisation qui le permette, et plus encore, le favorise !

Exemples

L'entreprise ARaymond, l'un des leaders mondiaux des solutions de fixation et d'assemblage, a ainsi fortement investi dans le *"Servant Leadership"*. Cette culture d'entreprise fondée sur la confiance stipule que les managers sont d'abord au service de leurs collaborateurs, pour les aider à réaliser les objectifs déterminés. Un manager n'est donc pas récompensé pour ses réalisations à lui, mais pour son implication dans des projets communs : en quoi a-t-il aidé ses collaborateurs à mieux faire leur travail ? En quoi a-t-il permis la réussite de tel ou tel projet ? En quoi a-t-il aidé un autre service à optimiser son fonctionnement ? Autant de questions qui génèrent des KPI et « forcent » positivement chacun à se mettre au service des autres pour une meilleure réussite commune. Cela n'exclut évidemment pas le fait de dire « non » ni éventuellement de se séparer de collaborateurs ne s'inscrivant pas dans cette vision, mais l'organisation est clairement faite pour aider à la conduite de projets, à l'identification des « meilleures » solutions en limitant les jeux de pouvoir, et à la résolution des problèmes.

Autre exemple moins positif : dans une entreprise de distribution, après une demande de plan d'économie de la part des actionnaires, chaque responsable de département dut chercher « à tout prix » à réaliser des économies dans son silo. Le service marketing décida que les impressions de balisages produits seraient dorénavant faites en magasin, réalisant ainsi une économie faciale de plusieurs centaines de milliers d'euros. Bilan de cette fausse bonne idée :

- les vendeurs finirent par passer plus de 10 % de leur temps à gérer les impressions plutôt que de s'occuper des clients ;
- les balisages furent imprimés avec des imprimantes médiocres en noir et blanc, donnant une impression d'abandon de la tenue du magasin.

Au total, la relation client fut détériorée, les collaborateurs à cran, et la performance commerciale ne fut évidemment pas au RDV...

Ainsi, une vision trop verticale parce que silotée constitue un frein puissant à l'autonomie et à la responsabilisation des équipes – et ce malgré la meilleure volonté du monde.

Comment rendre les silos moins hermétiques ? À nouveau, en adoptant une vision horizontale et non verticale... En effet, si l'on « réfléchit client » (bonne définition d'une véritable orientation client), on s'aperçoit que l'expérience qu'il vit est un voyage *horizontal* qui traverse de nombreux silos (magasin, SAV, etc.) – le fameux *"customer journey"* des Anglo-Saxons. En conséquence, vouloir améliorer l'expérience client passe nécessairement par se préoccuper aussi de l'inter-silos afin de créer ce qu'il est convenu d'appeler une expérience « sans couture ». Ainsi, une vision purement verticale parce que trop silotée est incompatible avec une approche véritablement orientée client.

L'entreprise a donc le devoir de dessiner des parcours client (impérativement « vus côté client ») qui façonneront les nécessaires liens entre les différentes directions. Ce travail fastidieux mais salutaire constitue l'une des clés de voûte de la culture client. En partant de la perspective du client, il force en effet à engager un travail de transformation dans les process inter-silos.

Pour des parcours « orientés client »

*Par **Frédéric Lobermann**, directeur Simplification Expérience Clients chez Orange Group.*

Comment se transformer pour être plus orienté client ? « La somme des optimums locaux ne fait pas l'optimum global ». La taille et l'histoire ont tendance à tayloriser l'exécution, la mesure et le pilotage des activités des entreprises impliquant fonctionnement en silo et expérience client fragmentée. L'optimisation séparée des chaînes de valeurs internes : celle d'un SI, d'un processus, d'un canal ou d'une *business unit* marketing, ne garantit ni performance opérationnelle ni satisfaction client aux bornes de la chaîne de valeur globale qui compte pour l'entreprise, à savoir celle du parcours client.

L'horizon client se situe souvent au-delà de celui du collaborateur qui le sert. L'approche parcours client, renforcée des nouveaux modèles « Agile » permet en transverse de rassembler, aligner, faire collaborer l'ensemble des interlocuteurs internes impliqués, évaluer leur contribution à la performance globale pour une expérience consolidée de bout en bout, sans couture.

Finalement, il n'y a pas de réelle culture, encore moins d'orientation client, sans partage d'un objectif client commun ni de solidarité des acteurs.

C'est au chef de produit qu'on pourra rappeler que « la meilleure offre du monde ne le sera pas si elle est difficile à acheter, gérer ou dépanner » et que c'est dès la conception, dans son *brief* que doit être anticipé l'impact de ce nouveau projet sur les parcours client, au risque de mettre sous tension inutilement ses collègues face au client. C'est le vendeur qu'on pourra sensibiliser à la qualité de sa prise de commande au risque de ne pas pouvoir la produire, la livrer ou la facturer et l'encaisser. De même pour le conseiller du service d'assistance par téléphone sur la qualité de son diagnostic avant de déclencher l'intervention à domicile du technicien.

Pour conclure, un appel à la solidarité pour les acteurs du parcours réclamation, dernier recours pour « transformer le pépin en pépite », à la fois boucle qualité de tous et ultime représentant de l'orientation client d'une entreprise qui considère le client qui réclame non pas comme un harceleur, mais bien comme quelqu'un qui nous donne une seconde chance de faire bien.

Il n'y a plus qu'à...

Pour généraliser le propos, Frédéric Lobermann utilise l'image du passage de témoin lors d'une course de relais. Vous pouvez avoir les meilleurs sprinters du monde, si le témoin ne passe pas bien, ils perdront la course. Malheureusement, l'organisation elle-même et le management (KPI, valorisation et rémunération, etc.) incitent souvent les directeurs de services à devenir les meilleurs sprinters du monde sans chercher à travailler le passage de témoin.

Ainsi, réussir à fluidifier l'organisation inter-silos est probablement l'un des enjeux les plus complexes du chantier de développement de la culture client.

Renforcer l'autonomie des collaborateurs

Les entreprises les plus orientées client donnent une certaine autonomie à leurs collaborateurs. Conscient de leur capacité unique d'adaptation à des situations très différentes (« l'intelligence de situation »), le management leur fait confiance pour prendre des décisions positives vis-à-vis des clients sans les enfermer dans des procédures trop strictes ni hermétiques. Et cela quels que soient le secteur et les contraintes juridiques derrière lesquelles certains managers s'abritent... : « Vous comprenez, on n'a pas le droit. La réglementation nous y oblige ! ». Mais alors, pourquoi vos concurrents le font-ils ? Il y a certes des cas où cela n'est pas possible, mais ils restent beaucoup plus rares que ce que l'on constate !

Depuis une vingtaine d'années, sous couvert de qualité de service, certains ont en réalité cherché à industrialiser la relation client afin d'en réduire les coûts. Au total, des process trop nombreux et trop rigides ont fini par lobotomiser la relation client. Nous avons ainsi tous vécu le calvaire d'une conversation avec un conseiller téléphonique qui n'arrive pas (qui n'est pas autorisé ?) à se libérer de son script pour adapter son écoute et sa réponse à notre cas personnel. Bien entendu, il ne s'agit pas de laisser les collaborateurs totalement libres de leurs décisions. L'objectif, ici, consiste à définir le cadre global à l'intérieur duquel on laisse ensuite un espace de libre jeu aux collaborateurs, chacun pouvant agir avec sa personnalité à l'intérieur de ce cadre.

Exemple

Fabrice Beschu, directeur des opérations de Décathlon, affirme ainsi : « Nous bâtissons notre succès sur l'énergie créatrice et la prise d'initiative individuelle. Il faut "décorseter" les équipes si l'on veut obtenir des prises d'initiatives de leur part. Certes, certains peuvent se tromper ou ne pas aller dans le sens du client. Mais au final, nous avons plus à gagner qu'à perdre à ce jeu-là. Tout contrôler reviendrait à annuler l'énergie de 90 % des collaborateurs. Les 10 % qui font des erreurs apprennent de leurs erreurs et finissent par adopter les bons comportements. Nous ne savons pas dire "Non" en interne concernant les prises d'initiatives. Ça peut parfois être un problème mais ça veut dire qu'on dit toujours "Oui" aux clients ! Pour manager cette responsabilisation, nous privilégions les entretiens individuels mensuels ascendants. Tous les mois, chaque collaborateur doit préparer son entretien auprès de son manager pour le débriefer du mois passé et le briefer sur le mois à venir. Le manager n'a rien à préparer, mais à écouter son collaborateur pour le guider et le recadrer si besoin. Un collaborateur qui ne prendrait pas ses responsabilités se verrait rapidement sec face à son manager. Il n'a pas le choix que de faire preuve d'initiative et de responsabilisation pour avancer ».

« La confiance n'exclut pas le contrôle ». Cet aphorisme délicieux ne doit pas cacher la réalité : si de l'autonomie est donnée, si l'on responsabilise les collaborateurs, il ne faut pas qu'ils aient peur de se faire réprimander. Les managers doivent donc féliciter les collaborateurs ayant pris, dans des cas non processés, des initiatives dans un sens favorable aux clients. Bien évidemment, si la décision prise par le collaborateur n'est pas la bonne ou si, pire, l'autonomie est confondue avec la totale liberté, il faut remettre les choses à leur place et réaffirmer la philosophie générale qui sous-tend les comportements, voire la marche à suivre. Mais n'est-ce pas là, justement, le rôle d'un manager ? Et c'est en général là que le bât blesse. Le top management prend une décision en faveur de l'autonomie, mais les managers intermédiaires ont souvent du mal à se laisser déposséder de ce type de contrôle : les pratiques castratrices reviennent au galop.

Bonnes ou mauvaises pratiques d'autonomie ?

Voici deux cas de figure :

- Accablée de voir ses clients victimes de multiples procédures de validation sous prétexte d'éventuels mensonges sur leur situation financière, la directrice générale d'une société de crédit à la personne a décidé de donner la possibilité à chaque collaborateur de « déroger aux procédures s'ils estiment que la situation client le nécessite ». Exemple : un client en plein divorce demande un délai de 6 mois de « suspension de remboursement » ; après quoi, il sera en mesure de les reprendre. Auparavant, le collaborateur aurait d'abord expliqué que cela n'est pas possible et qu'il faut faire un courrier pour expliquer la demande, demande qui sera traitée par un manager, etc. Aujourd'hui, le conseiller a la possibilité d'accéder à la demande immédiatement, selon ce qu'il ressent. Il n'est obligé de rien, ni d'accepter, ni de refuser, ni de remonter ce cas à son manager : c'est lui qui choisit à partir de son expérience et de son intelligence de situation. Au bout de quelques mois, l'expérience a montré que les équipes, se sentant « responsables de l'argent de l'entreprise » ont fait très bon usage de cette nouvelle autonomie… pour la plus grande satisfaction des clients !
- Inversement, voici un exemple des effets négatifs des procédures respectées sans discernement, « le doigt sur la couture » : un DG d'une enseigne de vêtements pour homme nous explique à quel point il avait été déçu du comportement d'une hôtesse de vente lors d'une de ses visites en magasin avec son CODIR. Une cliente était venue rapporter le pantalon de son fils qui devait le porter le lendemain pour un mariage (pas la bonne taille). Or la procédure stipule qu'on ne rembourse pas les produits retournés mais qu'on donne un avoir. La cliente explique alors que son fils habite trop loin et qu'il va trouver un pantalon dans sa ville en urgence le jour même. Elle n'aura donc pas d'autre occasion de revenir

dans ce magasin, et qu'en conséquence cet avoir lui sera inutile. La vendeuse respecte la procédure et refuse le remboursement à la cliente. Les membres du CODIR assistent à la scène, et le DG explique avoir été choqué que la vendeuse ne fasse pas une exception pour cette cliente – et le lui a reproché. Dans cet exemple représentatif de nombreuses situations, la vraie question est : à qui la faute... ? Il est facile de comprendre que – en présence des grands patrons dans son magasin – la vendeuse aurait facilement pris cette décision de bon sens si elle avait pu imaginer qu'elle recevrait des félicitations. C'est bien parce qu'elle voulait passer pour une « bonne élève » aux yeux de sa direction qu'elle a choisi d'être rigide. Sa compréhension du fonctionnement de son entreprise, de « ce qu'il faut faire et ne pas faire » (bref, de sa culture !), tous ces signaux forts ou faibles qu'elle a perçus au quotidien l'ont donc amenée à penser que coûte que coûte, même s'il faut mécontenter un client, on respecte la procédure. C'est donc bien l'organisation, en l'occurrence ici le management, qui doit être tenu pour responsable. Et qui doit donc modifier ses propres comportements pour espérer modifier ses comportements à elle...

Les réclamations client

Elles constituent « l'huile essentielle » de la relation client, et plus largement de toute l'expérience client[10]. En effet, **ce que vont faire les collaborateurs**, et de façon plus générale toute l'entreprise, **à ce moment crucial de l'expérience vécue par un client, constitue, et de loin, LA meilleure preuve tangible de son degré d'orientation client**. Or c'est à ce moment-là aussi que l'autonomie et la responsabilisation des équipes est souvent la plus nécessaire...

10 Nous ne reviendrons pas ici sur les basiques de la réclamation. Le lecteur intéressé pourra par exemple consulter les études, conseils et bonnes pratiques proposées par l'AMARC (Association pour le MAnagement de la Réclamation Client) : https://www.amarc.asso.fr/, ainsi que Meyronin B., Jullien M.-L., Bourrier S. (2017), *Management de l'insatisfaction client : Transformer le pépin en pépite*, Vuibert, 208 p. Ou pour aller plus loin, Ray D. et Sabadie W., *Marketing Relationnel, Rentabiliser les politiques de satisfaction, fidélité, réclamation*, 2016, Dunod, 340 p.

C'est en effet l'un des rares moments, voire le seul, où l'entreprise a toute l'attention de son client : il a un problème et il a exprimé une demande. Va-t-on chercher à le comprendre, à prendre en compte sa détresse, ou restera-t-on dans notre bulle interne remplie de choses qui échappent au réclamant et qui, d'ailleurs, ne l'intéressent pas ? Par exemple, si tous les collaborateurs sont d'accord pour dire que c'est aussi leur métier de s'occuper des clients qui viennent se plaindre, alors nous sommes en présence d'une très forte culture client. Cela ne signifie pas que ce soit à eux de gérer cette demande, mais l'écouter et le cas échéant la transmettre aux bonnes personnes est déjà majeur. Mais nombreuses sont les entreprises qui ne souhaitent pas gérer directement les réclamations et préfèrent s'en remettre à des prestataires « dont c'est le métier ». Évidemment, le résultat n'est pas toujours à la hauteur, surtout quand le donneur d'ordre a privilégié le moins-disant. *"If you pay peanuts, you get monkeys"* disent les Anglo-Saxons...

Fort de ce constat, un fabricant d'électroménager, las de voir l'inefficacité de son service client externalisé à un prestataire, a songé à réinternaliser le service au sein même des lignes de produits : qui est plus efficace qu'un chef de produit pour répondre à des questions techniques ? Réaction unanime en interne : « Mais vous n'y pensez pas ? Ils ont autre chose à faire que de passer leur journée à répondre à des clients qui ont des problèmes »... Ne croyez-vous pas au contraire que s'il y a autant de réclamations, c'est qu'il y a beaucoup de problèmes vécus par les clients, et donc urgence à trouver des solutions ? Et qui est le mieux placé pour entendre et résoudre les problèmes ?

Exemple

Alstom Transport a décidé d'appeler ses experts internes des *"solutions owners"*, de les affecter à chacun des problèmes connus afin de pouvoir réagir plus rapidement, et leur laisser une importante liberté d'action pour le résoudre au plus vite. La direction avait en effet bien compris qu'eux seuls pouvaient trouver la solution technique ou humaine adaptée ; que s'ils ne pouvaient pas sortir des process industriels habituels, rien ne pourrait se faire ; que s'ils avaient une bonne vision « en direct »

> des problèmes clients, ils en tiendraient compte dans leurs décisions quant aux futurs produits...

Au total, la gestion des insatisfactions et des réclamations client constitue une dimension majeure, malheureusement peu considérée, d'une véritable culture client. Mais qu'il s'agisse de réaliser un diagnostic ou de décider des priorités d'action, trois étapes doivent impérativement être distinguées en matière de réclamation :

- *Étape 1 : le recueil des réclamations et des insatisfactions client*

Lorsqu'on aborde le sujet des réclamations client, tout le monde se concentre spontanément sur le traitement : comment résoudre le problème, qui va s'en occuper, etc. Or il n'y aura traitement que s'il y a réclamation...

- JEU -

Vous-mêmes, par exemple, réclamez-vous systématiquement lorsque vous avez un problème ? Et pourquoi ne le faites-vous pas ?

Globalement, il a été largement démontré qu'on accepte de perdre son temps à réclamer que si l'on espère quelque chose en retour. Si le contenu exact de ce « quelque chose » n'est pas toujours simple à déchiffrer (les aspects psychologiques sont beaucoup plus importants qu'on ne le croit généralement), il est en revanche facile de comprendre que prendre du temps pour réclamer génère des attentes : je ne réclame que si j'ai l'intime conviction que l'entreprise concernée « pourra et voudra » (définition de la confiance) réparer son erreur. Une réclamation est donc une preuve de confiance – même minime – du client envers l'entreprise. Et dans ce cas, le pire est l'indifférence (l'entreprise ne répond pas et ne prend même pas le temps d'accuser réception de la réclamation). Tous les chiffres le montrent, il s'agit là du cas le plus défavorable en termes de satisfaction finale du client – il est même préférable de répondre défavorablement à la demande du client que de ne pas y répondre du tout !

Le hiatus vient du fait que personne n'aime recevoir de réclamation. En effet, qui dit réclamation dit insatisfaction, donc culturellement (même si c'est faux) « travail mal fait » en première intention. Et évidemment, personne n'a envie que les autres puissent constater qu'il a mal fait son travail. Conclusion dans notre cerveau reptilien : tout plutôt que de faire apparaître des réclamations ! Voilà pourquoi nous avons tendance à feindre de ne pas les voir, à les cacher, en tout cas à tout faire pour qu'elles ne remontent pas jusqu'à nous. L'exact contraire de ce qu'il faut faire puisque, comme nous l'avons vu, si un client réclame, c'est que nous avons encore une chance de le satisfaire.

Posons-nous donc la seule question qui vaille : que préférons-nous ? Un client qui réclame ou un client qui nous quitte et parle négativement de nous à ses collègues et à ses amis, voire sur les réseaux sociaux ?

À RETENIR

Il est préférable de tout faire pour collecter et recueillir toutes les formes de réclamations, formelles et informelles, orales et écrites, etc. Donc proposer tous les canaux possibles à nos clients afin qu'ils puissent exprimer le plus simplement et le plus vite leur insatisfaction.

Nous pouvons ainsi citer différents cas d'entreprises, dans tous les secteurs d'activité, qui nous ont affirmé haut et fort « qu'ils n'avaient quasiment pas de réclamation client » – et qu'ils en étaient très fiers. En étudiant de plus près la façon dont les clients pouvaient réclamer, nous nous aperçûmes que nulle part ne figurait un numéro de téléphone, une page web dédiée, une adresse postale ou mail, ou tout autre chose permettant aux clients de savoir où et comment exprimer leur réclamation... Dans ce cadre, il n'est pas étonnant de « n'avoir quasiment aucune réclamation » ! Et de passer à côté des évolutions de son marché... Preuves en étaient d'ailleurs les résultats médiocres des mesures de satisfaction, expliquant les pertes de parts de marché de la plupart de ces entreprises.

- JEU -

Allez dans la présentation ou dans la base de données de vos enquêtes de satisfaction client. Comptabilisez le pourcentage de clients insatisfaits d'au moins un des éléments « importants » de leur expérience (ex. : pour un hôtel, il s'agirait de l'accueil, du prix ou de la qualité de la literie), puis multipliez ce chiffre pour l'extrapoler à l'ensemble de vos clients (ex. : 1 000 répondants pour 1 million de clients, soit fois 1 000). Ensuite, comparez le chiffre obtenu avec le nombre de réclamations « officielles » auprès de votre entreprise... En calculant la différence, vous obtenez (très grossièrement) un ordre d'idée du nombre de clients qui ont eu un problème et qui ne se sont pas exprimés – ou que vous n'avez pas pu ou voulu entendre... Effet garanti !

- *Étape 2 : le traitement des réclamations*

Une fois la réclamation entendue, il faut évidemment résoudre le problème. Compte tenu de l'importance de cette problématique, nous renvoyons à nouveau à la littérature abondante sur le sujet, et en particulier à la « théorie de la justice », outil particulièrement performant pour « bien » traiter une réclamation en ne se trompant pas de guerre lors du traitement : il y a en effet la partie visible de l'iceberg, ce que le client nous dit (souvent avec force), mais il convient de s'intéresser aussi à la partie immergée de la réclamation, celle dont le client ne nous parle pas directement – et qui est sans doute la plus importante !

Au total, force est de constater qu'une réclamation est donc un cadeau (si, si ! Vous avez bien lu) que nous fait notre client. En nous offrant l'opportunité de réparer le problème et de le satisfaire plutôt que de nous quitter – et plus encore d'aller se répandre sur les réseaux sociaux, ternissant ainsi durablement notre image sans que nous ne puissions y remédier –, il nous fait un vrai cadeau. À nous d'accepter la forme initiale souvent pénible de ce « cadeau » pour renforcer encore plus la confiance qu'il nous a faite en s'exprimant.

- *Étape 3 : l'utilisation des insatisfactions et des réclamations pour améliorer l'expérience client en modifiant nos offres, nos process, etc.*

Ce dernier pilier de la réclamation est souvent le moins développé : on traite la réclamation, et c'est fini ! Pour les raisons évoquées plus haut, on ne veut surtout plus en entendre parler.

Au contraire, c'est plutôt le début d'autre chose qui consiste à capitaliser sur les réclamations, problème par problème : nature du problème, nombre d'insatisfaits et de réclamants, importance du problème dans la construction de la satisfaction globale, etc. Le tout permettant, comme évoqué dans la partie « connexion client » :

- d'être parfaitement au fait des attentes des clients et de nos lacunes actuelles par rapport à cela ;
- de faire évoluer en conséquence nos offres, nos process, etc., afin de faire vivre à l'avenir une meilleure expérience à nos clients.

À ce titre, la réclamation est donc même plus qu'un cadeau, c'est une véritable mine d'or ! En tout cas pour ceux qui ont compris ces trois étapes et les ressorts psychologiques qui les sous-tendent.

Et pour aller plus loin, comme le souligne Marie-Louis Jullien, délégué général de l'AMARC (Association pour le MAnagement de la Réclamation Client), pas de vraie orientation client sans « orientation réclamation » .

De l'orientation client à l'orientation réclamation

*Par **Marie-Louis Jullien,** délégué général de l'AMARC.*

« L'orientation "enchantement client" conduit les organisations dans le mur. Ce paradoxe brutal, mis en lumière par des travaux de recherche académique, démontre que dans sa quête de l'excellence, l'entreprise confère aux insatisfactions clients le reflet de son incapacité à atteindre son objectif. Aussi, les feedbacks négatifs sont souvent rapidement niés et l'entreprise se déconnecte de la réalité, puis de son marché.

A contrario, la recherche montre l'existence d'une "orientation réclamation client", profitable à l'entreprise, à ses clients et à ses collaborateurs. Cette orientation s'incarne dans la capacité d'une entreprise à se nourrir des réclamations dans l'élaboration de sa stratégie business, dans l'évaluation de son chiffre d'affaires rattrapé grâce à la gestion des réclamations, mais surtout dans la reconnaissance des artisans qui œuvrent à faire vivre cette "voix du client".

> Capter la réclamation comme un moteur de performance passe par une culture managériale dont l'ambition vise à réduire l'écart entre le soin porté aux clients et aux collaborateurs, qui sont les jambes d'un même corps. Enfin, si elle n'est pas instrumentalisée, la réclamation est un formidable levier de transformation car elle redonne le sens de la marche et du sens aux actions du quotidien.
> Empruntons une parabole à un best-seller : sans une véritable culture réclamation enracinée, nos organisations seraient comparables à des fous souhaitant construire leurs maisons sur le sable. »

Gardons ainsi bien en tête l'idée principale : **pas de véritable culture client sans une réelle culture réclamation !**

L'indispensable proactivité des équipes

Comme nous l'avons vu, capacité de réaction mais aussi réactivité (vitesse de réaction), constituent deux piliers importants de toute culture client. Mais comme le souligne la littérature, en rester au stade de la réactivité peut être dangereux. En effet, une entreprise simplement réactive risque fort de « se faire balader » au gré des modes et des envies du marché. Le risque est double : d'un côté, se faire sortir du marché par manque de réactivité ; de l'autre, une trop forte réactivité risque aussi de mener l'entreprise à « surréagir » à la moindre demande client. Plus encore, il faut comprendre que malgré tous ses efforts, une entreprise simplement réactive aura toujours « un train de retard » : à vouloir s'adapter en permanence à la tyrannie des besoins actuels de ses clients, elle finira par ne voir le monde qu'à travers leurs yeux à eux, et sera littéralement dépossédée de son positionnement. Par ailleurs, la R&D, et plus généralement l'innovation, risquent fort de ne plus être forces de proposition mais simplement enregistreuses des modifications demandées par les clients. **S'arrêter à la simple réponse aux demandes actuelles des clients constitue ainsi une vision bien trop étroite et incomplète d'une véritable orientation client.**

Voilà pourquoi l'une des dimensions majeures de l'orientation client est la proactivité, c'est-à-dire « la capacité à étudier en permanence les besoins latents des clients et à découvrir les besoins futurs »[11] (Blocker *et al.* 2011, p. 217) : ne pas s'arrêter à leurs besoins explicites, mais se forcer à étudier et à comprendre leurs besoins latents / non exprimés, parce que potentiellement même pas conscientisés, afin de pouvoir être force de proposition avant ses concurrents. Mais attention : être proactif n'exclut pas de devoir être réactif ! Car contrairement à ce que l'on pourrait croire en les opposant, ces deux approches sont en effet indépendantes (*cf.* Figure 5.3) : ainsi, **une entreprise orientée client est nécessairement réactive ET proactive.**

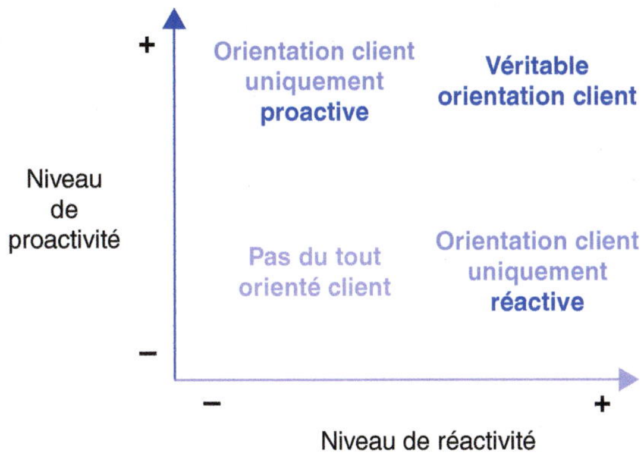

FIGURE 5.3 Réactivité *vs* Proactivité

Des ventes orientées client

Enfin, dans ce pilier sur l'*empowerment* intervient aussi la question des « ventes orientées client » : Cherchons-nous à masquer volontairement les défauts de nos produits / services pour les vendre ? Sommes-nous capables de vendre un produit / service dont nous savons pertinemment que le client n'en a pas besoin, ou que celui-ci n'est pas adapté à ses attentes ?

Souvent, on nous rétorque qu'il faut bien mettre une pression aux commerciaux ou aux conseillers de vente pour obtenir des résultats.

11 Blocker C., Flint D, Myers M., Slater S. (2010), *"Proactive customer orientation and its role for creating customer value in global markets", Journal of the Academy of Marketing Science*, 39, 216-233.

Cette pression permettrait en effet aux « bons » vendeurs de faire du chiffre... En effet, si leur rémunération est uniquement calquée sur des ventes à court terme, la messe est dite ! Nous en revenons là aux problématiques d'*incentives* au sein de la dimension « impulsion stratégique ».

Une entreprise orientée client « cultive ses clients » et ne « fourgue pas des produits / services », car elle sait qu'au total, elle s'y retrouvera aussi. Quitte, pour cela, à renoncer à certaines ventes à très court terme.

Le relationnel client

Cette notion de vente ne peut pas être traitée sans celle du « relationnel orienté client ». Les collaborateurs au contact des clients se contentent-ils d'être disponibles, aimables et compétents, ou bien créent-ils une vraie relation plus proche, avec de la bienveillance et du partage ? Être « professionnel » avec ses clients ne signifie pas être orienté client. Il est nécessaire que la relation soit plus travaillée : on s'intéresse pour de vrai aux clients et on les considère comme des personnes plutôt que comme des numéros ou des « tickets potentiels ». Dans le cadre de la culture client, **on ne s'occupe donc pas tant de savoir si l'entreprise « respecte » ses clients (c'est un minimum), mais si elle est capable de s'y intéresser au point de créer et de partager des valeurs communes** par exemple.

Certains rétorqueront qu'il est impossible de créer une relation personnalisée lorsque l'on a, par exemple, 20 millions de clients. Certes. Néanmoins, en tant que client, nous percevons très bien la différence entre une relation avec un « numéro » et une relation plus humaine, plus chaleureuse, même si elle ne dure que quelques secondes. En tout cas, comme nous l'apprennent les neurosciences, notre cerveau, lui, fait clairement la différence ! Et en tire, que l'on en ait conscience ou pas, les conséquences pour le futur...

À l'inverse, trop de vendeurs, conseillers, etc. pensent que pour être orientés client, ils doivent « endosser un rôle » en exagérant les remarques positives. Nous avons tous en tête des échanges avec des vendeurs obséquieux, qui en font trop et qui laissent une impression de malaise : « je ne sais pas pourquoi, mais je ne le sens pas du tout ! ». Tout est dit, car il s'agit bien d'un ressenti indépendant des mots utilisés, souvent provoqué par une impression de « faux ». Un vendeur, peut-être moins bon sur le fond mais authentique, générera ainsi une bien meilleure impression.

Il est au contraire important pour la culture client d'autoriser les équipes à colorer la relation client de leur propre personnalité – à être « vraies ». **L'authenticité est ainsi une valeur centrale de la culture client**, et doit en conséquence être valorisée au sein de l'entreprise.

L'organisation et son mode de management peuvent provoquer ce genre de comportements, mais force est de constater que tout le monde n'est pas à l'aise avec cette notion de « partage bienveillant » avec les clients. D'où la question qui consiste à se demander – au-delà de la responsabilité de l'organisation – s'il ne faut pas aussi s'attarder sur la culture client de chacun des collaborateurs, pris individuellement ?

Chapitre 6

La culture client des collaborateurs : la partie immergée de l'iceberg

Même si elle a été très peu abordée dans la littérature, et surtout complètement ignorée par les entreprises jusqu'alors, l'orientation client de chacun des collaborateurs constitue pourtant le second pilier indispensable d'une véritable culture client de l'entreprise (*cf.* Figure 6.1).

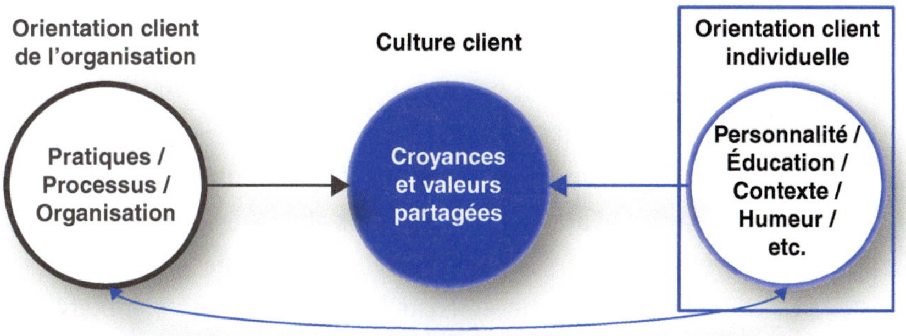

FIGURE 6.1 La dimension individuelle de l'orientation client

Chacun de nous constate souvent à quel point les réactions, les décisions et les comportements de certains de ses collègues sont peu orientés client, qu'ils soient ou non au contact direct des clients, quand d'autres nous marquent par leur engagement.

> **EXEMPLE**
>
> Les noms ont été changés mais tous ces exemples sont réels :
>
> - Stéphane, directeur logistique (secteur B to B), se rend compte qu'il n'aura sans doute pas la quantité suffisante de matières premières pour assumer ses engagements, mais préfère ne pas prévenir ses clients pour éviter qu'ils ne réduisent leurs commandes : « On verra bien ! ».

- Cécile, directrice marketing, alors que les tests ne sont pas concluants, décide de sortir malgré tout la gamme prévue « parce qu'on s'y était engagés dans notre plan à 3 ans et qu'il est impératif qu'on atteigne nos objectifs ».
- Caroline ne répond pas au téléphone parce qu'il est 17 h 55 et qu'elle doit fermer à 18 heures.
- Lena, courtière en assurances, propose d'abord à ses clients les produits les plus rentables même si cela ne correspond pas à leurs besoins.

Mais *a contrario*, nous constatons aussi des comportements spontanés qui nous marquent positivement.

- Charlotte, chef de bord TGV, constate le billet non conforme d'une cliente qui n'y était pour rien dans l'erreur. Elle lui refait un billet sur-le-champ et lui offre de la surclasser (voyage en première classe) pour ce trajet.
- Olivier, directeur d'une pharmacie, anticipe les ruptures produits des laboratoires et appelle les médecins afin de les prévenir.
- Diane, serveuse dans un restaurant, est obligée de refuser des clients un dimanche soir car le restaurant est complet. Quelques minutes plus tard, voyant ceux-ci toujours dehors et visiblement en difficulté pour trouver un autre établissement ouvert, sort du restaurant et leur indique plusieurs adresses dont elle a entendu parler – mais aussi le chemin pour y aller.

Autant de réactions, de décisions et de comportements qui auront des conséquences négatives ou positives pour les clients, et donc, pour l'entreprise à plus ou moins court terme (ainsi, les clients refusés au restaurant ce fameux dimanche soir, impressionnés par l'attention que leur a accordée Diane alors qu'elle n'y avait aucun intérêt, se sont bien jurés d'y revenir et ont, de plus, raconté cette anecdote à tous leurs amis – sans oublier évidemment de mentionner le nom du restaurant...).

Alors d'où viennent ces comportements, qu'ils soient négatifs ou positifs, vis-à-vis des clients ? Comme nous l'avons vu, ils peuvent provenir d'un manque d'orientation client de l'organisation, c'est-à-dire de l'existence de croyances et de valeurs partagées qui privilégient d'autres priorités stratégiques que la satisfaction durable du client (ventes à court terme, réduction des coûts, productivité, etc.). Mais ils peuvent aussi provenir de croyances et de valeurs personnelles du collaborateur concerné.

Avant d'aller plus loin, il est important de savoir que **les interactions sont nombreuses entre l'orientation client de l'organisation et l'orientation client de chacun des collaborateurs : l'une influence l'autre, et réciproquement** (*cf.* Figure 6.1). Ainsi, l'embauche de collaborateurs foncièrement orientés client (ou au contraire peu orientés client...) va-t-elle modifier l'orientation client de l'organisation. De la même façon, et sans doute plus encore, l'orientation client de l'organisation va, au jour le jour, faire évoluer les croyances et les valeurs de chacun des collaborateurs. Nous avons ainsi tous en tête des cas de collègues dont les croyances et les valeurs se sont transformées au fil du temps... généralement pas dans le bon sens en termes de satisfaction client !

IMPORTANT

Pour améliorer l'orientation client de son entreprise, il est donc impératif de jouer sur les deux tableaux, en tenant compte des spécificités de l'entreprise : modifier le *mindset* des collaborateurs *et aussi* transformer l'organisation afin de la rendre plus orientée client. Et avoir bien conscience que les efforts réalisés au niveau de l'organisation auront aussi un effet positif sur les collaborateurs.

Qu'est-ce que l'orientation client individuelle ?

En adaptant la définition de Deshpandé et Webster[1], **l'orientation client d'un collaborateur peut être définie comme « un ensemble de croyances et de valeurs propres à un individu, qui**

....

1 Deshpandé R., Webster Jr. F. E. (1989), *"Organizational Culture and Marketing: Defining the Research Agenda"*, *Journal of Marketing*, 53 (1), 3-15.

le poussent à se focaliser sur la satisfaction durable des clients de l'entreprise ».

Comme le montrent les recherches en psychologie et en marketing, ces croyances et ces valeurs individuelles vont contribuer à construire, dans le cerveau du collaborateur, une sorte d'évaluation globale (plus ou moins positive ou négative) des problématiques « client ». Dans ses pensées, cette évaluation, ces croyances et ces valeurs formeront un « état d'esprit » cohérent qui guidera le collaborateur dans le choix de ses objectifs prioritaires.

Et, dans un second temps seulement, cette évaluation globale influencera fortement son comportement en le motivant à agir de telle ou telle façon afin que ses actes soient cohérents avec ses pensées (*cf.* Figure 6.2).

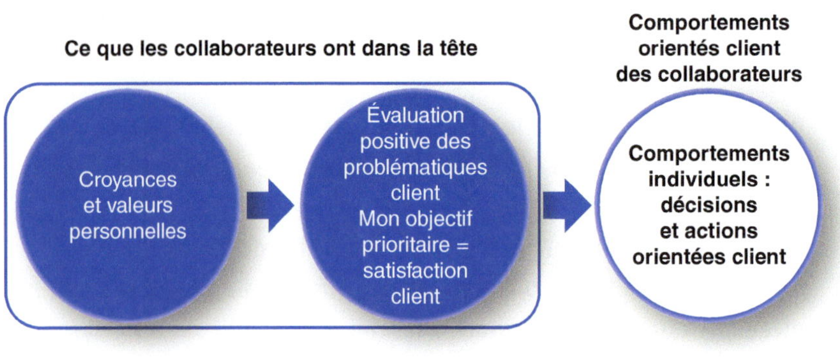

FIGURE 6.2 Nos comportements dépendent de nos croyances et de nos valeurs

Le comportement d'un salarié au quotidien (agir en faveur ou non des clients) dépend donc du degré d'orientation client de son organisation (croyances et valeurs partagées au sein de l'organisation), mais aussi de ses propres croyances et valeurs personnelles. Si ces deux systèmes de croyances et de valeurs sont congruents, ses décisions et ses actes seront facilités. Mais si ces deux systèmes rentrent en contradiction, il y aura conflit interne dans l'esprit du collaborateur. On comprend donc la nécessité d'embaucher des collaborateurs en accord avec la culture d'entreprise, mais aussi la difficulté à « emmener » certains collaborateurs vers plus d'orientation client : si leurs croyances et leurs valeurs personnelles ne sont pas du tout orientées client, comment pourront-ils s'inscrire dans une telle transformation ?

À RETENIR

On mesure donc ici toute l'importance de l'orientation client individuelle dans la création d'une véritable culture client : malgré tous les efforts de la direction et du management, rien ne pourra bouger durablement sans un renforcement de l'orientation client de chacun des collaborateurs à titre individuel.

Ce système de croyances et de valeurs personnelles provient de multiples sources structurelles (éducation, personnalité, vécu, événements marquants, etc.), mais peut aussi varier – à la marge – de façon conjoncturelle (humeur, contexte...)[2].

Au total, chacun d'entre nous a donc une tendance de fond, un « degré d'orientation client individuel » qui lui est propre, même si cette tendance peut varier selon les situations. Ce degré d'orientation client individuel joue un rôle capital dans nos comportements au quotidien au sein de l'organisation – et donc dans la réussite de la transformation vers une plus grande orientation client de toute l'entreprise.

Voilà pourquoi il est fondamental de bien mesurer ce degré d'orientation client individuel pour décider des priorités d'actions : les collaborateurs sont-ils d'ores et déjà suffisamment orientés client pour permettre une telle transformation ? Dit autrement, le « terreau » est-il suffisamment fertile ou doit-on avant tout modifier les croyances et les valeurs individuelles des collaborateurs ? En clair, notre plan de transformation culturelle vers plus d'orientation client a-t-il une chance de réussir... ?

2 Si je passe un très mauvais moment avec un client que j'estime injuste et menteur, mon degré d'orientation client pourrait en être affecté pendant quelque temps... Mais la tendance de fond redeviendra vite prépondérante – sauf à ce qu'un événement soit suffisamment puissant et/ou répétitif pour la modifier structurellement (ce qui est rare).

Comment mesurer l'orientation client individuelle des collaborateurs ? Les limites du déclaratif

Spontanément, on pense évidemment à une batterie de questions reprenant les thèmes centraux de l'orientation client : est-ce que je me mets facilement à la place des clients ? Lorsque je décide ou que j'agis au quotidien, est-ce que je pense systématiquement aux conséquences que cela aura pour nos clients ? Lorsque j'ai le choix entre deux activités, est-ce que je privilégie celle qui amènera à plus de satisfaction client ? Etc.

Mais comme le rappellent Trendel et Warlop[3], Kilpatrick affirmait dès 1957 : « De nombreuses intentions et raisons de choix ne sont pas révélées par le consommateur car une description conforme à la réalité serait nuisible à son ego. Dans d'autres situations, le consommateur ne peut pas donner ses raisons de choix, soit parce qu'il ne dispose pas des mots pour exprimer ses pensées clairement, soit parce que ses raisons existent sous le seuil de conscience. [...] Si un chercheur tente de les mettre à jour en utilisant des questions directes, particulièrement des questions à réponses fermées, il risque d'obtenir des réponses qui sont soit inutiles soit dangereusement trompeuses. ».

Si l'on remplace « consommateur » par « collaborateur » et « raisons de choix » par « raisons de comportements », cette affirmation résume bien la difficulté à mesurer le degré d'orientation client d'un collaborateur. En effet, oser affirmer que le client n'est pas au cœur de mes préoccupations risque fort d'être nuisible à l'image que je donne ou à l'image que j'ai de moi-même. Et la plupart d'entre nous n'a pas réellement conscience de son propre degré d'orientation client (ce n'est pas une question qu'on se pose tous les jours... !).

3 Trendel O., Warlop L. (2005), « Présentation et applications des mesures implicites de restitution mémorielle en marketing », *Recherche et Applications en Marketing*, 20 (2), 77-104.

Parmi les nombreux biais qui nous poussent à ne pas répondre « correctement » à un questionnaire[4] (en dehors, bien sûr, de notre éventuelle incapacité à répondre du fait de notre ignorance de la réponse), la désirabilité sociale est l'un des plus connus. Pour simplifier le propos, le biais de désirabilité sociale consiste à vouloir se présenter, dans ses réponses, sous un jour plus favorable que la réalité. Cette tendance qui nous concerne tous – mais à des degrés divers – répond à notre besoin de nous inscrire dans ce que nous considérons comme des normes sociales[5] (rappelons Aristote : « L'homme est un animal social »)... De nombreuses solutions ont été proposées pour limiter ce biais (*bogus pipeline*[6], questionnement permettant de mesurer une tendance individuelle, etc.).

Forts de ces constats mais aussi de l'importance de l'orientation client individuelle dans la transformation culturelle de l'entreprise, comment mesurer ce degré d'orientation client individuel de façon fiable et valide ?

Les avancées récentes en psychologie cognitive et en psychologie sociale, deux des domaines fondateurs de l'économie comportementale (puis du *Nudge*), permettent de résoudre ce problème. Et plus encore, de mieux comprendre ce qui construit la culture client d'une entreprise. Car, en réalité, il existe deux types d'orientation client individuelle :

- d'un côté, une vision spontanée / automatique (« Pensées de type 1 » ou « Système 1 ») ;
- de l'autre une vision plus élaborée / réfléchie (« Pensées de type 2 » ou « Système 2 »).

....

4 Réduisant ainsi ce que les chercheurs appellent la « validité de la mesure », à savoir que cette mesure corresponde bien à la vraie valeur du phénomène que l'on cherche à mesurer.

5 Au-delà de ce désir bien connu de se montrer sous un jour plus favorable vis-à-vis de l'enquêteur ou de personnes extérieures, les biais de désirabilité sociale peuvent provenir de deux autres raisons : la volonté consciente de conserver une bonne image de soi-même, mais aussi la volonté inconsciente de conserver une bonne image de soi (je biaise ma réponse sans même m'en rendre compte).

6 Jones E., Sigall H. (1971), *"The Bogus Pipeline: A new paradigm for measuring affect and attitude", Psychological Bulletin*, 76 5, 349-364, ainsi que Roese N. J., Jamieson D. W. (1993), *"Twenty years of bogus pipeline research: A critical review and meta-analysis", Psychological Bulletin*, 114, 363-375.

Qu'est-ce que l'orientation client individuelle ?

Le mythe du consommateur et/ou décideur rationnel a été longtemps dominant. Décidant de façon analytique à partir d'un processus de réflexion rationnel, notre *homo œconomicus* cher aux micro-économistes de l'époque optimise ses décisions sans se laisser (trop) déborder par ses émotions, et encore moins guider par son inconscient. Mais à force d'observer les trop fortes divergences entre théorie et pratique (ou nos décisions souvent peu rationnelles), ce mythe a fini par tomber de son piédestal, le coup de grâce étant porté par la remise du Prix Nobel d'économie[7] à Daniel Kahneman – et donc indirectement à son complice trop vite disparu, Amos Tversky. En effet, ces fondateurs de l'économie comportementale ne sont pas économistes mais psychologues de formation – « détail » important lorsqu'on connaît le désamour réciproque entre ces deux communautés. Que nous apprennent donc la psychologie cognitive, la psychologie sociale mais aussi l'économie comportementale sur nos illusions de contrôler nos actes et nos décisions ? Et, en conséquence, sur **nos illusions de contrôler nos actes et nos décisions en faveur (ou non) des clients...** ?

De très nombreux chercheurs ont travaillé sur des modèles de traitement dual de l'information dans notre cerveau[8]. En effet, comme l'explique Olivier Trendel (voir l'encadré sur les pensées implicites en fin de ce chapitre), différents courants de littérature montrent qu'il existe fondamentalement deux manières distinctes de traiter l'information, dont les noms peuvent différer suivant les modèles proposés.

Nous décrivons ci-après l'approche proposée par Kahneman car, bien que certains affirment qu'elle simplifie trop les choses afin de

....

7 En réalité « Prix des sciences économiques de la banque de Suède en mémoire d'Alfred Nobel » puisqu'il n'existe pas de Prix Nobel d'économie en tant que tel.

8 Evans J. S. B. T., Stanovich K. E. (2013), *"Dual-Process Theories of Higher Cognition: Advancing the Debate"*, *Perspectives on Psychological Science*, 8 (3), 223-241 ; ainsi que Gawronski B., Bodenhausen G. V. (2006), *"Associative and propositional processes in evaluation: An integrative review of implicit and explicit attitude change"*, *Psychological Bulletin*, 132, 692-731.

rester accessible, elle permet néanmoins de décrire les grands principes de fonctionnement de ce traitement dual de l'information[9].

« Système 1, Système 2, les deux vitesses de la pensée »[10]

Considérez les exemples suivants :

- Combien font 2 + 2 ?
- Lorsque vous conduisez pendant longtemps sur une autoroute peu fréquentée, ne vous est-il pas arrivé de vous « réveiller », ou d'être surpris, en constatant que vous êtes déjà à tel endroit ?
- Face à une image écœurante, une grimace de dégoût vous vient-elle instantanément ou devez-vous réfléchir pour en arriver là ?
- Ne vous est-il jamais arrivé de « sentir » immédiatement, avant même que votre patron ne vous adresse la parole, qu'il n'est pas dans son assiette ce matin ?

Ces situations reflètent typiquement l'utilisation d'un mode de pensée spécifique que Kahneman appelle « Système 1 »[11]. Il s'agit d'un fonctionnement « automatique et rapide, avec peu ou pas d'effort et aucune sensation de contrôle délibéré » (Kahneman, 2011, p. 29). L'image du lièvre est souvent utilisée pour décrire cette façon de penser fulgurante (voir la couverture française du livre de

9 Au-delà des éléments apportés par Olivier Trendel, préciser les nombreuses divergences théoriques et méthodologiques entre les différents courants de littérature nécessiterait ici de (très) nombreuses pages d'explications techniques. Pour une synthèse, le lecteur intéressé pourra par exemple se référer à Gawronski B., De Houwer J., Sherman J. W. (2020), *"Twenty-five years of research using implicit measures", Social Cognition*, 38, *Supplement*, S1-S25 ; et plus généralement d'ailleurs aux articles de ce numéro spécial.

10 Nous reprenons volontairement ici le titre de la traduction française de l'ouvrage référent de D. Kahneman (Flammarion, 2011), l'original en anglais se nommant *Thinking, fast and slow*. Le lecteur constatera d'ailleurs que certains de nos exemples et explications sont directement tirés de cet ouvrage référent – lui-même n'étant d'ailleurs, comme le précise D. Kahneman, qu'une synthèse des nombreux articles publiés sur ces sujets. Nous recommandons vivement la lecture de ce livre dont l'une des nombreuses qualités est de rester abordable pour le non-spécialiste.

11 D. Kahneman rappelle d'ailleurs que les termes « Système 1 » et « Système 2 » ont été originellement proposés par K. E. Stanovich et R. F. West (2000), mais indique aussi que l'utilisation qu'il en fait va plus loin que leur proposition originelle.

Kahneman), et les mots-clés sont les termes « automatique », « spontané », « sans réfléchir ». Ce mode de pensée intègre des compétences innées (peur d'un bruit fort inattendu...), mais surtout des connaissances mémorisées au fil du temps par apprentissage non volontaire. Un guide de montagne qui tend la corde juste avant que son client ne trébuche, un guitariste qui entame un solo non prévu, un joueur d'échecs qui « voit » tout à coup un possible « échec et mat » en trois coups : aucun de ces gestes n'est « réfléchi », c'est-à-dire construit à partir d'un processus délibéré et élaboré. Pour décrire ces gestes et ces décisions, on parle souvent « d'intuition ». Mais cette intuition est en réalité l'accès spontané / automatique, sans effort et involontaire, à toutes les expériences passées emmagasinées dans notre mémoire sans que nous n'y prêtions attention ni ne le fassions intentionnellement. Nous sommes donc ordinairement spectateurs des réactions de notre Système 1, et cherchons souvent à les justifier *ex post* par des explications rationnelles...

A contrario, essayez de :

- comprendre ce que dit votre interlocuteur dans une salle très bruyante ;
- remplir votre déclaration d'impôts ;
- vous remémorer le prénom d'une personne qui vous salue au bureau ;
- conduire en hiver dans le brouillard et sous la neige ;
- multiplier 18 par 27...

Autant d'actions qui constituent, à des degrés différents, des exemples types d'utilisation de notre « Système 2 », c'est-à-dire un schéma de pensées qui nécessite de l'attention et donc un effort délibéré de concentration. Kahneman utilise l'image de la tortue pour représenter le Système 2 : processus lent qui demande un effort à notre cerveau. Avec notamment, comme le montrent un certain nombre de recherches, des signes physiques de cet effort : tension artérielle et rythme cardiaque qui augmentent, pupilles qui se dilatent, etc. Les mots utilisés pour décrire le Système 2 sont « après réflexion », « lorsqu'il/elle réfléchit », etc.

Le tableau 6.1 résume les principales caractéristiques de ces deux systèmes de pensées.

TABLEAU 6.1 Les caractéristiques des systèmes de pensées

Système 1 / Pensées de type 1	*Système 2 / Pensées de type 2*
Automatique (implicite)	Contrôlé (explicite)
Souvent inconscient	Conscient
Sans effort	Beaucoup d'effort
Traitement rapide	Traitement lent
Changement lent	Changement rapide
Évolution ancienne (animale)	Évolution récente
Non verbal	Lié au langage
Importance des images	Importance des mots

Source : adapté de Evans et Stanovich (2013)

Comme l'indique ce tableau :

1. Les processus automatiques (Système 1) sont souvent dits « implicites », et les processus contrôlés (Système 2) nommés « explicites ».
2. Certains des processus de type 1 (Système 1) sont non conscients, mais d'autres sont conscients. Il convient donc de ne pas amalgamer « automatique » et « inconscient » : un processus automatique n'est pas nécessairement inconscient !
3. Les pensées de type 1 sont plus longues et difficiles à modifier que les pensées de type 2. Or comme nous utilisons par défaut notre Système 1 dans la plupart de nos décisions quotidiennes, on mesure tout l'intérêt de prendre conscience des biais induits par notre Système 1, notamment par rapport à l'orientation client : c'est tout l'objet de la partie « COS® Employees » (orientation client des collaborateurs) du diagnostic COS® Company (diagnostic global de l'orientation client de l'entreprise).

Exemple

Si je ne suis pas très orienté client en Système 1 :

- bien malgré moi, mes décisions « spontanées » ne seront sans doute pas particulièrement favorables aux clients ;
- il me sera difficile de m'en rendre compte puisque je ne peux pas contrôler les « apprentissages malgré moi » qui guident ces réactions spontanées (voir plus bas) ;
- ces biais seront lents à modifier.

Par ailleurs, des mesures réalisées par IRM confirment que ces deux processus mobilisent de façon différente des zones distinctes du cerveau (Cunningham et Zelazo, 2007). En revanche, à l'instar de la légendaire opposition « cerveau gauche / cerveau droit », croire que les processus implicites et explicites auraient chacun une zone réservée dans le cerveau serait faux : il n'y a pas de « cerveau implicite » ni de « cerveau explicite ».

Comment s'organise la répartition des tâches entre Système 1 et Système 2 ?

Spontanément, nous nous voyons à l'image de notre Système 2 : qu'il s'agisse d'agir, de décider ou simplement de nous faire une opinion sur quelqu'un ou quelque chose, nous nous voyons raisonner, calmement prendre en compte l'ensemble des paramètres, les pondérer et décider rationnellement de la « meilleure » solution. Or ce que nous apprennent toutes les recherches, c'est que c'est notre Système 1 qui guide la plupart de nos actes et de nos décisions.

Pourquoi ? Pour une raison désespérément simple : notre cerveau privilégie les processus qui lui coûtent le moins d'énergie. Il est même programmé pour cela afin de ne pas « griller » trop vite, et met donc systématiquement en place un maximum de raccourcis (les fameuses heuristiques citées plus haut) qui lui permettent d'éviter un effort supplémentaire de réflexion : par défaut, notre cerveau se met naturellement en mode automatique (Système 1). Ainsi, un chiffre connu en marketing est le temps moyen de décision lors de l'achat d'un produit : 4 secondes... Même s'il ne s'agit que d'une moyenne qui ne veut rien dire compte tenu de l'écart-type associé (certains achats étant évidents quand d'autres nécessitent plus de temps), voilà qui remet en place notre vision de nous-mêmes en *homo œconomicus* sérieux et concentré dès lors qu'il s'agit de décider ou d'agir !

Concrètement, en fonction de la situation (décision engageante ou non, connaissances accumulées sur la problématique, etc.), de notre personnalité, mais aussi de bien d'autres facteurs, nous décidons et agissons selon trois configurations possibles :

- *Premier cas : nous utilisons uniquement notre Système 1 (calculer 2+2, conduire sur une autoroute déserte, etc.)*

Répétons-le : c'est le cas de la plupart de nos décisions et de nos actes au quotidien (mettre le couvert, se servir à boire, faire une tâche routinière...). La quintessence de ce mode de décision étant évidemment la fuite instantanée en présence d'un danger mortel, ou encore le retrait de notre main au-dessus du feu alors que nous n'avons pas encore ressenti de douleur. Nous retrouvons là l'idée évoquée par les psychologues de « traces mémorielles » provenant d'expériences passées, y compris celles dont on ne se souvient pas consciemment.

Il existe en effet dans notre mémoire un ensemble d'associations suffisamment établies pour qu'elles ressortent « automatiquement » lorsque nous sommes exposés à l'objet considéré (Fazio *et al.*, 1986) : un stimulus va déclencher automatiquement, spontanément, c'est-à-dire sans que l'individu n'en ait l'intention ni ne puisse l'éviter, une réaction en chaîne de différents nœuds mémoriels reliés entre eux. Cette réaction associative automatique (Système 1 ou processus dits « implicites ») vient du fait qu'un certain nombre d'expositions à des stimuli (achat, consommation, interaction, vision de publicités, etc.) créent dans notre cerveau ce que les psychologues cognitifs appellent des « traces » mémorielles. Comme l'expliquent Greenwald et Banaji (1995), celles-ci sont souvent non identifiables par introspection, ou tout au moins insuffisamment identifiables : ces traces mémorielles ressortiront et influenceront nos actes et nos décisions lorsque le stimulus réapparaîtra, et cela, sans que nous puissions le contrôler.

Notre Système 1 est particulièrement compétent pour gérer les tâches simples et répétitives – c'est même son métier –, et les fameuses heuristiques résolvent la plupart de nos problèmes en permettant à notre cerveau de ne pas trop se fatiguer ;

- *Deuxième cas : nous utilisons nos deux systèmes de pensées en même temps (S1 + S2)*

Dans le premier cas évoqué ci-dessus, le Système 2 est en quelque sorte « en état de veille », laissant faire ce que suggère le Système 1. En revanche, dès que la décision ou l'action nécessite une attention accrue, notre Système 2 se met en action et prend les commandes. C'est par exemple le cas lorsque, conduisant sur une route déserte, vous arrivez à un croisement où vous devez chercher votre chemin, ou encore si une averse de pluie survient et vous oblige à vous concentrer sur votre conduite : d'un monde simple et maîtrisé (conduite sur une route déserte), on passe à une situation plus complexe qui nécessite de l'attention et de la réflexion.

Certes, c'est bien le Système 2 qui prend les commandes (je me concentre pour réfléchir volontairement), mais nos pensées de type 1 (Système 1) « tournent » malgré tout sans que l'on s'en aperçoive, et surtout sans que nous soyons capables de mesurer leur influence sur notre décision. Ainsi, et il est fondamental de l'avoir bien compris, « une des principales fonctions du Système 2 est de surveiller et de contrôler les pensées et les actes suggérés par le Système 1, en laissant certains s'exprimer directement dans le comportement et en en supprimant ou en modifiant d'autres » (Kahneman, 2011, p. 57).

Mais notre Système 2 s'épuise vite : si nous avons faim, si nous sommes fatigués ou encore si notre charge cognitive est importante (beaucoup de choses encombrent notre cerveau), notre Système 1 va fortement guider nos actes et nos choix car nous ne pourrons pas rester longtemps en Système 2 sans nous épuiser. Il est donc impératif de se connaître afin de ne pas être dupe de ce qui se joue dans ces moments-là.

L'épuisement de notre Système 2 conduit à des choix que nous n'aurions normalement pas faits

Un exemple connu[12] permet de montrer à la fois nos faibles capacités à rester longtemps en Système 2, et les conséquences d'un passage non désiré en Système 1.

- Approche expérimentale

Les chercheurs demandent tout d'abord aux participants du groupe test de mémoriser un nombre à 7 ou 8 chiffres – donc difficile à retenir. Une grande partie des ressources de leur cerveau est ainsi prise par cette charge cognitive, et ce d'autant que les chercheurs insistent fortement sur l'impérieuse nécessité de mémoriser ce nombre (« la tâche consiste à restituer ce nombre dans quelques minutes »). Ensuite, les participants doivent choisir très rapidement entre deux desserts à partir d'une photo présentant une salade de fruits et un gâteau au chocolat. Le gâteau au chocolat a incontestablement l'air délicieux. Mais contrairement à la sobre salade de fruits, il n'est à l'évidence pas bon pour la santé...

- Résultat

Si l'on compare les choix des participants non soumis à l'obligation de mémoriser le nombre (groupe de contrôle) aux choix des participants soumis, eux, à une forte charge cognitive (groupe test), les résultats sont clairs : un nombre très supérieur de gens soumis à une forte charge cognitive (groupe test) préfèrent le gâteau au chocolat...

- Conclusion

Lorsque notre cerveau est trop occupé par une tâche jugée plus importante, nous ne sommes plus en capacité de réfléchir prioritairement en Système 2. En effet, le contrôle de soi et la réflexion délibérée puisant dans le même « capital effort » de notre cerveau, et

12 Shiv B., Fedorikhin A. (1999), *"Heart and Mind in Conflict: The Interplay of Affect and Cognition in Consumer Decision Making"*, *Journal of Consumer Research*, 26, 3 December, 278-292. Et d'une manière plus générale : Friese M., Hofmann W., Schmitt M. (2008), *"When and why do implicit measures predict behaviour? Empirical evidence for the moderating role of opportunity, motivation, and process reliance"*, *European Review of Social Psychology*, 19, 285-338.

> celui-ci étant limité, le cerveau se retrouve en quelque sorte débordé par la somme d'efforts à produire en même temps : mémorisation du nombre + effort pour choisir le dessert « qu'il faut choisir car il est bon pour ma santé ». Il privilégie donc d'allouer ses ressources à la tâche qu'il juge la plus importante : la mémorisation du nombre qui lui a été indiquée comme prioritaire.
> Sous pression du temps pour prendre une décision, c'est donc le Système 1 qui prend le dessus dans la décision « jugée moins importante » (le choix du dessert). Système 1 qui choisit, lui, le bon gâteau au chocolat plutôt que la sobre salade de fruits, même si le gâteau est objectivement moins bon pour la santé... Notre Système 1 choisit donc ici le plaisir plutôt que l'effort, alors que lorsque notre cerveau n'est pas trop occupé par ailleurs, notre Système 2 choisit plutôt l'option inverse (groupe de contrôle).

- *Troisième cas : nous utilisons uniquement notre Système 2*

Ce troisième cas existe principalement d'un point de vue théorique, mais sans doute pas vraiment en pratique, tout au moins en tant que tel. En effet, toutes les recherches montrent que même lorsque nous sommes hyperconcentrés sur la tâche concernée (ex. : conduite sur route enneigée et dans le brouillard, décision majeure qui engage notre avenir, etc.), nos pensées de type 1 continuent à « tourner toutes seules », qu'on le veuille ou non. Au final, leur influence sera peut-être quasi nulle sur notre décision ou notre façon d'agir, mais cela n'est pas garanti puisque, comme évoqué ci-dessus, nous sommes le plus souvent dupes des biais dus aux impressions, sentiments et autres impulsions provenant des divagations de notre Système 1.

Au final :

- Nous utilisons notre Système 1 pour la plupart de nos décisions. Il s'agit de notre système de décision « par défaut » ;
- Celui-ci fonctionne en permanence, que nous le voulions ou non, et sans que nous nous en apercevions ;
- Le Système 2 a un rôle de « gardien » des réactions de notre Système 1, et prend les commandes lorsqu'il le juge nécessaire. Pour autant, notre Système 1 continue de fonctionner et impacte plus ou moins nos décisions suivant les situations ;

- Le recours à notre Système 2 requiert un effort intentionnel. Notre cerveau « s'épuise » donc vite, d'où un retour automatique au Système 1, sauf à ce que nous fassions des efforts de volonté pour rester concentré.

Dans les paragraphes et chapitres suivants, pour simplifier la lecture, nous utiliserons le terme « S1 » pour parler de Système 1 et « S2 » pour parler de Système 2.

Predictably irrational[13] : les limites de notre Système 1

On peut évidemment se demander l'intérêt de tout cela, l'important étant que nous prenions la « meilleure décision possible », et cela quel que soit le mode de pensée qui nous permet d'y parvenir. Mais les recherches scientifiques montrent que notre S1, ce « mode automatique » que nous utilisons malgré nous pour de nombreuses décisions, a des modes de raisonnement parfois biaisés qui nous entraînent vers des décisions peu optimales. C'est d'ailleurs ce qui a valu son Prix Nobel à Kahneman : avoir permis, entre autres, de mieux comprendre pourquoi les traders et autres dirigeants pouvaient, dans certaines conditions, prendre des décisions parfaitement irrationnelles malgré leurs diplômes, les nombreuses réunions de leurs groupes projet et autres matrices d'aide à la décision. En effet, comme notre S1 fonctionne en permanence (« malgré nous ») et qu'il est soumis à un certain nombre de biais récurrents, si notre S2 ne repère pas ces biais suffisamment tôt, nous sommes condamnés à reproduire un certain nombre de fois les mêmes erreurs...

Juste à titre d'exemple, citons quelques biais susceptibles d'influencer nos décisions et nos actions lorsque nous utilisons notre S1 :

- **Biais de confirmation** : tendance à nous focaliser sur les informations qui viennent confirmer nos opinions, et donc à minimiser les informations en contradiction avec celles-ci. Par

13 Nous reprenons volontairement le titre original de l'ouvrage de Dan Ariely, qui reflète bien l'idée développée ici : Ariely D., (2009), *Predictably Irrational: The Hidden Forces That Shape Our Decisions*, HarperCollins Publishers Ltd., 304 p.

exemple, si nous sommes peu orientés client en S1, nous allons avoir tendance à beaucoup plus fonder nos décisions sur un seul cas d'interaction négative avec un client que sur les *n* cas d'interactions positives ;

- **Biais d'attention** : sans que nous nous en rendions compte, notre attention est biaisée par nos centres d'intérêt et nos préoccupations du moment (attention sélective). De fait, nos décisions et nos comportements, qui dépendent des informations présentes dans notre cerveau, sont eux aussi biaisés par cette attention sélective. Par exemple, si mon manager m'a parlé ce matin de KPI internes (efficacité, etc.), malgré moi, c'est-à-dire sans en avoir pleinement conscience, je vais avoir tendance à prendre des décisions spontanées / routinières moins orientées client car plus centrées sur l'efficacité interne ;
- **Biais d'attribution** : nous cherchons souvent des causes ou des raisons à ce que nous ressentons et à ce que nous vivons. La recherche « forcée » de ces causes peut mener à des attributions faussées : nous aurons ainsi tendance à attribuer l'insatisfaction d'un client à son humeur plutôt que d'accepter de constater que, par manque de chance, il est en effet tombé sur un produit défectueux ;
- **Biais de représentativité** : confondre l'arbre et la forêt, c'est-à-dire considérer un cas particulier comme représentatif de l'ensemble de la population. Ce biais de représentativité semble assez prégnant chez les dirigeants éloignés du terrain et des clients : « J'ai constaté ce cas précis, donc tous les clients ont ce même problème ». Conséquence : on n'écoute plus puisque « on sait » ! Et on passe totalement à côté des attentes et des problèmes de la majorité des clients.

Orientation client individuelle : une vision duale (S1 + S2)

Après avoir mieux compris ce qui guide nos décisions et nos actes au quotidien, mais aussi les biais de décision systématiques liés à notre Système 1, nous pouvons maintenant mettre en application ces conclusions aux problématiques qui nous intéressent ici.

En premier lieu, les constats évoqués précédemment montrent qu'en réalité l'orientation client d'un collaborateur est duale (S1 + S2). Dès lors, en reprenant l'interprétation de Deshpandé et Webster (1989), nous proposons de la définir de la façon suivante :

IMPORTANT

L'orientation client d'un individu est « un ensemble de croyances et de valeurs propres à un collaborateur qui le poussent à se focaliser spontanément (Système 1), mais aussi lorsqu'il réfléchit (Système 2), sur la satisfaction durable des clients de l'entreprise ».

Nous retrouvons bien là l'idée « d'avoir pour objectif prioritaire la satisfaction des clients de son entreprise », et cela selon un certain degré : c'est ce que nous proposons d'appeler notre « degré d'orientation client individuel ».

Comme nous l'avons souligné précédemment, et cela s'applique à l'évidence aussi à l'orientation client : notre S1 est activé par défaut, le recours au S2 nécessitant quant à lui un effort d'attention volontaire ; ces deux types de pensées peuvent être congruents ou non congruents dans notre cerveau, c'est-à-dire potentiellement mener un individu à agir de façon différente selon le mode de pensée prépondérant au moment de sa décision.

Les conséquences pratiques de chacun de ces deux points sont successivement détaillées dans les paragraphes ci-après.

Orientation client et répartition des tâches entre S1 et S2

Reprenons les trois cas évoqués plus haut en les appliquant à l'orientation client :

- *Premier cas : situations où nous utilisons uniquement notre Système 1*

Rappelons que ce cas concerne la plupart de nos décisions au quotidien (ex. : choisir un modèle de lettre pour répondre à une réclamation client, dire machinalement « bonjour » à un client qui rentre dans le magasin, etc.).

Dans le cas de l'orientation client, reprenons de façon caricaturale les deux cas les plus extrêmes d'orientation client individuelle, et tirons-en quelques premières conclusions opérationnelles.

Exemple n° 1 – je ne suis pas beaucoup ou pas du tout orienté client en S1 : mes décisions spontanées / automatiques risquent fort de ne pas se faire en faveur des clients, d'où un danger en termes de satisfaction client, de rachat et de recommandation (NPS), et donc de rentabilité. En conséquence :

- Je dois donc avoir impérativement conscience des biais induits par mon S1 lors de mes décisions et de mes actions vis-à-vis des clients ;
- Je dois utiliser le plus possible mon S2 dans mes décisions et actions vis-à-vis des clients, donc me concentrer en toute connaissance de cause, et le rester le plus longtemps possible ;
- Si c'est un souhait délibéré de ma part[14], je dois trouver des solutions pour modifier mes croyances spontanées (S1) afin de pouvoir, à l'avenir, agir spontanément dans un sens plus favorable aux clients ; et ne plus avoir à me concentrer en permanence (moindre dissonance cognitive, d'où diminution du stress et de la fatigue et plus forte motivation au travail).

Exemple n° 2 – je suis très orienté client en S1 : mes décisions spontanées / automatiques se feront la plupart du temps en faveur des clients :

14 On remarquera que les problématiques évoquées ici posent évidemment des problèmes à la fois éthiques et de confidentialité des données personnelles. Un certain nombre de solutions existent pour résoudre chacun de ces problèmes, mais ces questions doivent –évidemment et impérativement– être abordées.

- Il est important que je prenne conscience des biais positifs induits par mon S1 lors de mes décisions et de mes actions vis-à-vis des clients ;
- Dès qu'une décision / action a trait aux clients, je dois arriver à mieux en prendre conscience, et donc mieux prendre en compte ce que me disent mes réactions spontanées ;
- L'organisation (normes, process, KPI, etc.) ne doit surtout pas brider (briser ?) le recours à mon S1, mais plutôt m'aider à l'utiliser et à le valoriser.

- *Deuxième cas : nous utilisons nos deux systèmes de pensées en même temps*

(ex. : répondre à un client énervé, intervenir en réunion pour décider des priorités destinées à améliorer la satisfaction client, etc.)

Rappelons que lorsque le Système 2 prend les commandes, notre Système 1 « tourne » malgré tout sans que l'on s'en aperçoive, et surtout sans que nous soyons capables de mesurer son influence sur notre décision. Rappelons également que notre Système 2 s'épuise vite (fatigue, charge cognitive, etc.). Ces constats permettent de réaffirmer ici un point fondamental et souvent mal compris :

IMPORTANT

Être peu ou pas orienté client en S1 signifie que nos priorités spontanées, automatiques, ne vont pas naturellement vers la satisfaction des clients.

En revanche, ne pas être orienté client en S1 ne signifie pas que nous ne voulons pas – ni d'ailleurs que nous ne pouvons pas – nous préoccuper de la satisfaction de nos clients ! En effet, on peut parfaitement ne pas être en accord avec nos propres pensées de type 1 (préjugés discriminatoires par exemple). Et du coup, raisonner et agir très différemment en S2, c'est-à-dire de façon délibérée.

En effet, quelqu'un de peu orienté client en S1 peut tout à fait, en utilisant son Système 2, prendre des décisions et agir fortement « en faveur des clients ».

Cela lui demandera juste un plus grand effort de concentration afin de focaliser son attention sur la tâche concernée[15].

Ainsi, dans une entreprise leader mondial dans son domaine, le responsable des réclamations client incite-t-il ses équipes, avant de répondre à un appel, à « de façon systématique, bien respirer profondément, se reconcentrer sur le prochain appel et se forcer à être très attentif dès le début de la communication » : véritable conditionnement pour que les conseillers restent ou reviennent en S2 !

- *Troisième cas : nous utilisons uniquement notre Système 2*

Rappelons que ce troisième cas (utilisation du S 2 uniquement) n'existe pas réellement, et qu'il est donc fondamental de connaître son propre niveau d'orientation client en S1 : si je suis peu ou pas orienté client, je dois essayer de rester concentré pour éviter que mon S1 ne biaise trop mon comportement, et aussi surveiller mes réactions trop spontanées. *A contrario*, si je sais que mon objectif prioritaire en mode automatique consiste plutôt à privilégier la satisfaction durable des clients (forte orientation client en S1), je dois alors plus tenir compte de mes réactions spontanées dans mes décisions.

15 De nombreuses recherches ont ainsi montré que la plupart des Américains avaient des préjugés implicites envers les minorités. Pourtant, nombre d'entre eux ont voté pour Barack Obama, candidat noir à l'élection présidentielle. Cet exemple connu montre bien qu'un individu peut avoir des pensées de type 1 opposées à celles qu'il aura « après réflexion » (S2). En revanche, qu'on soit « d'accord » ou pas avec nos pensées de type 1, celles-ci existent bel et bien dans notre cerveau et sont susceptibles d'influencer nos décisions et nos actes sans que nous en ayons conscience. Pour plus d'éléments à ce sujet, voir Lai C., Banaji M. R. (2019), *"The Psychology of Implicit Intergroup Bias and the Prospect of Change"*, *in* Allen D., Somanathan R. (eds.), *Difference without Domination* ; ou encore Schmidt K., Axt J.R. (2016), *"Implicit and explicit attitudes towards African Americans and Barack Obama did not substantively change during Obama's presidency"*, *Social Cognition*, 34, 559-588 ; ou Schmidt K., Nosek B. A. (2010), *"Implicit (and explicit) racial attitudes barely changed during Barack Obama's presidential campaign and early presidency"*, *Journal of Experimental Social Psychology*, 46, 308-314.

Nos Systèmes 1 et 2 sont-ils toujours d'accord ? Conséquences sur l'orientation client des collaborateurs

Comme évoqué plus haut, S1 et S2 peuvent être congruents ou non congruents dans notre cerveau. Dans ce dernier cas, cela mènera potentiellement un individu à agir de façon différente selon le mode de pensée prépondérant au moment de sa décision. Quatre cas caricaturaux peuvent donc être distingués selon le degré de concordance de nos deux systèmes de pensée (*cf.* Figure 6.3).

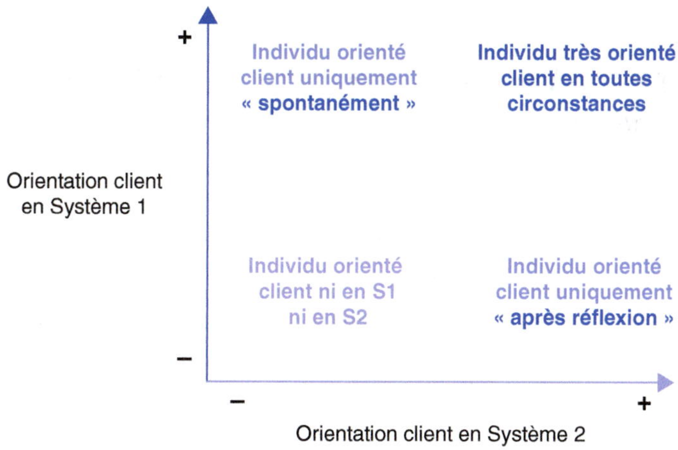

FIGURE 6.3 Orientation client d'un individu

Préciser chacun des cas de ce graphique dépasserait largement le cadre de cet ouvrage. Cependant, il faut savoir que les individus appartenant au groupe « orientés client uniquement après réflexion » sont persuadés d'être plutôt voire très orientés client, et donc d'agir systématiquement en faveur des clients. Or il n'en est rien lorsque leur Système 1 prend le dessus, c'est-à-dire dans la plupart des situations quotidiennes. Bien involontairement, et *sans même en avoir conscience*, ils peuvent ainsi, lorsqu'ils sont fatigués, sous pression ou encore concentrés sur d'autres tâches prioritaires, prendre des décisions et agir finalement de façon peu favorable aux clients, bien que cela aille contre leurs croyances, leurs valeurs et leurs intentions volontaires.

À RETENIR

On voit tout l'intérêt de mesurer de façon fiable et valide l'orientation client des collaborateurs non seulement en S2 mais aussi en S1 – comité de direction en premier lieu !

Un cas spécifique : comment recruter des collaborateurs orientés client ?

Comme nous l'ont fait remarquer la plupart des DRH avec qui nous travaillons, connaître et donc pouvoir développer le niveau d'orientation client des collaborateurs est une chose majeure. Mais quid des futurs collaborateurs : comment s'assurer qu'ils s'inscriront réellement dans cette culture ?

En effet, si une erreur de recrutement est coûteuse, elle génère aussi d'autres effets moins directement mesurables. Car au-delà du fait que cette erreur risque fort de se payer pendant des années, ses conséquences dépassent largement le strict cadre de la personne concernée : nous connaissons tous des collaborateurs qui créent une ambiance délétère, réussissent à démotiver toute une équipe et à faire échouer une dynamique positive. Dans ce cadre, si nous recrutons des profils insuffisamment orientés client, le risque de « contamination interne » est grand – et, quoi qu'il en soit, essayer de transformer le *mindset* de ces collaborateurs sera coûteux et nécessitera du temps...

EXEMPLE

Nous avons travaillé avec un centre de relation client (CRC) au sein duquel le degré d'orientation client individuel (S1) s'est révélé exceptionnellement bas. Pour le directeur du site de l'époque, la démonstration de ce manque d'orientation client individuelle a constitué un tournant important. En effet, ces chiffres sont venus éclairer de façon claire – car quantitative – un phénomène qu'il ressentait distinctement au quotidien mais qu'il n'arrivait pas à structurer et encore moins à verbaliser.

Les résultats du CRC étaient mauvais sur tous les KPI, en particulier ceux liés à la satisfaction client. Au vu de ces mauvais résultats, différentes réflexions stratégiques successives avaient déjà tenté de modifier cet état de fait, menant entre autres à de fortes restructurations internes. Mais toutes avaient échoué et les résultats restaient au plus bas. Les résultats d'un premier COS® Company, et en particulier de la partie COS® Employees, ont permis de mieux cerner le vrai problème : la quasi-totalité des collaborateurs, des chefs d'équipe aux conseillers, n'étaient pas du tout orientés client en S1 – ou devrait-on dire « n'étaient plus du tout orientés client »... En effet, dans ce CRC qui marchait historiquement plutôt bien, une importante vague de recrutement avait eu lieu une dizaine d'années auparavant, fondée avant tout sur des critères d'efficacité (productivité, etc.) et de capacités digitales. Les résultats du COS® Employees ont montré, comme l'avait pressenti le directeur de l'époque, que :

- les collaborateurs embauchés lors de cette vague étaient beaucoup moins orientés client que les autres, et que, vu leur nombre, ils avaient sans doute lourdement pesé sur la culture de ce CRC ;
- le niveau d'orientation client des embauchés les plus récents était très supérieur aux autres, mais il diminuait selon l'ancienneté, jusqu'à un seuil très bas pour ceux embauchés 10 ans plus tôt.

En mixant les résultats du COS® Employees et les éléments de contexte fournis par le directeur historique du CRC ainsi que différents conseillers, la conclusion semblait claire : comme une culture constitue une norme sociale qui se diffuse au sein de l'organisation, les nouveaux mais aussi les anciens collaborateurs qui voulaient rester s'étaient peu à peu pliés à cette nouvelle donne (on constata d'ailleurs un *turnover* bien supérieur pendant les années qui suivirent la vague d'embauche concernée). Dans ce contexte, toute réorganisation classique était évidemment vouée à l'échec.

Dès lors, la direction prit différentes mesures pour casser cette dynamique négative en termes d'orientation client, comme (liste non exhaustive) :

- le regroupement de deux CRC au sein d'une même entité afin d'en modifier la culture : en amenant une vague importante de collaborateurs issus d'une culture différente, ils espéraient qu'un choc culturel pourrait avoir lieu ;
- l'ancien directeur devant partir à la retraite, une nouvelle équipe de direction connue pour sa forte orientation client fut choisie ;
- des formations centrées sur la satisfaction client furent imposées aux conseillers et aux chefs d'équipe. Ces formations n'avaient pas pour objectif de fournir des méthodes pour mieux satisfaire les clients, mais insistaient sur le sens : pourquoi satisfaire ses clients ? Quel intérêt pour l'entreprise mais aussi pour moi, collaborateur ?
- parallèlement, des modifications de normes, process et surtout de KPI furent mises en place : les résultats de satisfaction furent considérés comme KPI prioritaires afin de restaurer la nécessité mais aussi l'envie de mieux s'occuper des clients.

Aujourd'hui, ce CRC est à nouveau bien positionné sur les KPI de satisfaction mais aussi de ventes et de productivité. Et la dernière mesure COS® Employees effectuée a permis d'expliquer la réussite de cette mutation : outre leur meilleure perception de la façon dont l'organisation leur permet « d'agir en faveur des clients », les collaborateurs actuels ont un niveau d'orientation client en S1 largement au-dessus des autres CRC...

Cette question récurrente et ô combien pertinente (une erreur de recrutement se paie pendant des années...) semble pourtant mal résolue à l'heure actuelle. Certes, dans certaines entreprises, les collaborateurs en charge du recrutement y portent une attention toute particulière lors des entretiens. Chez Amazon, par exemple, l'orientation client du futur collaborateur constitue l'un des points les plus importants et les plus examinés lors d'un recrutement.

L'obsession client : principe premier de leadership

« Les leaders placent l'intérêt du client au premier plan et œuvrent en accord avec ce principe. Ils travaillent activement pour gagner la confiance du client et la conserver. Les leaders font certes attention à la concurrence, mais ils pensent avant tout au client ».[16]
Cet article est le premier des 14 principes de leadership revendiqués par Amazon ; principes qui servent à guider le savoir-être des managers. Avec ce premier principe de leadership, Jeff Bezos ancre immédiatement son obsession de recruter des personnalités orientées client, et en fait même son atout n° 1.

Mais forts de ce que nous avons évoqué ci-dessus (S1 / S2), comment s'assurer que la personne retenue « tirera tout le monde vers le haut » plutôt que de retarder – sûrement bien involontairement – le recentrage client de toute l'entreprise ?[17] Car comme nous l'avons vu tout au long de ce chapitre :

- être orienté client étant devenue une norme sociale, tou(te)s les candidat(e)s voudront montrer leur forte implication vis-à-vis des clients, rendant la réalité beaucoup plus difficile à percevoir lors des entretiens ;
- il est extrêmement difficile de deviner comment se comportera réellement un(e) candidat(e) lorsqu'il (ou elle) sera fatigué(e) ou stressé(e)… ce qui sera pourtant son lot quotidien !

Comment mesurer un degré d'orientation client « automatique » (Système 1) ?

Comme nous l'avons vu, les pensées de type 1 sont des processus cognitifs dont nous n'avons souvent pas pleinement conscience, et

16 *Cf.* amazonjobs.com.

17 C'est tout l'objet du COS® Recruitment. Pour en savoir plus : http://www.cos-systeme.com.

surtout que nous ne maîtrisons pas, même s'ils peuvent jouer un rôle important dans nos réactions. Dans ce contexte, comment arriver à « mesurer » un degré d'orientation client de type 1... ? Il y aurait certes une solution, mais elle serait coûteuse et peu acceptable par les collaborateurs : passer un IRM. En effet, selon la (ou les) zone(s) de cerveau stimulée(s) lorsqu'on évoque des problématiques « client », un radiologue suffisamment pointu est aujourd'hui capable d'avoir une idée de ce qui se joue dans notre cerveau à cette évocation : du positif, du négatif, les deux ?

Heureusement, les chercheurs en psychologie sociale et en psychologie cognitive ont depuis longtemps travaillé sur de telles mesures – en tout cas sur d'autres sujets que l'orientation client (préjugés discrimatoires, etc.). Il existe donc aujourd'hui un arsenal méthodologique conséquent, même s'il reste délicat à mettre en œuvre. Olivier Trendel, professeur à Grenoble École de Management et spécialiste de ces problématiques, synthétise ci-après de façon simple mais sans pour autant en occulter les difficultés, ce que nous apportent ces recherches ainsi que leur adaptation à une mesure fiable et valide de l'orientation client d'un collaborateur. Il fournit aussi un certain nombre de références complémentaires à celles précédemment citées dans ce chapitre, qui permettront au lecteur intéressé d'approfondir le sujet.

Comment mesurer les pensées implicites ? L'apport des recherches

*Par **Olivier Trendel**, professeur, Grenoble École de Management, cofondateur du COS® Individual.*

La recherche en sciences humaines et sociales est dominée par l'étude des processus mentaux conscients et réfléchis. Ainsi, la plupart des études demandent aux participants de faire un effort d'introspection pour indiquer leurs ressentis, leurs croyances ou encore les raisons de leurs comportements. Pourtant, la plus grande partie de la cognition humaine a lieu de manière automatique et souvent sous le seuil de conscience (Gawronski et Payne,

2010)[18]. Même quand nous avons l'impression de contrôler et de comprendre les raisons de nos jugements ou de nos comportements, nous ne sommes quasiment jamais conscients de l'ensemble des expériences antérieures et des opérations mentales qui ont causé ces jugements ou ces comportements (Greenwald et Banaji, 1995). Ainsi, comme le montrent ces recherches, les citoyens, les consommateurs ou les employés ne contrôlent le plus souvent pas la manière dont ils prennent leurs décisions. Ils ne sont en général pas pleinement conscients des processus cognitifs et de toutes les raisons qui influencent leurs jugements et leurs comportements (Bargh, 2002).

Afin d'étudier ces processus cognitifs qui ont lieu de manière automatique et souvent sous le seuil de conscience (ce que l'on appelle la cognition implicite), il est essentiel d'utiliser des outils de mesures appropriés qui permettent de capturer les causes psychologiques des jugements et des décisions sans faire appel à l'introspection. Ainsi, « une mesure implicite est une mesure utilisant un protocole de recueil de données non centré directement sur l'objet d'investigation » (Trendel et Warlop, 2005, p. 77). Ces mesures permettent donc d'évaluer certains construits (attitudes envers une personne, croyances, orientation client...) sans que les répondants n'aient à fournir une réponse autorapportée et subjective. Il existe de nombreuses mesures indirectes de ce type, mais seulement certaines sont considérées comme étant implicites. Il est donc important de bien comprendre la signification du terme « implicite ».

Il ne faut pas restreindre le terme « implicite » à la dimension d'absence de conscience, mais il faut le comprendre au sens d'« automatique » (DeHouwer *et al.*, 2009). Ainsi une mesure peut être qualifiée d'implicite si elle possède une OU plusieurs des quatre caractéristiques de l'automaticité : absence d'intention, absence de conscience, efficience et absence de contrôle (Bargh, 1994). Une mesure, par exemple de préférence, est donc

18 Toutes les références mentionnées dans cet article sont reprises en Bibliographie en fin d'ouvrage.

dite implicite si : 1) le répondant n'a pas besoin d'avoir l'intention d'évaluer l'objet de la préférence (personne, entreprise...) ; et/ou 2) le répondant n'a pas besoin d'être conscient de comment sa préférence influence ses réponses à la mesure ; et/ou 3) l'obtention du résultat de la mesure ne nécessite pas de ressources cognitives importantes ; et/ou 4) le résultat de la mesure peut être obtenu même lorsque le répondant a l'intention de fausser l'évaluation. Par exemple, une mesure des préjugés raciaux pourra être qualifiée d'implicite si la mesure reflète les préjugés d'un répondant sans que celui-ci n'ait besoin d'avoir l'intention de révéler ses préjugés ou même si le répondant souhaite dissimuler ses préjugés.

À l'inverse une mesure de préférence est dite « explicite » si elle résulte d'un processus contrôlé : 1) le répondant doit avoir l'intention d'évaluer l'objet de la préférence ; et 2) le répondant doit être conscient de comment sa préférence influence sa réponse ; et 3) la mesure ne peut pas être effectuée sans ressources cognitives suffisantes ; et 4) la « vraie » réponse ne peut pas être obtenue lorsque le répondant a l'intention de fausser l'évaluation, par exemple parce qu'une norme sociale impose une réponse particulière (ex. : « non, je n'ai pas de préjugés raciaux ! »). Cela est typiquement le cas pour les mesures autorapportées utilisées dans les questionnaires.

L'utilisation d'une mesure implicite permet donc de mesurer un construit implicite (ex. : une attitude implicite, une croyance implicite, l'orientation client implicite...), c'est-à-dire **un construit automatiquement activé en mémoire, que ce soit de manière non consciente et/ou non intentionnelle et/ou indépendamment du niveau de ressources cognitives et/ou sans pouvoir contrôler son activation.**

Les construits implicites sont donc le résultat d'un processus automatique de traitement de l'information là où les construits explicites sont le résultat d'un processus de traitement contrôlé et réfléchi de l'information. Cette conceptualisation est cohérente avec les nombreux modèles de traitement dual de l'information qui opposent deux processus qualitativement distincts de traitement de l'information. On citera en particulier les modèles : rationnel / expérientiel (Epstein, 1994), type 1 / type 2 (Evans et Stanovitch 2013), associatif / propositionnel (Gawronski et Bodenhausen, 2006), Système 1 / Système 2 (Kahneman, 2011), Système X / Système C (Lieberman, 2003) ; associatif / basé sur les règles (Smith et DeCoster, 2000), impulsif / réfléchi (Strack et Deustsh, 2004). Même si ces modèles font l'objet de critiques, les recherches en neurosciences et en sciences cognitives supportent le principe de deux manières fondamentalement différentes de traiter l'information (Evans et Stanovitch 2013). Le tableau 6.1 présente les principaux attributs souvent associés aux deux processus de traitement de l'information. On notera qu'il existe des différences parfois importantes entre les modèles, et l'ensemble des attributs du tableau 6.1 ne sont donc pas partagés par l'ensemble des modèles. On privilégiera ici la terminologie « processus de Type 1 » (automatique) et « processus de Type 2 » (réfléchi) car cette terminologie présente l'avantage de ne pas suggérer qu'il existe un seul type de processus (ou un seul système) automatique et un seul type de processus (ou un seul système) réfléchi, ce qui est loin d'être le cas !

Une caractéristique importante des processus de Type 1 est qu'ils sont souvent considérés comme ayant un fonctionnement associatif. Ainsi de nombreuses mesures implicites reposent sur un modèle de mémoire en réseau associatif dont les nœuds mémoriels peuvent représenter toutes sortes de connaissances ou concepts (Anderson, 1983 ; Fazio *et al.*, 1986). Les connaissances stockées sous forme de nœuds mémoriels sont plus ou moins fortement reliées entre elles (Greenwald *et al.*, 2002). Le fait que deux nœuds soient fortement reliés signifie que, lorsqu'une personne pense ou voit l'un des concepts, l'autre concept est automatiquement activé. Les associations entre deux nœuds mémoriels peuvent par exemple concerner une entreprise et une évaluation positive ou négative (*i.e.* une attitude ou une préférence envers l'entreprise), une entreprise et un attribut (*i.e.* une croyance envers l'entreprise) ou encore une entreprise et le concept de soi (*i.e.* sa relation à l'entreprise).

La plupart des mesures implicites reposent donc sur une restitution automatique des informations stockées en mémoire. Elles s'appuient sur un modèle de mémoire en réseau associatif qui présente la façon dont les différentes connaissances sont stockées en mémoire. Afin d'estimer l'existence et l'intensité d'une association entre deux éléments stockés en mémoire, de nombreuses mesures implicites utilisent les temps de réaction des répondants. En effet, plus deux éléments sont fortement liés en mémoire, moins un individu met de temps à effectuer une connexion entre les deux éléments. Ainsi, les mesures implicites qui reposent sur les temps de réaction partent du principe que les individus sont plus rapides lorsqu'on actionne des liens mémoriels forts. Par exemple, si la marque « Apple » est associée fortement en mémoire à « fiable », le consommateur va plus rapidement reconnaître le mot *fiable* lorsqu'il est précédé du logo d'Apple car la connexion dans son cerveau est plus rapide.

Il existe plusieurs dizaines de mesures implicites différentes et nombreuses sont celles qui utilisent les temps de réaction en demandant aux participants de réaliser différentes tâches sur ordinateur. C'est par exemple le cas du test d'amorçage sémantique, du test d'amorçage évaluatif, ou encore de la méthode la plus utilisée de toutes, le test d'associations implicites (TAI) ou de l'une de ses variantes comme le TAI à une catégorie. La mise en œuvre de ces mesures n'est malheureusement pas aussi « simple » que la mise en œuvre des mesures explicites. Elle nécessite le plus souvent l'utilisation de logiciels capables de mesurer très précisément les temps de réponses (millisecondes) et nécessite également de prendre de nombreuses précautions méthodologiques. Pour n'en citer que quelques-unes, il faut par exemple scrupuleusement choisir les stimuli qui représentent les concepts en mémoire ainsi que le nombre de stimuli. Il faut aussi s'assurer que l'on va bien « forcer » les répondants à répondre spontanément et non de manière contrôlée. Pour ce faire, il convient de calibrer précisément les instruments de mesure en choisissant la durée optimale de présentation des stimuli mais aussi la durée séparant la réponse des participants de la présentation du prochain stimulus (ces durées sont en général de l'ordre de quelques centaines de millisecondes). L'analyse des données récoltées, souvent des temps de réponses, nécessite aussi des précautions particulières. Par exemple, certaines personnes sont intrinsèquement plus rapides que d'autres et il est donc impératif de « gommer » ces différences dans le calcul des scores. Cette réelle complexité méthodologique explique sans doute que de nombreuses organisations aient, après différents essais – sans doute trop rapides –, renoncé à utiliser ce type de mesures nécessitant en effet un protocole précis pour fournir des résultats fiables et valides.

Pour autant, lorsqu'elles sont bien menées, les mesures implicites de préférences permettent de prédire les comportements dans des domaines très variés (ex. : les interactions sociales, les recrutements en entreprise, les décisions de traitement médical, nos choix alimentaires… ; Greenwald *et al.* 2009 ; Kurdi *et al.* 2019). En ce qui concerne les comportements sociaux (ex. : les relations interraciales, les relations hommes/femmes), une synthèse récente de plus de 217 études montre que les mesures implicites prédisent souvent mieux les comportements que les mesures explicites (Kurdi *et al.* 2019). Les mesures implicites sont également particulièrement utiles lorsqu'on étudie des problématiques soumises à d'importantes normes sociales (ex. : la consommation durable, Greenwald *et al.* 2009). Par exemple, ces mesures ont permis de prédire le vote d'électeurs indécis, c'est-à-dire d'électeurs déclarant ne pas encore avoir décidé pour qui ils allaient voter (Galdi *et al.* 2008). Les chercheurs sont partis de l'idée que les traces mémorielles implicites présentes dans le cerveau de ces électeurs (le traitement automatique des nombreuses informations qu'ils avaient reçues concernant cette élection) allaient guider leur vote sans qu'ils ne s'en rendent compte. En quelque sorte, la plupart de ces électeurs « savaient déjà », *sans s'en rendre compte*, pour qui ils allaient voter puisque ces traces implicites allaient influencer leur vote sans que cela ne soit volontaire. Cet article paru dans la revue *Science* a marqué les esprits en prouvant que nos décisions et nos comportements pouvaient être fortement guidés par des processus de type 1, c'est-à-dire non volontairement contrôlés. De la même façon, les travaux de D. Kahneman et A. Tversky ont aussi permis de prouver, dans de nombreux cas différents, l'influence de nos pensées de type 1 lors de nos décisions et de nos comportements.

En ce qui concerne l'orientation client, il convient donc de distinguer l'orientation client explicite de l'orientation client implicite : est-ce que la notion de « client » et le fait de chercher à satisfaire les clients activent automatiquement en mémoire des associations plutôt positives ou plutôt négatives ? **Une personne qui est spontanément orientée client va automatiquement – ou « naturellement », « spontanément » – évaluer positivement 1) l'objectif de satisfaire les clients (objectif final) ; 2) « l'objet » de cet objectif, c'est-à-dire le client ; mais aussi 3) les moyens et les activités utilisées pour satisfaire les clients (ex. : écoute client, être centré client).** En fonction de la mesure implicite utilisée, il est possible d'évaluer si une personne est plus spontanément orientée client qu'orientée vers d'autres priorités stratégiques (ex. : innovation, vente...). Dans ce cas les résultats obtenus sont présentés de manière relative et non absolue. Comme pour toute mesure implicite, mais c'est encore plus le cas lorsque le construit mesuré est en dehors du champ de la psychologie cognitive et sociale qui utilise traditionnellement ces mesures, la mise en œuvre d'une mesure implicite d'orientation client demande de nombreux essais et ajustements pour être valide et fiable. La validation des stimuli utilisés est essentielle pour être certain que l'on mesure bien ce que l'on veut mesurer. Il faut aussi calibrer la « pression » mise sur les répondants pour s'assurer que l'on « force » bien les répondants à répondre spontanément et non de manière contrôlée, tout en excluant le fait qu'ils répondent au hasard. Enfin, une bonne mesure d'orientation client implicite doit permettre de prédire une part significative des communications et comportements verbaux mais aussi non verbaux d'un collaborateur envers ses clients.

En synthèse, que retenir de ces explications[19] ?

- La plupart des mesures implicites reposent sur une restitution automatique des informations stockées en mémoire.
- Elles mesurent le phénomène concerné de façon indirecte. Elles ne nécessitent donc pas de motivation particulière à répondre et ne permettent pas non plus au répondant de biaiser volontairement ses réponses dans le sens qu'il désire.
- Elles s'appuient généralement sur une modélisation de mémoire implicite sous forme de réseau associatif (nœuds mémoriels reliés entre eux).
- Elles permettent de mieux prédire certains types de comportements et/ou réactions que les mesures habituelles (mesures dites « explicites »), notamment lorsque des normes sociales incitent la personne à biaiser sa réponse et/ou qu'elle n'a pas pleinement conscience de la « vraie » réponse et/ou qu'elle ne veut ou ne peut pas répondre « correctement » à la mesure.
- Pour produire des résultats fiables et valides, elles sont malheureusement complexes à mettre en œuvre d'un point de vue méthodologique.

Pour évaluer le degré d'orientation client des collaborateurs, la démarche COS® utilise donc ces mesures implicites – plus précisément l'*Evaluative Priming* ou l'IAT selon les cas.

Qu'il s'agisse du COS® Employees (diagnostic du degré d'orientation client « en S1 » d'un groupe de personnes, intégré dans l'outil de diagnostic global COS® Company) ou du COS® Individual (diagnostic individuel impliquant différentes mesures complémentaires : S1, S2, propension à recourir à son S1, etc.), leur mise au point a nécessité de nombreux développements et tests afin d'en arriver à des mesures

19 Pour une synthèse plus approfondie en français, on consultera Trendel O. et Warlop L. (2005), « Présentation et applications des mesures implicites de restitution mémorielle en marketing », *Recherche et Applications en Marketing*, 20, 2, 77-104 ; Trendel O. (2008), *Les mesures implicites, À la recherche du consommateur*, éd. Delphine Dion, Dunod, Paris ; ou encore Ackermann C.L. Mathieu J.P (2015), « De l'attitude implicite et de sa mesure : fondements et pratiques en comportement du consommateur », *Recherche et Applications en Marketing*, 30, 2, 58-81.

fiables et valides. Mais cet investissement s'est révélé bénéfique puisque les études réalisées avec différentes entreprises soulignent l'existence de liens forts entre ces mesures implicites et la performance des organisations : comme prévu, notre degré d'orientation client en S1 prédit bien certains de nos comportements lorsque nous sommes confrontés à des problématiques « clients » ![20]

Ainsi, la prédiction de la performance organisationnelle, qu'il s'agisse de satisfaction client ou encore de ventes, de panier moyen, etc., est largement améliorée dès lors qu'on introduit le COS® Employees dans l'équation... Prouvant, par-là même, la nécessité de travailler cette partie centrale (mais jusqu'ici ignorée) de l'orientation client.

Pour conclure, on peut résumer les principaux apports d'une forte orientation client individuelle en trois conséquences complémentaires (*cf.* Figure 6.4).

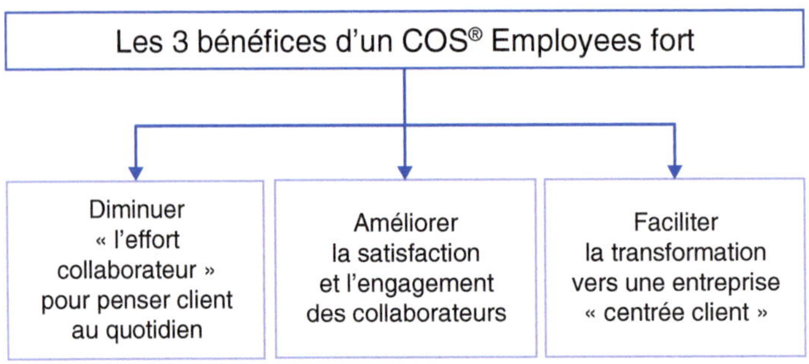

FIGURE 6.4 Les principaux apports d'une forte culture client

- Comme nous l'avons déjà largement souligné, être orientés client en S1 permet avant tout de **diminuer les efforts du collaborateur au quotidien**. En effet, la congruence entre ce qu'il constate dans son organisation (en cas de forte culture client ou de transformation culturelle !) et ses propres valeurs et croyances automatiques / spontanées limite d'éventuelles dissonances cognitives. Il doit donc moins lutter contre ses propres réactions spontanées et dépense ainsi moins d'énergie négative.

20 Pour en savoir plus sur ces outils, mais aussi sur les conséquences de notre degré d'orientation client en S1 sur la performance économique de l'entreprise : http://www.cos-systeme.com.

- **La satisfaction et l'engagement des collaborateurs s'en trouvent renforcés.** En effet, comme le prouvent de nombreuses études, être orienté client renforce notre satisfaction au (ou par le) travail mais aussi notre engagement au quotidien. Et il n'est pas besoin de démontrer ici l'impact majeur, sur la performance financière, de collaborateurs engagés et motivés par leur travail...
- Si la transformation de l'entreprise va dans la même direction que les croyances et les valeurs de chacun des collaborateurs, ses chances de succès en sont évidemment décuplées. Par ailleurs, les gains en temps et en énergie pour réussir cette transformation organisationnelle (normes, process, KPI, structure organisationnelle, etc.) sont énormes : moins de résistance, moins d'inertie, plus d'engagement des collaborateurs pour y participer activement, etc. Nous n'avons pas connaissance de chiffres fiables et précis en termes de ROI, mais différentes entreprises engagées dans un tel processus nous ont confirmé avoir ressenti **une très nette accélération de leur transformation structurelle dès lors que l'orientation client individuelle avait suffisamment évolué.**

Pour qu'une entreprise et ses collaborateurs puissent pleinement profiter de ces trois bénéfices, deux facteurs clés de succès sont incontournables :

1. Prendre conscience de l'existence de nos deux modes de pensée (S1 et S2), et en particulier de l'influence mais aussi des biais inhérents à notre Système 1.
2. Mettre en place des outils et autres moyens permettant à l'ensemble des collaborateurs – et en premier lieu aux membres de la direction – de renforcer leur niveau d'orientation client individuel[21]. En effet, des recherches récentes montrent que, malheureusement, les recettes habituelles ne modifient pas durablement nos pensées de

....

21 Rappelons une nouvelle fois que le plein accord des personnes concernées est fondamental dans la démarche, non seulement pour des raisons légales mais aussi pour des raisons éthiques : il est en effet indispensable que chaque collaborateur soit clairement informé de l'existence d'outils internes destinés à modifier ses pensées de type 1 dans un sens plus favorable aux clients, et ait exprimé son plein accord.

type 1. Passer en force, persuader de façon parfaitement rationnelle, et même recourir à certains types de *Nudge*, modifie certes notre comportement pendant un temps court mais n'a souvent aucun effet durable dès lors que l'obligation ou « le coup de pouce » disparaît... : nous en revenons immédiatement à nos préjugés spontanés et donc à nos comportements précédents ! Une recherche a ainsi montré que sur 17 méthodes connues et largement utilisées pour modifier les attitudes, les croyances et les préjugés, seules quelques méthodes avaient un effet statistiquement significatif sur les personnes concernées.

Développer des méthodes et outils permettant aux collaborateurs de modifier durablement leur niveau d'orientation client est donc fondamental[22]. Et nos résultats sont encourageants puisque les mesures réalisées avant / après la mise en œuvre de nos nouvelles méthodes dans différentes entreprises tests montrent une évolution statistiquement significative du niveau d'orientation client.

22 C'est d'ailleurs l'objet, depuis plus de trois ans, d'une partie d'une chaire soutenue par Bristol Myers Squibb au sein de Grenoble École de Management, mais aussi le cœur de la plupart de nos recherches au sein du COS® System.

Partie III

Situation actuelle des entreprises et perspectives

En nous appuyant sur près de 140 diagnostics COS® Company réalisés dans des entreprises de toutes tailles et tous secteurs, nous pouvons ébaucher un premier état des lieux de la culture client en France[1]. En effet, même si ces entreprises ne sont pas réellement « représentatives » de l'ensemble des entreprises françaises, certaines tendances de fond semblent suffisamment robustes pour être partagées ici.

Nous proposons ensuite au lecteur « les huit commandements de l'orientation client », c'est-à-dire huit conseils qui correspondent, d'après ce que nous avons pu constater au fil des ans, au minimum requis pour se donner de véritables chances de réussir son recentrage client.

1 En réalité, des diagnostics ont été réalisés dans plus de quinze pays, et beaucoup d'entreprises avec lesquelles nous avons travaillé sont soit majoritairement présentes à l'international, soit filiales d'un groupe étranger. Mais compte tenu des spécificités culturelles propres à chaque pays, nous ne parlerons ici que de la situation en France.

Chapitre 7

Les grandes tendances observées

Avant de présenter les principales tendances puis de détailler quatre « cas type » en matière de culture client, insistons d'abord sur le fait le plus marquant : l'existence de disparités très importantes entre les organisations – et ce, y compris au sein d'un même secteur !

Nous n'en sommes donc qu'aux prémisses des transformations qui vont nécessairement s'opérer dans les années à venir. Et les disparités actuelles reflètent la maturité de certains mais aussi le retard déjà accumulé par d'autres...

Un niveau de culture client globalement faible

La grande majorité des entreprises ont un niveau de culture client plutôt faible, voire très faible. Les explications sont multiples.

Avant toute chose, **l'histoire de l'entreprise** a pu pousser les dirigeants à prioriser d'autres cultures organisationnelles : orientation « produits » ou encore « process » par exemple. Et quand cette culture a été le principal facteur clé de succès de l'entreprise, il est particulièrement difficile de changer les attitudes et les comportements du type « On a toujours fait comme ça. Pourquoi voulez-vous que l'on change ? ».

De nombreux dirigeants sont également convaincus, dans leur for intérieur, que **chercher à satisfaire les clients est d'abord un coût** que leur entreprise ne peut pas supporter.

D'autres – tout aussi nombreux – se contentent de **« décréter » la nécessité de s'orienter client** plutôt que d'organiser eux-mêmes cette mutation culturelle, et surtout d'en être les principaux acteurs. Ils communiquent beaucoup à ce sujet, cherchent à donner des signaux positifs puis se laissent vite rattraper par leurs contraintes quotidiennes : tout cela se transforme donc vite en *customer washing*, retardant d'autant le processus.

Par manque d'implication dans la problématique et par volonté de « clôturer au plus vite ce projet pour passer au suivant » (sic), on assiste à une vraie **confusion entre expérience client et culture client** : en engageant un travail sur l'amélioration de l'expérience client, les entreprises pensent être au rendez-vous de la transformation culturelle. Quant aux médias, toujours friands de « nouvelles modes managériales », ils ne font que renforcer cette confusion : on change les mots et on recommence[1] ! De ce fait, nombreuses sont les entreprises qui, croyant s'intéresser à la culture client, s'arrêtent en réalité au niveau 1 de l'expérience client : en usant et abusant de la mode du NPS, la course à l'indicateur ayant fini par remplacer l'atteinte de l'objectif (optimiser l'expérience vécue par le client). Autant dire que nous sommes alors bien loin des véritables problématiques de culture client !

La crainte de perte de contrôle d'un certain nombre de managers intermédiaires a pu aussi générer des abus en termes de process. Alors qu'un bon process simplifie la vie d'un collaborateur, beaucoup d'organisations ont mis en place des process de plus en plus lourds et contraignants, empêchant ainsi l'agilité nécessaire pour s'adapter aux clients.

Les silos génèrent également des freins importants pour mener à bien les projets, ou simplement avoir l'envie et l'élan nécessaires pour s'orienter client. Car lorsque, en tant que collaborateur, mon intérêt personnel ou celui de mon silo va contre celui des clients, ma priorité est vite choisie. Et lorsque, en tant que manager, je passe plus de temps à gérer des guerres de territoires qu'à penser client *en collaboration* avec mes homologues des autres silos, plus personne n'a intérêt à se préoccuper de la satisfaction durable des clients... Et malgré des résultats économiques de plus en plus en berne faute de clients satisfaits, cela peut perdurer assez longtemps !

1 Nous assistons ainsi souvent à des séminaires et autres webinars prétendument dédiés à la culture client, alors qu'il ne s'agit que d'une énième représentation de la pièce *Quelles bonnes pratiques en matière d'expérience client ?*

Dans certaines entreprises, les managers pensent sincèrement que leur organisation – donc eux-mêmes en premier lieu – est orientée client. On retrouve ici **la fameuse myopie** mise en avant par Levitt. Pétris de certitudes, la réalité sonnant alors comme un cauchemar, ils préfèrent vite la cacher sous le tapis plutôt que d'affronter les difficultés (« Dans un monde où l'on change de job tous les trois ans, après moi le déluge ! »).

Enfin, certaines (rares) entreprises exercent leur talent sur **des marchés encore peu matures**. De ce fait, elles peuvent se permettre de perpétuer une vision verticale et ne pas être orientées client – tout au moins pour le moment.

Mais à part dans ce dernier cas, les manques flagrants de culture client que nous avons pu observer posent question. En effet, si comme l'ont démontré Kumar et ses collègues (2011), seuls les premiers à s'orienter client bénéficieront d'un effet accélérateur, ces organisations pourront-elles rattraper leur retard sans engager des transformations encore plus drastiques ?

Quelles sont les caractéristiques des entreprises orientées client ?

On peut en effet se demander si une caractéristique particulière de l'entreprise (B to B *vs* B to C, grands groupes *vs* PME, etc.) pourrait générer un meilleur ou un moins bon niveau d'orientation client. On nous a souvent affirmé, par exemple, que les entreprises travaillant en B to B seraient moins orientées client que les autres, ce qui n'est pas le cas au vu de nos résultats. Quelques caractéristiques semblent pourtant différencier les entreprises en matière d'orientation client[2].

La taille de l'entreprise (et donc le chiffre d'affaires) semble avoir un impact important en termes de culture client de l'organisation : plus l'entreprise est grande, moins le niveau d'orientation

2 Pour simplifier le propos, nous ne restituons ici que des résultats simples. Mais pour obtenir une vision plus réaliste, il convient d'analyser la combinaison de ces différentes caractéristiques (ex. : taille, présence d'investisseurs majoritaires, etc.).

client est important – toujours en moyenne. Ce constat est assez intuitif : dans les entreprises de grande taille, la probabilité d'apparition de silos mais aussi de process plus contraignants est mécaniquement plus importante. Et comme le montre le titre malicieux du livre écrit par le dirigeant ayant tenté de transformer IBM (*Who Says Elephants Can't Dance ?*[3]), il est sans doute plus long et plus difficile « d'emmener tout le monde » dans un grand groupe que dans une PME. Dirigeants, lorsque votre entreprise grandit, surveillez votre degré d'orientation client... ! Et cela est encore plus vrai lors d'une croissance externe.

De la même façon, et à taille d'entreprise équivalente, le niveau de culture client de l'organisation semble lié au **nombre d'implantations de l'entreprise** (monosite, multisites, entreprise à réseau) : dans une entreprise monosite, la culture client est ainsi plus facile à disséminer et à faire vivre au quotidien dans les différents services. *A contrario*, les résultats du COS® Company montrent souvent de fortes disparités entre agences, boutiques ou magasins d'une même entreprise à réseau (banques, GSS, etc.) : les entreprises « dispersées » (réseaux, etc.) doivent ainsi être particulièrement attentives à ce qu'une même culture d'entreprise soit bien partagée dans tous les sites. Il s'agit donc ici moins d'une moyenne que d'un écart-type, c'est-à-dire de réduire d'éventuelles disparités au sein d'une même entreprise. Disparités qu'il convient impérativement de repérer pour pouvoir ensuite agir « localement » et de façon ciblée – plutôt que de chercher à améliorer « le niveau moyen d'orientation client » de l'entreprise...

Le degré d'orientation client d'une organisation varie aussi en fonction de **l'âge de l'entreprise** : celles créées il y a moins de dix ans sont clairement plus orientées client que les autres. Toutefois, arrivant sur des marchés déjà plutôt matures, il est normal qu'elles soient plus orientées client. Et, pour certaines, ce bon niveau d'orientation client constitue même leur avantage concurrentiel majeur : à l'instar de la célèbre phrase de Jeff Bezos, ces entreprises semblent dire « vos marges sont mes opportunités ». Deux éléments marquants à ce sujet :

3 Lou Gerstner.

ces entreprises récentes et plus orientées client ont une impulsion stratégique et surtout une autonomie et une responsabilisation des équipes bien supérieures. Ainsi, les acteurs historiques d'un secteur, en s'orientant client, limiteraient très fortement la probabilité de « se faire Uberiser » par de nouveaux entrants.

Les disparités sont fortes **selon les secteurs**. Évidemment, les secteurs les plus matures où les entreprises ont dû, de gré ou de force, (commencer à) s'orienter client ont des moyennes plus élevées. Mais ces niveaux moyens cachent souvent de fortes disparités au sein d'un même secteur. La question est donc simple : et nous, où en sommes-nous par rapport à nos concurrents ?

La présence d'investisseurs dans l'actionnariat de l'entreprise semble aussi liée à un plus faible niveau d'orientation client. Détail intéressant : selon que ces investisseurs sont minoritaires ou majoritaires au capital, les résultats divergent... On retrouve ici, mais de façon moins forte qu'attendue, l'impact négatif de la pression des résultats à court terme.

Les entreprises dont **le dirigeant n'a pas changé depuis au moins dix ans** sont, en moyenne, 25 % plus orientées client que celle dont le dirigeant a changé une ou plusieurs fois dans la même période. Ce résultat confirme toute l'importance de la dimension « impulsion stratégique » dans la réussite de la transformation.

Si le niveau moyen d'orientation client d'une organisation (mesuré ici par le COS® Organization) varie en fonction des caractéristiques évoquées ci-dessus, **qu'en est-il du niveau moyen d'orientation client des collaborateurs**, et ce à la fois en S1 et en S2 (*cf.* Chapitre 6) ? Par exemple, les femmes sont-elles plus orientées client que les hommes, comme on le suppose souvent à partir de nos préjugés ? Les jeunes le sont-ils plus que les seniors ? Etc. Cette question, bien que fondamentale pour mieux cibler les actions destinées à améliorer la culture client d'une entreprise, dépasse malheureusement le scope de cet ouvrage et fera donc l'objet de publications ultérieures. Néanmoins, deux points doivent d'ores et déjà être soulignés.

Plus les collaborateurs ont des responsabilités, moins ils sont orientés client

Ce fut pour nous une réelle surprise de voir à quel point la relation est forte entre le niveau de responsabilité et le niveau de culture client individuel. Mais sur un échantillon de près de 50 000 collaborateurs, l'erreur n'est plus possible. Il s'agit donc d'un constat majeur, même si nous avons évidemment rencontré des exceptions.

En découvrant ce résultat pour sa propre entreprise, le DRH d'un grand groupe nous confia l'analyse suivante :

- le processus de recrutement et de promotion des cadres et des top managers est basé sur des compétences et savoir-être qui n'ont rien à voir avec l'obsession client. En effet, les personnes qui sont traditionnellement valorisées dans les entreprises sont celles qui ont démontré des qualités de gestionnaire, de commercial, de management de projet, et souvent de financier ;
- les processus de promotion sont fondés sur des résultats à court terme, les collaborateurs les plus brillants ne restant que quelques années à chaque poste. De ce fait, le goût et le sens du client sont le plus souvent absents du processus d'évaluation des cadres, ne motivant donc personne à l'être ou à le devenir, et induisant aussi un management moins orienté client que les collaborateurs de base.

IMPORTANT

La transformation culturelle passe donc impérativement par la modification des processus de recrutement et de promotion, avec un double effet : l'amélioration de la culture client du management, mais aussi la transmission d'un signal fort aux collaborateurs (je dois être orienté client).

Des collaborateurs au contact des clients qui sont en souffrance

Souvent, nous avons pu mesurer que les équipes de terrain et/ou au plus près des clients sont à la fois les plus critiques vis-à-vis de la culture client de leur organisation (elles sont souvent bien placées pour voir les contradictions entre les intentions et la réalité...), et en même temps les plus orientées client au niveau individuel. L'un va en effet bien avec l'autre ! En conséquence, ces équipes sont souvent malheureuses. Car comment bien vivre dans une entreprise peu adaptée aux besoins des clients si l'on est soi-même préoccupé par la satisfaction client ?

Nous constatons clairement, à la fois dans les chiffres et dans les verbatims, que le désengagement des collaborateurs vis-à-vis de leur entreprise vient souvent de cette opposition entre orientation client individuelle et manque d'orientation client perçue de l'organisation. Pour autant, nous ne pouvons pas faire une généralité de ce phénomène. Il existe en effet un certain nombre d'entreprises avec des équipes au contact des clients très peu orientées client, qui ont historiquement fonctionné sur des logiques commerciales basées sur le rapport de force (souvent des organisations en B to B – BTP ou industrie pharmaceutique par exemple). Mais les populations les plus jeunes sortent de plus en plus de cette logique, ce qui se retrouve dans les scores de COS® Employees qui décroissent avec l'âge et l'ancienneté dans l'entreprise.

Les quatre grandes catégories d'entreprises

À partir de notre base de données de près de 140 organisations, nous avons tenté d'établir une typologie d'entreprises en matière de culture client : qu'est-ce qui caractérise les entreprises les plus avancées et celles les plus en retard ? Cette typologie a fait l'objet d'une publication sur le site de la *Harvard Business Review France* en septembre 2018[4]. Nous en reprenons ici les principaux résultats en les actualisant.

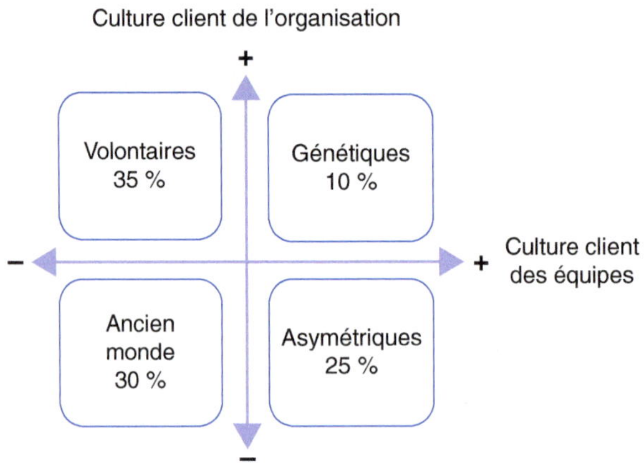

FIGURE 7.1 Les 4 profils d'entreprises

Groupe 1 : les « génétiques » (10 % des entreprises)

Ces entreprises sont littéralement « tombées dans l'orientation client quand elles étaient petites » : elles ont des scores qui dépassent largement le standard dans toutes les dimensions de la culture client. Les équipes bénéficient généralement d'une grande confiance et d'une forte autonomie de la part du management. Elles se sentent donc responsables de la satisfaction client.

Plus qu'ailleurs, on retrouve ici des PME prestataires de services intellectuels mais aussi des industriels en B to B, entreprises dont le cœur de métier nécessite par nature de la flexibilité. Malgré tout, quelques grandes entreprises en B to C en font aussi partie, dont des leaders mondiaux de la distribution spécialisée.

4 Antonietti G., Ray D., « Culture client : quel genre d'entreprise êtes-vous ? », *HBR France*, septembre 2018 (https://www.hbrfrance.fr/chroniques-experts/2018/09/22299-culture-client-quel-genre-dentreprise-etes-vous/)

Chez les « génétiques », la culture « corporate » est exceptionnelle et dépasse donc les individus. Certaines de ces sociétés ont beau avoir été créées il y a plus de trente ans, cette préoccupation fait toujours partie de leur ADN. D'autres, plus récemment constituées et issues du « nouveau monde », ont justement été créées en réponse au manque de préoccupation client des entreprises de l'« ancien monde » (*cf.* Groupe 2). L'exemple des fintech est à ce titre édifiant.

Chez les « génétiques », on a compris que l'obsession client est le levier absolu d'une réussite commerciale durable. Cette obsession est impulsée à un niveau stratégique (décision d'investissement, de positionnement stratégique...) comme à un niveau managérial quotidien.

Ce qui les caractérise :

- La direction générale est plus stable qu'ailleurs.
- On y favorise la prise de risque et la prise d'initiative individuelle.
- Priorité est donnée à l'innovation « orientée client ».

Les dangers :

- Croire, du haut de son bureau tout en haut de la tour, que la culture client originelle créée à l'époque va « naturellement » continuer d'exister.
- Minimiser les changements culturels en cours, notamment lors de rachats et/ou de fusion-acquisition.

Groupe 2 : l'« ancien monde » (30 % des entreprises)

Le niveau de culture client des entreprises de l'ancien monde est particulièrement faible. Il s'agit souvent de grandes entreprises (plus de 5 000 collaborateurs) qui comptent un très grand nombre de clients et qui ont généralement une forte culture « produit ». Quasiment toutes créées avant les années quatre-vingt-dix, ces entreprises de l'ancien monde sont issues d'une époque (offre < demande) où les marques pouvaient être arrogantes.

Nos résultats montrent que ce n'est pas tant la culture client individuelle des collaborateurs qui pêche, mais bel et bien le manque de préoccupation client des dirigeants, et donc de l'organisation. En conséquence, les collaborateurs travaillant dans ces entreprises se déclarent aussi moins satisfaits de leur travail. On constate des tentatives de recentrage client, mais elles sont souvent menées par un individu ou un collectif restreint. Et malheureusement :

- Ces tentatives sont condamnées aux oubliettes dès le départ du (ou des) collaborateur(s) concerné(s).
- Elles ont souvent, au final, des effets délétères sur les équipes qui sont lassées de voir un énième manager essayer de les persuader de s'engager dans une démarche qu'elles ont déjà vécue de nombreuses fois, en vain.

Groupe 3 : les « asymétriques » (25 % des entreprises)

Plus qu'ailleurs, on retrouve dans ce groupe des sociétés en B to B composées d'équipes sur le terrain, souvent en région. Ces équipes sont expertes dans leur métier et gèrent un portefeuille client ou un territoire, le tout avec une grande autonomie locale. Ces équipes sont réellement orientées client : l'autonomie qui leur est donnée leur permet de réagir rapidement et de traiter les réclamations. Elles cherchent aussi à créer un relationnel fort avec leurs clients.

En revanche, les collaborateurs du siège (et en particulier les managers) sont beaucoup moins orientés client. Ils constituent donc un frein important à une véritable culture client : mise en place de process de plus en plus lourds et parfois contradictoires, contrôle de plus en plus important, décisions peu orientées client qui démotivent les collaborateurs. Tout cela mène généralement à ce qu'un certain nombre de « barons » locaux contournent les directives du siège pour agir en faveur des clients.

Nous sommes ici en présence d'entreprises « à deux vitesses », condamnées à avancer au rythme des plus lents, et démotivant une grande partie des collaborateurs : plus ils restent, plus leur orientation client individuelle faiblit.

Groupe 4 : les « volontaires » (35 % des entreprises)

Ces entreprises, les plus nombreuses (35 %), ont pris conscience de la nécessité et de l'urgence de se recentrer client et sont en train de le faire – plus ou moins volontairement selon les cas.

La direction est motrice et affiche clairement le cap ainsi que la stratégie pour y parvenir. Elle communique à ce sujet et des indicateurs clients sont mis en place et réellement suivis (sans *customer washing*). Pour autant, ces entreprises ont longtemps été peu orientées client (orientation « vente » ou « production »), et les jeux politiques internes restent forts. De ce fait, le management intermédiaire est peu orienté client et « bloque » donc sa diffusion auprès des collaborateurs. La direction est donc souvent seule à pousser les projets dans un environnement peu favorable. On retrouve ici l'affirmation de Drucker *"Culture eats strategy at breakfast"* : malgré une forte motivation des dirigeants et une stratégie claire à ce sujet, la culture historique de l'entreprise ralentit les changements.

Comme nous le confiait le directeur général d'une grande banque, pour inscrire la préoccupation client à tous les niveaux de ce type d'organisation, il faut accepter de mettre le management intermédiaire en zone d'inconfort – au moins durant la période de transition.

Au total, on constate que 90 % des entreprises analysées ne semblent pas « génétiquement orientées client ». Et donc ne parler que d'entreprises exceptionnelles où l'orientation client est un basique finit par décourager la plupart des auditoires plutôt que de les motiver ! En effet, même si le discours les fait rêver, ils ne peuvent s'empêcher de penser que, puisque leur entreprise ne correspond pas à ce modèle, la partie est perdue d'avance.

Il convient au contraire de mettre en lumière les 60 % de l'échantillon qui sont en mouvement, même si elles partent de plus loin. Et avec, pour certaines, de belles réussites !

Chapitre 8

Les huit commandements de l'orientation client

Après avoir fait un tour d'horizon des enjeux liés à la culture client (pourquoi doit-on s'orienter client ?), identifié les leviers pour la travailler (qu'est-ce qu'une véritable culture client ? sur quoi agir ?) et présenté une photographie de la situation des entreprises françaises (où en sommes-nous ?), nous proposons ici huit conseils de base aux managers qui souhaitent engager la transformation culturelle de leur organisation – évitant ainsi des années de *customer washing*.

Évidemment, lister « les cinq recettes à connaître pour réussir à tous les coups sa transformation », aurait sûrement fait plaisir à votre Système 1. Pensez donc, il suffirait « d'appliquer la recette » pour réussir ! Simple, carré et rassurant : tout ce qu'adore notre S1... Mais votre Système 2 le sait : face à des problèmes complexes, si les recettes simples et définitives peuvent paraître séduisantes, elles sont aussi systématiquement décevantes : si c'était simple, tout le monde l'aurait déjà mis en œuvre !

Voilà pourquoi nous préférons nous cantonner à suggérer **huit conseils transversaux qui correspondent au minimum requis pour se donner de vraies chances de réussir cette transformation**, et cela, quelle que soit la situation de l'entreprise. Après dix ans de travaux sur cette question, ces huit commandements résonnent pour nous comme une évidence. Bien entendu, cette transformation culturelle ne se limite pas à ces huit points. Il s'agit juste de basiques qui constituent une sorte de « package de départ », un peu comme les roues, le moteur et les freins d'une voiture (l'ordre de présentation ne correspond à aucune hiérarchie entre eux) :

1. Des discours aux actes : travailler son exemplarité de dirigeant / manager.
2. La culture client concerne tous les collaborateurs, y compris ceux des fonctions supports.

3. Travailler le lien entre la performance économique, la culture client et la satisfaction client.
4. Mettre de la tension client (et pas de la pression) au sein des équipes.
5. Faire de la gestion des réclamations un projet motivant pour ses équipes.
6. Engager une revue de ses process.
7. Autoriser et encourager ses équipes à agir avec « du bon sens client ».
8. Provoquer des éruptions de culture client.

Le lecteur peut considérer que ne pas cocher l'un de ces commandements risque de le mener, à court ou moyen terme, à de grandes difficultés. Mais si parvenir à les cocher tous ne lui garantit pas automatiquement la réussite, cela met son organisation dans de très bonnes dispositions.

Des discours aux actes : travailler son exemplarité de dirigeant / manager

Nous l'avons vu tout au long de cet ouvrage : l'indispensable impulsion stratégique commence par l'exemplarité managériale, surtout dans les entreprises dont la culture client « corporate » (c'est-à-dire historique) n'est pas très développée.

En effet, les managers estiment souvent avoir fait le nécessaire en communiquant sur l'évidence de satisfaire les clients. Comme si ce n'était pas de leur responsabilité mais de celle de leurs collaborateurs... Beaucoup de managers, et plus encore de dirigeants, se contentent ainsi de décréter que leur entreprise va dorénavant mieux prendre en compte l'intérêt des clients et se focaliser sur leur satisfaction. Malheureusement, l'orientation client ne se décrète pas. Comme la confiance, elle se construit au quotidien par des preuves tangibles.

Observez les entreprises les plus orientées client : les managers de proximité et les dirigeants font **preuve d'exemplarité en alignant leurs comportements avec leurs discours**. Or certains dirigeants et autres managers croient que leurs incohérences et autres « petits arrangements » entre discours et comportements ne se voient pas. C'est totalement faux ! Allez à la machine à café et écoutez les conversations, vous verrez que personne n'est dupe : les salariés sont pourvus d'un excellent « radar à incohérence »... Or tout en haut de la pyramide de la démotivation et du désengagement, règne en maître le « faites ce que je dis mais pas ce que je fais ». Il convient donc que les managers, quel que soit leur niveau hiérarchique, soient particulièrement vigilants sur leur propre alignement personnel. Mais aussi que, quand « ils se font prendre la main dans le sac » à parler client mais à ne pas agir en leur faveur, ils prennent conscience de leurs propres limites, fassent amende honorable et montrent aux collaborateurs qu'eux aussi peuvent changer de façon durable. De notre expérience, ce « moment de vérité », s'il est authentique, constitue l'un des signaux les plus puissants et les plus crédibles de l'impulsion stratégique.

Ainsi, un dirigeant / un manager peut-il être exemplaire en appliquant certains principes :

- *Prendre des décisions qui ne vont pas uniquement dans le sens de l'intérêt à court terme de l'entreprise, ou faire preuve de courage managérial*

Exemple

Lors d'une convention de managers, le dirigeant fondateur d'une grande enseigne de distribution a éclairé de façon spectaculaire l'alignement entre les ambitions client et les décisions prises par les dirigeants.

Tous les cadres de l'entreprise étaient réunis dans l'auditorium. Ce dirigeant a pris la parole pour féliciter les équipes et annoncer à l'assistance que l'entreprise « gagnait trop d'argent » (sic). Que la vocation de l'enseigne conférait aux équipes un devoir d'utiliser ce « trop-perçu » pour accélérer la baisse des prix de plusieurs centaines de produits sur l'année à venir. Pourtant, toutes les études montraient que l'élasticité-prix des produits « entrée de gamme » ne permettrait pas d'augmenter significativement les ventes en baissant les prix de 10 ou 20 %. Mais pour le fondateur, la mission client de l'enseigne l'emportait sur ces considérations.

- *S'impliquer personnellement et se connecter soi-même directement avec les clients*

Certains managers pensent que ce n'est pas leur travail d'être face aux clients ou encore de s'impliquer pour aider une équipe en difficulté face aux clients. Ils se trompent. À ce titre, être exemplaire peut se traduire de différentes manières :

- Un collaborateur n'arrive pas à gérer une situation difficile avec un client ? Dans certains cas, il est bon que son manager s'occupe directement du client et gère le problème. Cela permet de faire passer les bons messages aux équipes : notre manager sait « mettre les mains dans le cambouis » lorsqu'il le faut. Il est crédible car il sait ce que l'on vit ;
- Par ses décisions, le manager ou le dirigeant peut soutenir les équipes au contact des clients, quand cela est nécessaire. Par exemple, si les équipes sur le terrain rencontrent des difficultés pour s'occuper des clients, une décision du manager peut améliorer les conditions de l'interaction client... même si celle-ci ne va pas immédiatement dans le sens de l'entreprise (à court terme) ;
- Le manager peut s'impliquer clairement et personnellement dans les indicateurs de performance client (études de satisfaction, visites mystères, niveau de fidélité...). Parce que non, ces indicateurs ne servent pas à contrôler les collaborateurs (vision « sanction »), mais à mesurer la distance entre la situation actuelle et l'objectif visé afin de pouvoir réagir ;
- Tout manager, y compris en back-office ou au comité de direction, peut (doit ?) personnellement s'occuper d'une ou plusieurs réclamations (de A à Z) afin de rester connecté à la réalité clients.
- De façon plus générale, un manager exemplaire prend ses décisions en montrant aux équipes, preuves à l'appui, que l'intérêt des clients a bien été pris en compte.

Exemples

- Dans le secteur automobile, une réunion se tenait en présence d'un client afin de trouver une solution commune à un problème technique, problème qui avait généré de fortes tensions entre le client et l'entreprise. Ce jour-là, le dirigeant n'a jamais voulu rencontrer le client concerné, bien que ce dernier ait apporté un cadeau afin d'assouplir les relations. Le client n'en a certes rien su, croyant le directeur « malheureusement absent ». Mais le signal envoyé à tous les collaborateurs par le comportement de leur patron a été dommageable. Cette histoire a évidemment fait le tour de l'entreprise en quelques heures, et a marqué les esprits au point que celle-ci est encore racontée des années plus tard, y compris par des collaborateurs récemment entrés dans l'entreprise... Dans ces conditions, comment ce patron peut-il être crédible lorsqu'il demande à ses collaborateurs de « penser client » ?

- À l'inverse, lorsqu'un patron de *fast food*, en visite dans l'un de ses restaurants, voit une grosse tache de sauce par terre, et qu'il va chercher une serpillière pour nettoyer lui-même la tache, si vous travaillez comme équipier, vous vous dites que vous allez sûrement en prendre pour votre grade, mais qu'il aura raison – et il sait de quoi il parle – ; que s'il le fait malgré son statut, alors vous devez faire au moins aussi bien que lui ; que s'il préfère le faire lui-même en urgence, c'est qu'il juge que la chose est importante ; que votre métier (veiller à la propreté de la salle) qui pouvait paraître « bas de gamme » et sans enjeu fait maintenant beaucoup plus sens car, au même titre que ceux qui sont derrière le comptoir, ce que vous faites participe vraiment à la satisfaction des clients ; que voir son grand patron passer la serpillière est une histoire extraordinaire à raconter aux collègues !

Toute culture se développe et s'entretient aussi par des « petites histoires », des mythes ou encore des rites. Il appartient aux managers, par leurs comportements, de créer et de perpétuer ceux-ci.

La culture client concerne tous les collaborateurs, y compris ceux des fonctions supports

Certains auront tendance à penser que la culture client est plus importante pour les fonctions au contact des clients que pour les fonctions supports. Comme expliqué plus haut, les fonctions dites « front-office » ont besoin des fonctions supports pour pouvoir faire leur métier – et donc satisfaire leurs clients. Mais sans doute ont-elles d'abord besoin que ces dernières ne leur rendent pas les choses encore plus difficiles... : un « beau » logiciel CRM, mais long et difficile à remplir, qui ralentit l'interaction client (DSI), un stagiaire embauché trop tard et qui n'est pas là pour la période des fêtes (RH), des locaux mal nettoyés (services généraux), la taille du périmètre à inspecter avant l'heure de fermeture « légale » qui sert d'excuse pour mettre les gens dehors 15 minutes avant l'horaire annoncé (sécurité), etc. Si ces fonctions supports ne partagent pas la même préoccupation client, des tensions viendront inéluctablement perturber le bon fonctionnement de l'entreprise, et *in fine* son efficacité client.

Il ne doit donc surtout pas y avoir de culture à deux vitesses au sein de l'entreprise, avec ceux qui devraient être orientés client – parce qu'à leur contact –, et les autres ayant d'autres priorités liées à leur métier. Ne minimisez donc jamais l'importance d'intégrer les équipes « back-office » dans votre transformation culturelle !

Exemple

Chez un leader de l'industrie pharmaceutique, un process automatique bloque les livraisons des clients (pharmacies) en retard de paiement – même pour quelques centimes. Les visiteurs médicaux ont donc demandé à être informés de ces situations pour pouvoir anticiper l'incident avec le client, et éviter de bloquer les livraisons pour des retards d'un montant ridiculement bas. Les managers intermédiaires ont aussi fait remonter ce besoin à l'administration des ventes rattachée à la direction financière. Malheureusement, ce département est composé de collaborateurs convaincus que les clients ne sont pas prioritaires (notamment pour des raisons liées à leur management). Cette demande de changement de process est donc passée en bas de la pile, et six mois après cette demande, le changement n'avait toujours pas eu lieu, créant évidemment une insatisfaction de plus en plus forte chez les clients.

Il est ainsi primordial que **tous les collaborateurs** aient envie (le plus naturellement possible) de participer, à leur manière et à leur niveau, à la performance client de leur entreprise. Imaginez un service logistique, une direction financière, une direction des ressources humaines totalement convaincus que leur mission réside aussi dans la recherche de l'optimisation de la satisfaction client, et qui, de ce fait, apportent une vraie aide aux collaborateurs du front-office en optimisant les process et en simplifiant leurs tâches... pour mieux satisfaire les clients.

Comment réussir cette transformation ? En premier lieu, répétons-le, tous les collaborateurs de l'entreprise doivent impérativement être impliqués dans chacune des étapes du projet de culture client. Et comme vous le constaterez dans la plupart des cas :

- les fonctions supports seront sûrement étonnées d'être prises en compte,
- contrairement à ce que l'on croit, elles seront généralement heureuses de l'être,
- elles vous étonneront certainement par la pertinence de leurs propositions,
- des choses impossibles jusqu'alors pourraient bien arriver, rien que parce que front- et back-offices travailleront pour une fois main dans la main vers un même objectif qui a du sens pour eux, plutôt que de se rejeter la faute et les problèmes.

À RETENIR

Nous le constatons à chaque fois : parler « client » constitue un ciment puissant pour rassembler les collaborateurs autour d'objectifs communs ! Ainsi nous paraît-il fondamental, chronologiquement :

- De communiquer sur le pourquoi tout le monde est concerné, exemples et preuves à l'appui ;
- Que tous les collaborateurs participent au diagnostic, et pas seulement « un échantillon représentatif » ou – pire encore – uniquement le front-office. Nous avons longtemps sous-estimé ce point : au fond, l'important est moins le diagnostic lui-même que le fait qu'il permette d'embarquer tous les collaborateurs ! ;

- Que les résultats du diagnostic soient partagés auprès de tous, et qu'ils soient suffisamment précis pour concerner ceux qui les écoutent (« on parle bien de moi. Cela me concerne directement ») ;
- Que les plans d'actions au niveau local (tel service, telle boutique, telle BU, etc.) soient proposés par le local – dans le cadre, bien sûr, des grandes directives prioritaires données par la direction générale. En effet, personne ne connait mieux que les équipes de terrain quels sont les chausse-trappes et les écueils qui « empêchent » la culture client dans leur quotidien ;
- Que les collaborateurs du back-office soient, eux aussi, directement concernés par les KPI client : en matière de satisfaction, c'est toute l'entreprise qui réussit ou qui échoue, et pas seulement les collaborateurs au contact des clients ;
- Qu'il devienne une habitude, pour la direction générale, de mettre en avant les bonnes pratiques et les avancées en matière de culture client, en n'oubliant jamais d'indiquer précisément le rôle des collaborateurs qui ne sont pas directement au contact du client.

Mais parvenir à modifier la culture des services centraux est probablement l'une des choses les plus compliquées dans la culture client. En effet, lorsqu'on est physiquement près du siège et loin des clients, on est proche des sphères de pouvoir, là où les choses se décident. Or la force centripète est l'une des plus fortes dans l'entreprise : tout nous recentre inéluctablement sur nos problèmes à nous, nos guerres de territoire, nos silos, nos KPI, nos projets internes. Et le client devient alors un empêcheur de tourner en rond, non plus celui qui nous fait vivre (répétons-le !)...

EXEMPLE

Une DRH d'un grand groupe nous confiait qu'à l'occasion d'un programme destiné à faire émerger des propositions en matière d'amélioration de la culture client, les discussions avaient « naturellement » dérivé vers des idées visant plutôt à améliorer les conditions de travail... pour le confort personnel des collaborateurs et sans aucune conséquence sur la satisfaction client.

Il faut donc réussir à faire sortir les fonctions supports de cette posture et donner une vraie place à la réalité vécue par les clients. Facile à dire mais très compliqué à réaliser parce que le serpent se mord la queue : en effet, ce sont ceux qui ont le pouvoir qui sont censés renverser la logique pyramidale qui domine dans les prises de décisions...

Pour rendre les fonctions supports – et de façon plus générale, tous les collaborateurs de l'entreprise – engagés dans les problématiques client, nous sommes assez séduits par la philosophie de l'approche proposée par Vineet Nayar[1], qui nous semble dotée d'une réelle puissance transformationnelle. Après avoir identifié où étaient les zones à création de valeur en interrogeant des clients, il s'est aperçu que ce n'étaient pas les solutions technologiques qui faisaient la différence (ses concurrents ayant des outils similaires) mais les équipes techniques et commerciales au contact des clients. Puis il s'est rendu compte que son entreprise n'était pas organisée pour servir et aider les collaborateurs qui étaient dans ces zones de création de valeur. Pour modifier cela, il mit – entre autres – en place une plateforme interne permettant à chaque collaborateur en zone de création de valeur « d'ouvrir des tickets » auprès des fonctions supports pour résoudre des problèmes, des irritants, apporter des optimisations ou mener des projets qui amélioreront leur travail auprès des clients.

Mais cette inversion de la pyramide (devenir au service des employés qui sont en zone de création de valeur pour les clients) passe nécessairement par la construction d'un fort climat de confiance en interne.

Au total, et quelle que soit la méthode, embarquer tous les collaborateurs constitue un basique incontournable d'un recentrage client.

....

1 *Les Employés d'abord, les clients ensuite, comment renverser les règles du management*, Les éditions Diateino, 2019. Notons que ce titre a malheureusement créé une confusion entre ce que propose réellement l'auteur (optimisation des zones de création de valeur, qui nécessite de se centrer d'abord sur les salariés) et une recherche du « bonheur des collaborateurs », avec ses limites et ses nombreuses dérives.

Travailler le lien entre la performance économique, la culture client et la satisfaction client

Notre expérience nous montre que le travail sur la culture client ne peut pas s'exonérer d'un travail sur ses liens avec la performance économique. Pour convaincre les équipes, les managers et les actionnaires, il faut un projet qui vise à servir les clients de façon plus satisfaisante, mais d'abord en démontrer l'intérêt business pour l'entreprise[2]. Pour cela, nous renvoyons le lecteur au chapitre 3, dédié à cette problématique, et qui détaille un certain nombre de résultats d'études scientifiques à ce sujet. Résultats que le lecteur pourra d'ailleurs utiliser pour convaincre – mais aussi pour calculer ce type de liens dans sa propre entreprise.

À ce titre, insérer ce que nous avons appelé « Question COS® »[3] dans ses baromètres de satisfaction (question qui mesure le « degré d'orientation client de l'entreprise, tel que perçu par les clients ») constitue un maillon indispensable à une bonne compréhension des liens entre orientation client et performance (*cf.* Figure 8.1). En effet, c'est bien le fait que les clients perçoivent, « ressentent » (Système 1), l'orientation client de l'organisation (normes, process, etc.) mais aussi celle des collaborateurs, qui va générer une meilleure satisfaction globale, et donc de la rentabilité (*Experience-Profit Chain*).

....

2 Volontairement, nous n'abordons pas ici les autres parties prenantes (salariés, fournisseurs, mais aussi la société dans son ensemble, y compris son caractère durable – *cf.* écologie). Comme évoqué dès le début de l'ouvrage, nous avons tout à fait conscience de l'étroitesse de cette perspective, en n'évoquant ici « que » la culture client. Pour autant, être capable de s'orienter client constitue les prémisses mais aussi un excellent présage d'une capacité de l'entreprise à s'adapter aux nouvelles règles du jeu de son écosystème.

3 Pour plus de détails, on se référera à l'encadré « La Question COS® : l'indicateur ultime d'une véritable orientation client », p. 118.

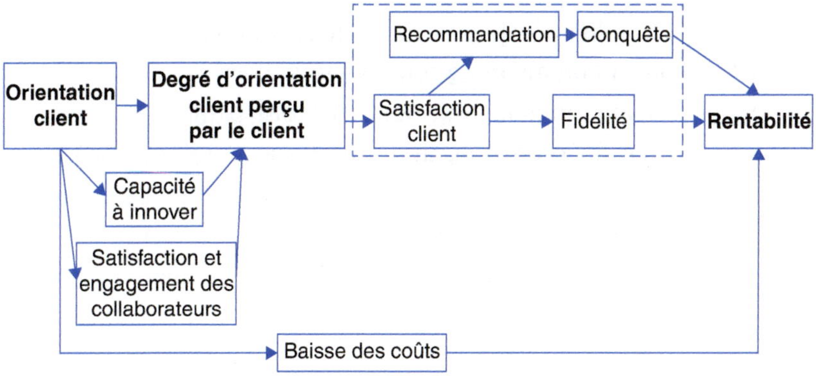

FIGURE 8.1 Rentabilité de l'orientation client : les liens entre orientation client, satisfaction client et rentabilité

Ces preuves de performance économique permettront de balayer la plupart des arguments du camp des « contre », c'est-à-dire de ceux qui pensent que les clients en demandent toujours plus et que l'entreprise ne peut pas tout faire pour ses clients. Ces arguments sont d'ailleurs souvent utilisés par ceux qui confondent « culture client » et « client roi ». Et nous avons vu plus haut combien cette confusion doit impérativement être éradiquée : non, s'orienter client ne veut pas dire considérer nos clients comme des rois !

Il est ainsi nécessaire de rappeler qu'être orienté client ne signifie pas être à la botte du client. Nous avons en effet montré plus haut que la finalité de la culture client consiste à rendre l'entreprise plus profitable, même si c'est au prix de se séparer des clients qui ne seraient pas dignes (incivilités, non-respect des valeurs portées par l'entreprise, etc.), ou tout simplement des clients qui n'apportent rien à l'organisation, voire lui coûtent (*Customer Lifetime Value*). Ainsi, une entreprise orientée client doit aussi savoir renoncer à certains clients lorsque cela renvoie à une stratégie assumée.

Exemple

En 2017, Amazon décida de fermer les comptes des clients qui profitaient exagérément de la facilité offerte par le service Amazon de renvoyer gratuitement les produits. Certains clients avaient en effet été identifiés comme étant des « multirécidivistes » du renvoi gratuit, en se faisant livrer très souvent des

produits « pour essayer » comme s'ils étaient dans une cabine d'essayage. Une fois leurs essais effectués, ils renvoyaient tous les produits qu'ils ne voulaient pas. Cette utilisation déviante du service coûtait cher à Amazon au point que, pour conserver la promesse de garder ce service gratuit pour tout le monde, ils ont décidé de supprimer le compte de ceux qui en abusaient.
Amazon est pourtant réputée comme étant une entreprise particulièrement orientée client.

Il est normal que les organisations assument de perdre des clients si c'est pour poursuivre une stratégie, ou encore qu'elles « fassent le ménage » auprès des clients qui ne sont pas suffisamment alignés avec leurs valeurs et leur positionnement, ou – pire encore – pas respectueux des équipes.

Cela peut renforcer la culture client d'assumer de perdre des clients dans la mesure où, en creux, cela incite à prendre encore plus soin de « ses clients ».

Exemple

Les clients d'un hypermarché réclamaient l'installation d'un toit au-dessus du parking de manière à être protégés de la pluie. Bien entendu, les investissements étaient tels que le directeur ne pouvait pas se permettre une telle dépense. Malgré tout, il eut un jour l'idée de réaliser cette infrastructure en couvrant la toiture de panneaux solaires, prenant ainsi en charge la totalité des besoins en électricité du magasin.
Voilà une simple initiative qui améliora significativement la satisfaction client tout en étant bénéfique pour l'entreprise. Le message renvoyé aux équipes était très fort : nous sommes capables de nous adapter aux besoins des clients tout en servant les intérêts de notre entreprise.

À des fins pédagogiques, voici une figure toute simple (« matrice GUAN ») que nous utilisons régulièrement dans nos missions lorsqu'il s'agit de décider des priorités d'actions ou des projets prioritaires à activer.

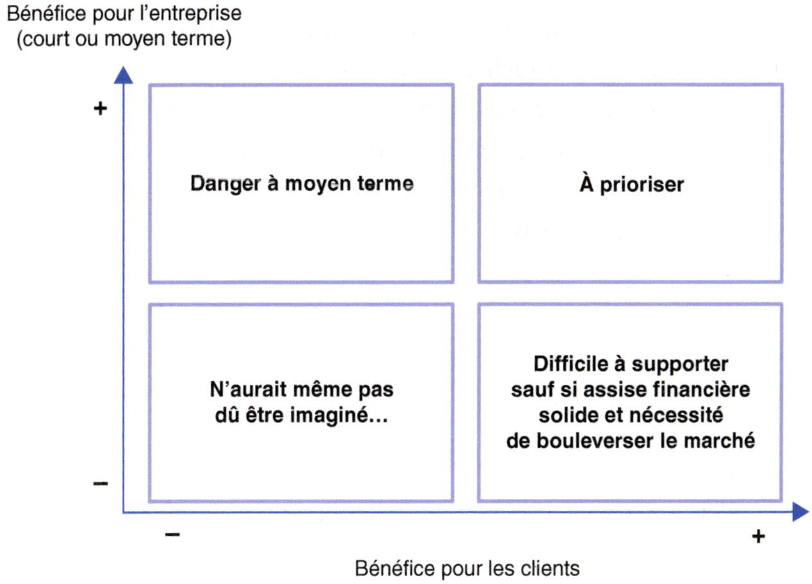

FIGURE 8.2 Prioriser les projets dans une entreprise orientée client : la matrice GUAN

Cette approche permet de prendre en compte les intérêts de l'entreprise au même titre que ceux des clients – et cela, en plus des conséquences positives ultérieures pour l'entreprise, liées à la satisfaction client.

Mettre de la tension client (non de la pression client) au sein des équipes

En théorie, le développement des enquêtes de type NPS devrait permettre de (re)connecter l'entreprise à ses clients – à condition que ces enquêtes (et surtout leur multiplication) ne finissent pas par détruire elles-mêmes l'expérience client… Malheureusement ces enquêtes visent généralement moins l'écoute et la compréhension des clients que l'évaluation de la performance des équipes au contact des clients, pour leur donner des objectifs et leur mettre une forme de pression. En effet, la satisfaction client devenant un axe prioritaire, les dirigeants ont souvent opté pour un raccourci : comme il faut satisfaire les clients, les équipes doivent mieux s'occuper d'eux ; on va donc interroger les clients pour savoir s'ils en sont satisfaits ; on verra très vite les collaborateurs qui ne sont pas au rendez-vous.

Ainsi, les mesures de satisfaction client et autres **NPS sont devenus des indicateurs de mise sous pression des collaborateurs**, et en particulier ceux au contact des clients : ce qui devait servir à faire bouger l'organisation et les collaborateurs pour mieux atteindre l'objectif (la satisfaction, la préférence, etc.) finit donc souvent par devenir l'objectif lui-même : « Ton objectif : atteindre un NPS de + 40 ». *Fake* ou pas, c'est l'indicateur qui tient lieu d'objectif... L'entreprise se retrouve alors confrontée à deux problèmes majeurs, qui tuent fatalement le recentrage client :

- *Améliorer l'expérience client ne se limite pas à « la relation client »*

On oublie trop souvent que la relation ne constitue qu'une partie de l'expérience client ! Car dans « tout ce qu'un client fait, ressent, pense et raconte tout au long de ses interactions directes et indirectes avec une entreprise » (Ray et Sabadie, 2016), ce que l'on peut appeler « l'usage » du produit/service, constitue aussi une dimension inaliénable de l'expérience. La satisfaction client ne se limite donc pas aux interactions avec les équipes à leur contact. Et réduire l'un à l'autre – même sémantiquement – est bien souvent une manière de « se décharger » de sa responsabilité en faisant porter ce sujet sur les épaules des équipes au contact client : il y aurait ainsi ceux en responsabilité de la satisfaction client et les autres... Nous en revenons ici au danger évoqué plus haut : « La culture client concerne tous les collaborateurs, y compris ceux des fonctions supports ».

Ainsi, la réduction de l'expérience client à la simple « relation client » crée un double danger : renforcer les silos (KPI différents, etc.) et surtout faire croire au back-office qu'il n'est en rien concerné par la satisfaction client.

- *« Mettre la pression client » aux équipes génère inéluctablement des dérives opposées à l'objectif initial*

Comme nous l'avons vu dans le chapitre 1 (*cf.* « Détournement des indicateurs de performance client »), sous pression client, c'est-à-dire focalisés avant tout sur l'atteinte des niveaux d'indicateurs client désirés, les collaborateurs vont s'arranger pour améliorer leurs indicateurs de performance, quelles qu'en soient les méthodes. Depuis quelques années, nous voyons ainsi fleurir de plus en plus de cas où les équipes s'arrangent pour demander à leurs clients d'être cléments dans leur notation, voire des affiches d'information préparées pour indiquer aux clients que s'ils ne mettent pas 9 ou 10 sur 10 (« Promoters » du NPS), cela veut dire qu'ils sont mécontents... On voit aussi des équipes s'arranger pour effacer les coordonnées d'un client avec lequel la relation s'est mal passée de manière que cette personne ne puisse pas être contactée pour donner son avis. Nous en sommes arrivés à un tel point aujourd'hui que, comme les photos retouchées, c'est l'inverse (notation non manipulée) qui devient rare !

Ainsi, s'orienter client ne doit en aucun cas signifier « ajouter encore plus de pression client » !

S'orienter client signifie au contraire mettre une certaine **« tension client », c'est-à-dire une vraie focalisation** – pas toujours agréable en effet – **sur la satisfaction durable des clients**. Qui dit tension client, dit par exemple :

- revue des process pour vérifier qu'ils soient bien orientés client (voir plus loin) ;
- savoir que si l'on agit (ou qu'on prend une décision) non orienté(e) client, il faudra nécessairement s'en expliquer ;
- être capable d'aider son collègue plutôt que de privilégier son propre travail ;
- être capable de modifier la façon dont on gère ses KPI (voir plus haut), etc.
- que toutes ces façons de se comporter au sein de l'organisation soient valorisées... Nous retrouvons là l'impulsion stratégique.

Côté « connexion client », mettre de la tension client se fait :

- **En élargissant les sources de connaissance client.** Chaque client devrait pouvoir entrer très facilement en contact avec l'entreprise et obtenir une réponse adaptée. Pour cela, il faut créer différents « tuyaux de connexion » client. Sinon, on s'expose au risque de voir ceux-ci s'exprimer sur les réseaux sociaux. N'ayons pas peur d'entendre les clients, offrons-leur la possibilité en un clic ou en un coup de téléphone (ou même un message sur WhatsApp) de rentrer en contact avec l'entreprise. Par ailleurs, assurons-nous que les réponses sont réellement apportées. Cela n'empêchera jamais de réaliser ses propres enquêtes de satisfaction et de regarder de près les avis ou les posts sur les réseaux sociaux. Et l'argument qui consiste à dire que ce n'est pas possible car chronophage n'est pas recevable.

- **En soulignant que l'écoute client est l'affaire de tous dans l'organisation.** Pas le choix que de multiplier les personnes en capacité de répondre aux clients (surtout dans le cas où les retours sont très nombreux).
- **En mettant en place une instance « d'intelligence client »** censée proposer aux différentes strates managériales des plans d'action pour corriger les irritants ou améliorer l'expérience client. Attention, il est illusoire de penser qu'une telle instance peut se limiter à la direction marketing ou à la direction des études. Il faut absolument réunir des fonctions très différentes au sein de cette instance qui doit se réunir régulièrement pour faire le point sur les types de commentaires, remontées client qui méritent une prise de décision corrective (voir le cas de BMS et le « close the Loop présenté plus haut).

Enfin, côté « autonomie et responsabilisation des équipes », mettre de la tension client signifie que chacun se sente personnellement en responsabilité à ce sujet. Pour les managers, c'est accepter de perdre un peu de contrôle en libérant les énergies et « le bon sens client » (voir plus bas) de ses collaborateurs. Et pour les collaborateurs, c'est accepter cette responsabilisation : non, je ne peux plus me cacher derrière les normes et autres process qui me permettaient de ne pas prendre mes responsabilités en invoquant les contraintes et autres empêchements liés à l'organisation ou à mon chef.

Ainsi, même si son objectif est positif, mettre de la tension client suscitera évidemment des craintes et des oppositions car cela obligera chacun à vérifier son alignement avec cet objectif.

En conclusion, il convient impérativement de ne pas confondre « pression client » et « tension client ». La « pression client » incite à intensifier encore plus le contrôle des seuls collaborateurs en charge de la relation client (donc d'une seule des deux dimensions de l'expérience client…) à travers l'atteinte d'indicateurs. Cette pression client a des conséquences négatives à tous les niveaux : *Customer Washing*, trafic des indicateurs pour atteindre le niveau désiré, perte de sens et désengagement des équipes, mais surtout détérioration de la satisfaction réelle des clients (non visible via les indicateurs trafiqués…) – et donc détérioration de la performance économique !

IMPORTANT

La « tension client » (contrairement à la « pression client ») :

- embarque impérativement tous les collaborateurs ;
- recentre à la fois les collaborateurs et l'organisation (normes, process, KPI, etc.) sur la centricité client ;
- ce faisant, réduit aussi les tensions entre silos, améliore la satisfaction au travail et l'engagement des collaborateurs, réduit les coûts, améliore le ROI des politiques d'innovation, et génère de ce fait une meilleure performance économique.

Moralité : toujours bien vérifier que, lorsque l'on cherche à créer de la tension client, on ne crée pas plutôt, sans le vouloir, de la pression client…

Faire de la gestion des réclamations un projet stimulant pour l'ensemble des collaborateurs

Si la satisfaction doit devenir l'une des principales préoccupations de chacun, y compris des fonctions supports, alors l'insatisfaction client doit évidemment suivre le même chemin – et de façon encore plus exacerbée vu ses conséquences potentiellement positives en termes de rentabilité. Mais si se focaliser sur la satisfaction client est une cause noble, reconnue et valorisante socialement, s'occuper de leur insatisfaction est au contraire, dans notre culture française, « dégradante » : l'insatisfaction et les réclamations client nous renvoient en effet à nos propres erreurs et à nos échecs. N'oublions pas non plus que, déjà dans la Grèce Antique, un sort funeste était réservé au porteur de mauvaise nouvelle !

Bref, on met sous le tapis les insatisfactions et les réclamations pour ne pas risquer de connaître le même sort, on règle « du bout des doigts » les problèmes des clients, et surtout on cherche à les oublier au plus vite pour en revenir à notre mets favori : développer les fameux *Promoters* du NPS. De plus, gérer les réclamations étant une tâche dévalorisante, on la sous-traite à d'autres à moindre coût ou on la relègue aux oubliettes en interne, l'objectif étant « d'optimiser les coûts de traitement des réclamations ».

Mais si l'on s'intéresse un tant soit peu aux études scientifiques ou encore aux nombreux apports de l'AMARC (Association pour le MAnagement de la Réclamation Client)[4], on s'aperçoit – nombreux chiffres à l'appui émanant de tous les secteurs – que la prise en compte, le traitement mais aussi la capitalisation sur les réclamations client constituent au contraire une source importante de profit (*cf.* Chapitre 5). Et qu'en conséquence, en rester à une vision strictement budgétaire sans calculer les *vrais* apports économiques d'une bonne gestion des réclamations (CA du client récupéré, bouche-à-oreille, accroissement des ventes, etc.) est une véritable hérésie.

Exemple

Une start-up dans le domaine du Care a ainsi volontairement placé le service dédié au traitement des réclamations au centre du site de l'entreprise afin que tout le monde, fournisseurs et clients compris, voie que ces collaborateurs sont bien au cœur du système. De plus, seuls les meilleurs collaborateurs y sont affectés et leur rémunération évolue en conséquence. Autant de signaux forts qui placent, aux yeux de tous, la gestion des irritants et des réclamations comme une préoccupation majeure de l'entreprise.

4 Comme indiqué précédemment, le lecteur intéressé consultera avec profit les études, conseils et bonnes pratiques proposées par l'AMARC (www.amarc.asso.fr), l'ouvrage réalisé par cette association : Meyronin B., Bourrier S., Jullien M.-L., *Management de l'insatisfaction client. Transformer le pépin en pépite*, 2017, Vuibert, 208 p. ; ainsi que la Partie III (p. 219-337) de Ray D., Sabadie W., *Marketing Relationnel, Rentabiliser les politiques de satisfaction, fidélité, réclamation*, 2016, Dunod, 340 p.

Mais l'expérience montre que si toute l'entreprise n'est pas profondément orientée client, avoir un « service » dédié aux réclamations et autres remontées d'irritants peut aussi renvoyer un message négatif aux autres collaborateurs : « Ce n'est pas mon problème, ce n'est pas de mon ressort. Il y a le service réclamations pour cela ». Et lorsque les ressources allouées à ce service sont réduites à portion congrue, cela renvoie encore plus aux collaborateurs que l'entreprise se désintéresse clairement de ce sujet : « Si mon entreprise s'en désintéresse, pourquoi devrais-je m'y investir, d'autant plus que ce n'est pas la partie la plus fun du métier ». Ainsi, nous observons souvent que les équipes se détournent des réclamations et préfèrent renvoyer les réclamants directement au service concerné, sans même chercher à comprendre ni à résoudre eux-mêmes les problèmes qui pourraient l'être directement. Or cela n'est absolument pas orienté client.

Pour favoriser l'engagement des collaborateurs, il est nécessaire de les rendre coresponsables du recueil et du traitement des irritants et/ou réclamations client. Si chaque cas est particulier, nous avons cependant pu constater certaines bonnes pratiques à ce sujet, notamment la nécessité de bien distinguer les trois étapes incontournables de la gestion d'une réclamation client.

En ce qui concerne **le recueil**, il est indispensable que tous les collaborateurs se considèrent concernés, mais aussi que l'organisation le permette et le favorise (quelle valorisation ?). Chacun peut et doit :

- écouter activement toute forme de mécontentement de la part d'un client (écrite, orale, volontaire ou involontaire, directe ou indirecte, etc.). « Le client n'interrompt pas nos activités, il en est la raison d'être », disait Ray Kroc, patron de McDo après avoir racheté l'entreprise aux frères Mc Donald ;
- faire remonter ces réclamations de façon que l'entreprise puisse y répondre mais aussi capitaliser sur celles-ci afin de modifier l'offre si nécessaire (répétition d'une même insatisfaction). Au-delà d'une certaine taille, cela passe nécessairement par une base de données afin que celui qui a recueilli, le porteur de la solution, etc. mais surtout les analystes ultérieurs (éventuelle modification de l'offre) puissent partager des informations fiables et valides.

Exemple

Le DAF d'une entreprise leader dans son domaine en B to B nous racontait avoir ainsi rencontré un client par hasard sur un télésiège pendant ses vacances à la neige. Ils s'étaient vus quelque temps auparavant dans une réunion commune. Durant leur court échange lors de la remontée, si ce client lui a dit tout le bien qu'il pensait de sa relation avec eux, il a aussi mentionné, sur un ton humoristique, un moment qui s'était visiblement moins bien passé. Après avoir hésité « ce n'est pas mon travail et c'était informel puisque sur un ton humoristique », le DAF en question a malgré tout, le soir même, rentré cette anecdote dans l'outil CRM dédié, ce qui a ouvert une « réclamation » que quelqu'un devait donc nécessairement prendre en charge. Le problème (minime) en question a donc été réglé en collaboration avec le client dès son retour.

Pour **le traitement**, la diversité des situations et des cas impose une vraie souplesse. Et nous n'avons évidemment pas la prétention de témoigner d'une solution « orientée client » universelle (qui n'existe pas !). Ainsi, pour rester générique, on peut supposer que les cas simples puissent être traités « en direct » par le collaborateur concerné afin de raccourcir au mieux la chaîne « mécontentement / canal de remontée / interlocuteur adéquat / solution apportée ». À condition toutefois d'être capitalisés pour être ensuite utilisés. Cela nécessite de laisser une vraie liberté de manœuvre aux équipes, sans toutefois que chacun ne puisse faire « à sa guise » : nous sommes là au cœur de l'« autonomie et de la responsabilisation des équipes », troisième pilier de l'orientation client. Mais la frontière est ténue entre respect de process génériques et « bon sens client » qui autorise à sortir de ces process...

Pour les cas plus complexes nécessitant une compétence particulière ou une combinaison de compétences, l'existence d'une unité dédiée aux réclamations devrait permettre une prise en main cohérente et efficace du problème, avec des responsabilités clairement définies.

Exemple

Une grande banque française a pris conscience des difficultés de gestion des réclamations. Les plateaux téléphoniques avaient peu de latitude pour agir et les formulaires online ne permettaient pas de faire émerger une vraie culture « réclamation ». L'entreprise a ainsi travaillé à mettre en place une « boucle courte » : il a été décidé que tout client réclamant en agence ne serait plus renvoyé au service client par téléphone ou au formulaire online mais serait pris en charge au sein de l'agence, avec une promesse de réponse en moins de 48 heures.

Enfin, pour **la capitalisation** sur les réclamations, nous retrouvons ici l'idée du « centre d'intelligence client » évoquée plus haut. Il est en effet impératif que des réclamations similaires déclenchent des changements effectifs car, en plus de rajouter à l'insatisfaction client, ne pas le faire donnerait aussi un mauvais signal en interne.

Au total, le plus important reste cependant le double message à disséminer dans toute l'entreprise :

- une bonne gestion des réclamations constitue un centre de profit et non un centre de coût à optimiser : pour cela, il faut recueillir, traiter et capitaliser sur les réclamations ;
- de ce fait, au même titre que la satisfaction client concerne toute l'entreprise, écouter et faire remonter les éventuelles insatisfactions concerne tout le monde et pas uniquement le service dédié.

Recueil systématique, traitement et capitalisation sur les insatisfactions : les leçons du monde du luxe

*Par **Jean-Claude Wietzel**, Regional Vice President and General Manager Four Seasons Hotel George V, à Paris.*

« Nous avons à cœur, non seulement de résoudre les petites insatisfactions que peuvent vivre parfois nos clients, mais aussi de tirer profit de ces multiples micro-expériences négatives afin qu'elles

> n'arrivent plus. C'est pour cela que chaque collaborateur, quelle que soit sa position dans l'entreprise, doit remonter à tout moment une insatisfaction vécue par un client et dont il serait témoin. Nous partageons tous les matins avec l'équipe de management les remontées de la veille et nous nous assurons que les bonnes décisions ont été prises pour résoudre ces irritants avant le départ du client. Être au courant de ces irritants nous permet également de coacher nos équipes et de les développer ».

Autonomie des collaborateurs, connexion aux clients et impulsion stratégique : tout y est... Cet exemple simple et répété chaque jour montre que ce ne sont pas les « grands jours des grands soirs » qui créent une véritable culture client, y compris dans le luxe !

Engager une revue de ses process

Toutes les entreprises sont processées. Les process sont en effet indispensables pour donner des guides de comportement aux collaborateurs afin qu'ils sachent quoi faire selon des scénarios préétablis. Toutefois, certains process peuvent être de véritables « poisons » de la culture client. Les process non orientés client ont des conséquences négatives à deux niveaux : tout d'abord parce qu'ils rendent plus pénibles les démarches de satisfaction client (il faut « aller contre » ces process et/ou réparer leurs dégâts à chaque fois), et ensuite – mais cela est souvent oublié car non mesuré – parce qu'ils donnent des signaux forts aux équipes sur le manque d'intérêt du management pour les clients.

Les process non orientés clients ont des motivations diverses, par exemple la volonté de restreindre les marges de manœuvre des équipes de peur qu'elles ne mettent en péril l'intérêt de l'entreprise, ou plus simplement la recherche de rentabilité en « robotisant » la relation client. Bien entendu, nous militons pour la mise en place de process qui aident les équipes au contact des clients (c'est-à-dire en zone de création de valeur) à mieux réaliser leurs tâches. Les process peuvent en effet permettre :

- d'automatiser des tâches lorsque celles-ci sont sans valeur ajoutée en termes de satisfaction client ;
- de donner aux équipes des moyens facilités à l'exécution de leur travail : pouvoir répondre facilement et rapidement aux questions des clients, avoir de la visibilité sur le parcours de chaque client avec l'entreprise, prendre une décision en faveur des clients, etc.

Nous vous invitons à passer en revue vos process en utilisant la matrice GUAN (process orienté interne / process orienté client) afin de prioriser les travaux correctifs à mettre en œuvre (*cf.* Figure 8.3). D'expérience, ce travail de classification est compliqué à effectuer avec les collaborateurs qui ont du mal à prendre du recul sur des process tellement ancrés qu'il en devient difficile d'être objectifs. Nous vous conseillons ainsi de mettre en place une cellule « transversale » aux différents services, avec des collaborateurs de tous horizons, des managers et collaborateurs au contact des clients, et idéalement aussi quelques clients. C'est cette cellule qui fera ce travail d'audit.

L'expérience montre que cette « revue de process orientée client » présente de plus un immense avantage : elle permet aux collaborateurs, mais surtout aux managers, de s'apercevoir que, contrairement

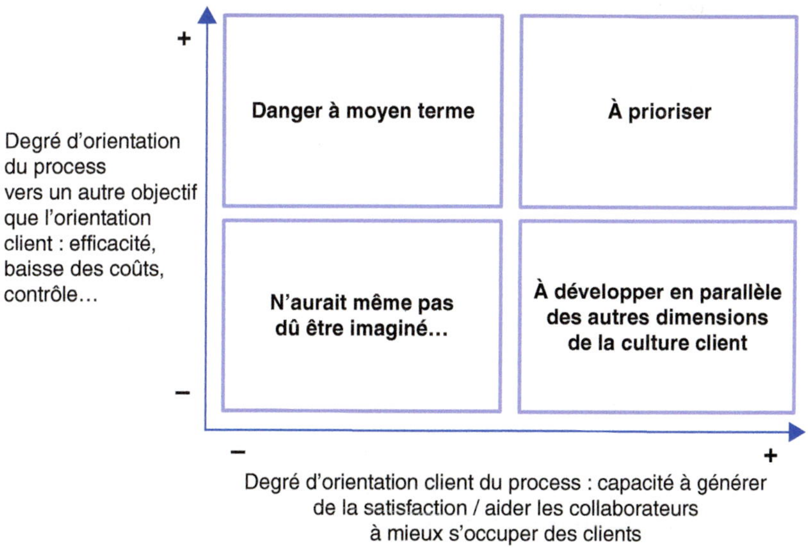

FIGURE 8.3 Challenger les process

à ce qu'ils croient, beaucoup de leurs process pourraient être orientés client sans nuire pour autant à l'entreprise, y compris à court terme ; et que réduction des coûts et satisfaction client ne sont pas obligatoirement antagonistes. Mais encore faut-il avoir en tête ces deux objectifs lors de la création des dits process...

Autoriser et encourager ses équipes à agir avec « du bon sens client »

Nous avons vu à quel point la surenchère des process pouvait devenir un frein majeur aux décisions et aux actions « orientées client ». Le risque étant qu'à force de se focaliser sur le strict respect du process, les équipes en perdent le sens du client. Et cela est d'autant plus vrai que les process ne sont pas pensés dans un objectif de fluidité du service rendu (voir conseil précédent).

> **Exemple**
>
> Dans un magasin d'électrodomestique, un client étranger souhaitait acheter une coque pour son téléphone, mais il craignait des différences de format entre les modèles français et anglais. Il demanda ainsi à une vendeuse s'il pouvait sortir la coque de son blister pour s'assurer que le format était bien le bon. La vendeuse refusa (parce que hors process) et le client décida d'éviter toute erreur et partit sans acheter.
>
> Ce process se comprend dans la mesure où ces produits font l'objet de nombreux vols. Toutefois, de façon exceptionnelle et compréhensible dans le cas de ce client britannique, il eut été convenable de l'autoriser à effectuer ce test. Ou si ce cas devenait courant, de trouver une solution alternative : avoir des coques types attachées pour essai, etc.

A contrario certains collaborateurs parviennent à gérer certaines situations avec « bon sens client ». Nous avons déjà évoqué le cas du café réclamé par un passager qui n'y avait théoriquement pas droit, ou encore le vendeur d'une boutique d'opérateurs téléphonique qui sort du process pour aller aider son client à faire son installation.

Cela est totalement hors process mais le collaborateur – en créant un effet *wow* ! – génère un niveau de satisfaction tel que cela renforce l'attachement du client. Mais si ces comportements spontanés sont fortement générateurs de satisfaction, comment sont-ils managés ? Et indépendamment du management, est-ce que les collaborateurs ont plaisir à prendre ce genre d'initiative ?

Certains s'autorisent à sortir du process de façon exceptionnelle et avec discernement. Mais **les entreprises les plus orientées client favorisent et valorisent ce type d'initiatives**. Cela demande un management intelligent qui fait la différence entre une initiative orientée client et des décisions « de confort » ou encore d'excès de zèle que prendraient les équipes. Dans tous les cas, il faut savoir évaluer finement les collaborateurs qui sortent du process dans l'intérêt du client sans nuire aux intérêts de l'entreprise. Mais peu de managers sont dans cette démarche et la plupart préfèrent un management plus aisé de simple contrôle du respect des procédures *stricto sensu* (le discernement étant inconfortable à gérer). Le management a donc un rôle à jouer en favorisant et valorisant ce type d'initiatives.

Ainsi, sans aller jusqu'à demander à chaque collaborateur de pratiquer la méditation[5], cela porte à réfléchir sur la façon dont un manager peut apaiser l'esprit de ses collaborateurs. Plus la « mauvaise pression » (« pression client » par exemple) sera forte, plus les tensions internes à l'entreprise seront élevées, moins les collaborateurs pourront « penser à l'autre », obnubilés qu'ils seront par une charge cognitive centrée sur d'autres problématiques.

Malgré tout, ce ne sera jamais suffisant. La volonté sincère de chaque collaborateur de vouloir « faire passer l'intérêt des clients en priorité » ne se décrète pas, c'est aussi une affaire personnelle.

Que faire pour favoriser ce genre d'attitude personnelle au-delà du rôle de valorisation et d'encouragement des managers ? Avant toute

5 Et encore, il a été montré que la méditation de pleine conscience « recentre » l'individu et devrait donc lui permettre, de ce fait, de « se remettre en Système 2 » avant un entretien client ou une décision engageante par exemple.

chose, il faut **s'assurer dès le recrutement des collaborateurs que leur niveau de préoccupation client « naturel » est suffisamment bon**. Car ce qui demanderait un vrai effort à certains sera pour eux beaucoup plus facile et plus naturel.

> **EXEMPLE**
>
> Dans une banque, nous avons pu observer une grande différence de niveau de culture client individuelle selon deux populations : les collaborateurs qui avaient fait toute leur carrière dans la banque et ceux, plus récemment intégrés, qui avaient eu d'autres expériences professionnelles par ailleurs. Ces derniers étaient beaucoup plus orientés client que ceux ayant fait la totalité de leur carrière dans la banque. C'est bien en diversifiant le profil des collaborateurs que cette société a pu créer des équipes plus orientées client.

Toutefois, comme nous l'avons vu dans le chapitre 6, l'absence de culture client individuelle n'est pas une fatalité et il convient de s'assurer que les équipes en place soient en mesure de développer cette attitude positive vis-à-vis des clients, et en conséquence des comportements orientés client.

Ce sujet n'est pas encore exploré dans le monde managérial. Il n'existe pas de formation à l'orientation client individuelle. Les formations traditionnelles à la qualité ou à la relation client n'abordent en effet pas du tout les causes profondes de l'orientation client des équipes. Même les approches immersives (*serious games*, mises en situation...), qui aident à sensibiliser les équipes sur les « bons » comportements, ont un impact limité sur les attitudes et les réflexes, pourtant si utiles en situation de relation client.

Cependant, un certain nombre de recherches académiques récentes traitent de ce sujet et il semblerait que certaines pistes soient d'ores et déjà pertinentes[6].

6 Le lecteur intéressé pourra se référer à la partie "*COSinMind*" du site : http://www.cos-systeme.com.

Provoquer des éruptions de culture client

Tous les dirigeants ou managers sont amenés à prendre des décisions « d'adaptation » pour faire face à un problème ou une situation non prévue. Ce sont là des occasions pour mener ce nous appelons des « éruptions de culture client ». Cette image de l'éruption nous convient parfaitement dans la mesure où quatre caractéristiques sont réunies :

1. Elle est une démonstration soudaine et forte de la préoccupation client de l'entreprise : décision et/ou action qui marque les esprits par son caractère engageant pour celui qui la prend / fait ;
2. Elle est authentique : il ne s'agit pas de quelque chose de feint ni de préparé. Elle doit créer une émotion sincère : ceux qui y assistent la ressentent « avec leurs tripes » ;
3. Elle donne à voir (éruption en l'air) ce qui bouillonne dans les méandres culturels de l'organisation (la lave sous terre) ;
4. Une fois retombée en surface, elle sèche et sédimente. Elle devient « indélébile » et donc, comme la lave, imprègne durablement toutes les équipes. Et idéalement, elle crée un nouveau mythe ou un nouveau rite orienté client.

La culture client qui bouillonne au sein de l'entreprise (et notamment chez les dirigeants / managers) permet ces éruptions qui, à leur tour, renforcent la culture client en surface. C'est ainsi au management de favoriser la réunion des quatre conditions définies ci-dessus de façon que toutes les éruptions potentielles puissent jaillir, tout en préservant leur caractère réellement éruptif.

Exemple

Illustrons ce propos avec ce que rapporte John Rossman (2021)[7] : à l'occasion des fêtes de fin d'année, en 2000, Apple annonce une mauvaise nouvelle à Amazon (pas encore dans le top 20 des retailers américains) : le produit phare (l'iPod rose) ne pourra pas être livré à temps à Amazon. Afin de respecter leur promesse aux

7 Rossman J. (2021), *The Amazon Way: Amazon's 14 Leadership Principles*, Clyde Hill Publishing, 3rd edition, 168 p.

clients d'Amazon, les collaborateurs de la start-up sont sortis dans tous les lieux de ventes possibles de la ville pour acheter 4 000 iPods, les ramener à l'entrepôt et les emballer eux-mêmes. John Rossman explique qu'à cette occasion, Amazon a grillé toutes ses marges... mais la promesse a été tenue.
Bien évidemment, cette histoire constitue l'un des mythes fondateurs de la culture d'Amazon, mythe colporté partout dans l'entreprise et à l'extérieur. Car oui, Amazon est « tombé dedans quand il était petit ».

Constatons que cette culture d'entreprise « obsédée par la satisfaction client » ne s'obtient pas d'un coup de baguette magique. Elle dépasse largement les grands discours pour s'incarner au quotidien et entrer par moments en éruption afin de créer des mythes. Ces derniers viendront à leur tour entretenir et prouver les valeurs et les croyances partagées au sein de cette entreprise : ce genre de fulgurances marque les histoires et donc les cultures d'entreprises. Elles en sont le fruit mais les nourrissent ensuite.

EXEMPLE

Terminons en reprenant ici un exemple déjà évoqué dans cet ouvrage : durant le confinement du printemps 2020, la Maif a été le premier assureur à proposer à ses clients le remboursement d'une partie de leur prime d'assurance auto (montant total restitué : 100 M€). Cette décision spontanée est un excellent exemple « d'éruption de culture client » puisqu'elle en réunit les quatre conditions :

- décision qui marque les esprits (renoncer à 100 M€ de bénéfices, ce n'est pas rien !) ;
- authenticité, puisque si les clients de la Maif ont évidemment trouvé cette action incroyable (effet *wow*), ils ont souvent pensé que cela correspondait bien à la culture Maif ;
- elle donne à voir (éruption en l'air) la profonde et sincère culture client du management (la lave sous terre) ;
- elle imprègne durablement les équipes, et crée un nouveau mythe orienté client.

Conclusion

Dans cet ouvrage, nous avons voulu montrer à quel point la culture client n'est pas une simple mode, un simple projet à mener parmi d'autres dans une « todo list », mais bel et bien le moyen d'adapter au nouveau monde « horizontalisé » son entreprise, son modèle économique, son organisation, son mode managérial, et même sa façon de recruter les collaborateurs afin d'assurer son développement – ou tout simplement sa survie. Il s'agit de reformater le logiciel interne de l'entreprise, avec pour objectif ultime de mieux la « brancher » sur ses clients, et donc de la mettre dans les meilleures dispositions possibles pour performer économiquement de façon durable. Car de toute façon, comme le montrent entre autres Kumar *et al.* (2011), une entreprise qui ne s'orientera pas client rapidement se verra obligée de le faire, de gré ou de force, sous peine de se voir éjectée de son marché.

Cette nécessité inéluctable due à la maturation des marchés va crescendo depuis une dizaine d'années, et s'est accélérée avec la crise de la Covid-19. Les rapports de force entre les acteurs économiques se sont ainsi bouleversés au profit des clients, qui parviennent aujourd'hui à imposer des modes d'achat et de consommation remettant en cause la maîtrise historique des marques : « l'horizontalisation » est en marche.

Du fait de ces évolutions, nous avons attaché une importance particulière à exposer ce que montrent les recherches scientifiques : la culture client permet à l'entreprise de mieux performer sur son secteur. Dans une entreprise orientée client, les clients sont en effet mieux servis et les collaborateurs généralement plus satisfaits de leur travail ; les conflits y sont souvent moindres et les innovations y sont plus performantes. Ainsi, contrairement à une idée reçue, orientation client et réduction des coûts ne sont pas obligatoirement antagonistes, bien au contraire.

Nous avons aussi insisté sur deux dimensions contre intuitives liées à la notion de culture client :

- Le rejet de la notion de client roi : être orienté client ne signifie pas « être à la botte des clients ». Une entreprise orientée client ne fait pas tout ce que ses clients veulent. Elle n'attend pas, le doigt sur la couture, de répondre à leur moindre désir. Elle est certes réactive, mais elle est surtout proactive, évitant par-là même de devoir suivre au doigt et à l'œil tous les caprices de ses clients. Elle peut même choisir ses clients, c'est-à-dire décider de ne pas servir ceux qui ne respectent pas ses valeurs ou ses salariés (incivilités), ou encore ceux qui ne seraient pas rentables.
- L'intérêt des clients et celui de l'entreprise sont indissociables : vouloir servir l'intérêt des clients contre l'intérêt durable de l'entreprise n'est pas un projet lié à la culture client.

Au vu des nombreuses incompréhensions sur ce qu'est en réalité une véritable culture client, et constatant que ces incompréhensions ont entraîné de longs errements mais aussi des mythes destructeurs, il nous a semblé utile de fournir une définition précise de la culture client et d'en partager ses leviers en détail. Cela permet, entre autres, de pouvoir enfin la mesurer (*cf.* le COS® Company, outil scientifique de mesure du degré d'orientation client d'une entreprise) et donc de pouvoir mieux la manager : où et sur quoi agir en priorité, et comment s'y prendre ?

À ce titre, la prise en compte des deux piliers fondateurs de toute culture client (orientation client de l'organisation et orientation client des collaborateurs) permet de savoir où diriger ses priorités. Plus encore, la structuration de l'orientation client d'une organisation en trois grandes dimensions (impulsion stratégique, connexion client, et autonomie et responsabilisation des équipes) ainsi que la compréhension de ce qui se joue dans l'esprit des collaborateurs (Système 1 *vs* Système 2) fournissent un cadre structuré aux décisions et aux plans d'action, permettant ainsi aux dirigeants de définir des caps clairs et identifiés.

Si tous ces éléments structurants, mais aussi les nombreux exemples venant les illustrer, permettent aux entreprises d'améliorer le ROI de leur recentrage client, nous aurons alors réussi notre pari.

Nous espérons enfin que les « huit commandements » proposés en fin d'ouvrage, bien que simples basiques indispensables en matière de culture client, permettront au lecteur d'éviter les nombreux écueils à toute transformation culturelle.

Et pour terminer, une bonne nouvelle : contrairement à ce que tout le monde croit, cette transformation peut aller beaucoup plus vite que prévue et ne pas nécessiter quinze ans de travaux forcés... ! Pour cela, les *"quick wins"* et autres « éruptions de culture client » sont fondamentaux, et ne doivent donc pas être considérés comme de simples gadgets de communication. Nous l'avons constaté de nombreuses fois, une focalisation permanente sur ces *"quick wins"* et autres (vraies !) éruptions, en décuplant l'envie, le sens et les preuves tangibles, génère un effet accélérateur très important. Et oui, en quelques mois, une entreprise peut véritablement franchir un cap important et inimaginable auparavant : « L'espoir changea de camp, le combat changea d'âme » – l'adage de Victor Hugo prend ici toute sa saveur –, une culture d'entreprise étant constituée de croyances et de valeurs partagées. Changez ces croyances et ces valeurs, et les comportements orientés client suivront – la performance économique aussi. Tentez l'inverse, et rien ne bougera : ne pas se tromper de guerre...

Nous souhaitons terminer cet ouvrage en présentant un ultime exemple, qui sort un peu des sentiers battus (Amazon, Apple, Décathlon, Maif, etc.). Celui d'une entreprise qui, sans en avoir réellement conscience, a réussi à intégrer l'orientation client *dans* son propre business model.

Exemple

Xefi, créée et dirigée par Sacha Rosenthal, est une entreprise de service informatique auprès des TPE-PME. Avec un CA de 160 M€ en 2020 et plus de 120 agences, elle a multiplié son CA par 10 en 8 ans et est devenue leader sur son marché en moins de 15 ans. Parce que fondés sur une réelle culture client et effectivement traduits en principes et en actes concrets, trois éléments fondateurs nous paraissent intéressants dans son business model :

Ce n'est pas « les gros qui mangent les petits » mais « les rapides qui mangent les lents ».

Dans ce marché « d'artisans », le fondateur a très vite compris que la rapidité d'intervention était clé : dans une TPE/PME, résoudre vite un problème informatique est un basique, mais il est souvent peu respecté par l'offre actuelle. On retrouve ici le fameux adage « vos marges sont mes opportunités » de Jeff Bezos. Quelques exemples d'opérationnalisation de ce point central :

- On doit répondre dans 100 % des cas en moins de 3 sonneries. Un appel qui n'aboutit pas est considéré comme une faute ;
- Le technicien dispose de 15 minutes pour régler le problème par télé-intervention, sinon il se rend sur place dans les 4 heures et dispose de 30 minutes pour réparer. Sinon il ramène le produit à l'atelier pour le réparer ;
- Un commercial dispose de 30 minutes maximum pour envoyer son devis, et il doit rappeler le client dans la foulée.

Bien évidemment, l'organisation et les process ont été construits (et sont remis à jour) pour permettre d'assumer ces promesses, et le back-office est au service de la réalisation de ces promesses. Exemple : la signature d'un contrat-cadre avec HP qui permet d'obtenir les meilleurs prix mais aussi de vrais gains de temps, les techniciens maîtrisant parfaitement ces appareils. Au total, les clients sont généralement ravis d'une prise en charge aussi rapide et l'entreprise optimise sa rentabilité.

L'obsession d'être « au service du client » est rentable.

Dans la profession, le business model habituel est « le paiement au ticket » : toute intervention est facturée. À priori intéressante (je ne paie que ce que je consomme), cette formule présente cependant une limite majeure pour les clients : plus il y a de problèmes (imprimante, serveur, sauvegarde, virus, crypto, ransomwares, messagerie, wifi, PC qui plante, etc.), plus le fournisseur gagne de l'argent... Il y a donc conflit d'intérêts entre la satisfaction client et le CA du fournisseur. Fort de ce constat confirmé par de nombreux clients, Xefi propose plutôt un abonnement mensuel de maintenance, illimitée et « tout compris ». Autant dire que Xefi a intérêt à ce que ses techniciens résolvent vite et bien les problèmes… : au cœur du business model, l'intérêt de l'entreprise rejoint donc celui du client.

Exemple de process orienté client : lorsqu'un technicien intervient, il a pour obligation de jeter aussi un œil sur toute l'infrastructure afin de repérer d'éventuels autres problèmes que le client n'aurait pas décelés, et ainsi éviter une future panne… Il est plus facile d'être orienté client lorsque son propre intérêt va dans le même sens (business model) !

La satisfaction du client au cœur du modèle commercial.

Pour s'assurer de la capacité des commerciaux à fidéliser les clients, le dirigeant pilote un indicateur spécifique : est-ce qu'un client a souscrit aux trois contrats sécurité / sauvegarde / infogérance ?

Un commercial peut parfaitement être en réussite sans pour autant signer ces trois contrats (il existe une offre suffisamment large pour le faire). En revanche, si un client ne fait pas assez confiance à l'entreprise pour lui confier sa maintenance, la sécurisation de son infrastructure et la sauvegarde de ses données, c'est que le commercial n'a pas réussi à tisser ce lien de confiance indispensable à la fidélisation. Chaque commercial est donc suivi de près sur cet indicateur économique, qui n'est en réalité que la conséquence d'une véritable orientation client du commercial.

La boucle est ainsi bouclée : la culture client n'est pas une potion magique qui dynamise de façon conjoncturelle, c'est une modification de notre ADN qui nous rend durablement plus forts, mais surtout inimitables.

Bibliographie

Chapitre 1

Aksoy L., Cooil B., Groening C., Keiningham T., Yalçin A., *"The long-term Stock Market Valuation of Customer Satisfaction"*, *Journal of Marketing*, 2008, 72, 105-122.

Campbell D. T. (1979), *"Assessing the impact of planned social change"*, *Evaluation and Program Planning*, 2 (1), 67-90.

Dixon M., Freeman K., Toman N. (2010), *"Stop trying to delight your customers"*, *Harvard Business Review*, juillet-août, 116-122.

Eiglier P., Langeard E., *Servuction : le marketing des services*, Ediscience, 1987, 202 p.

Goodhart C. (1981), *"Problems of Monetary Management: The U.K. Experience"*, *in* Courakis A. S. (ed.), *Inflation, Depression, and Economic Policy in the West, The Economic Journal*, 111-146.

Pine B. J., Gilmore J., "*Welcome to the Experience Economy*", *Harvard Business Review*, juillet-août 1998, 97-105.

Pine B. J., Gilmore J., *The Experience Economy: Work is Theatre and Every Business a Stage*, Harvard, Harvard Business School Press, 1999.

Ray D., « *Net Promoter Score* : faut-il jeter le bébé avec l'eau du bain ? », *L'Expansion Management Review*, 2014, 154, 3, 59-67.

Ray D., Sabadie W., *Marketing Relationnel, Rentabiliser les politiques de satisfaction, fidélité, réclamation*, Dunod, 2016, 340 p.

Reichheld F. F., *"The one number you need to grow"*, *Harvard Business Review*, 2003, vol. 81, n° 12 (décembre), 46-53.

Chapitre 2

Bourdieu P. (1980), *Le Sens pratique*, Éditions de Minuit, Paris, 500 p.

Deshpandé R., Webster Jr. F. E. (1989), *"Organizational Culture and Marketing: Defining the Research Agenda"*, *Journal of Marketing*, 53 (1), 3-15.

Gatignon H., Xuereb J.-M. (1997), "*Strategic Orientation of the Firm and New Product Performance*", *Journal of Marketing Research*, 34 (1), 77. doi : 10.2307/3152066.

Gebhardt G. F., Carpenter G. S., Sherry J. F. (2006), "*Creating a Market Orientation: A Longitudinal, Multifirm, Grounded Analysis of Cultural Transformation*", *Journal of Marketing*, 70 (4), 37-55. http://doi.org/10.1509/jmkg.70.4.37.

Gerstner L., *Who Says Elephants Can't Dance ? Inside IBM's Historic Turnaround*, Harper Collins, 2002.

Heskett J. L., Jones T. O., Loveman G. W., Sasser W. E., Schlesinger L. A. (1994), "*Putting the Service-Profit Chain to work*", *Harvard Business Review*, mars-avril, 164-170.

Kirca A. H., Jayachandran S., Bearden W. O. (2005), "*Market Orientation: A Meta-Analytic Review and Assessment of Its Antecedents and Impact on Performance*", *Journal of Marketing*, 69 (2), 24-41. http://doi.org/10.1509/jmkg.69.2.24.60761.

Kohli A. K., Jaworski B. J. (1990), "*Market Orientation: The Construct, Research Propositions, and Managerial Implications*", *Journal of Marketing*, 54 (2), 1-18. http://doi.org/10.2307/1251866.

Kumar V., Jones E., Venkatesan R., Leone R. P. (2011), "*Is Market Orientation a Source of Sustainable Competitive Advantage or Simply the Cost of Competing?*", *Journal of Marketing*, 75 (1), 16-30.

Narver J. C., Slater S. F. (1990), "*The Effect of a Market Orientation on Business Profitability*", *Journal of Marketing*, 54 (4), 20-35. http://doi.org/10.2307/1251757.

Rubera G., Kirca A. H. (2012), "*Firm Innovativeness and Its Performance Outcomes: A Meta-Analytic Review and Theoretical Integration*", *Journal of Marketing*, 76 (May), 130-147.

Chapitre 3

Ellis P. (2006), "*Market Orientation and Performance: A Meta-Analysis and Cross-National Comparisons*", *Journal of Management Studies*, 43, 5, 1089-1107.

Kirca A. H., Jayachandran S., Bearden W. O. (2005), "*Market Orientation: A Meta-Analytic Review and Assessment of Its Antecedents and Impact on Performance*", *Journal of Marketing*, 69 (2), 24-41.

Kumar V., Jones E., Venkatesan R., Leone R. P. (2011), "*Is Market Orientation a Source of Sustainable Competitive Advantage or Simply the Cost of Competing?*", *Journal of Marketing*, 75 (1), 16-30.

Pekovic S., Rolland S. (2012), « L'impact de l'orientation client sur la performance des entreprises françaises : étude empirique des effets directs et modérateurs », *Recherche et Applications en Marketing*, 27, 4, 11-38.

Chapitre 4

Churchill G. A. Jr. (1979), "*A Paradigm for Developing Better Measures of Marketing Constructs*", *Journal of Marketing Research*, 16 (February), 64-73.

Hardesty D. M., Bearden W. O. (2004), "*The Use of Expert Judges in Scale Development: Implications for Improving Face Validity of Measures of Unobservable Constructs*", *Journal of Business Research*, 57 (2), 98-107.

MacKenzie S. B., Podsakoff P. M., Jarvis C. B. (2005), "*The Problem of Measurement Model Misspecification in Behavioral and Organizational Research and Some Recommended Solutions*", *Journal of Applied Psychology*, 90 (4), 710-730.

Chapitre 5

Blocker C., Flint D., Myers M., Slater S. (2010), "*Proactive customer orientation and its role for creating customer value in global markets*", *Journal of the Academy of Marketing Science*, 39, 216-233.

De Funès J., *La Comédie (in)humaine*, L'Observatoire, 2018.

Chapitre 6

Anderson J. R. (1983), *"A spreading activation theory of memory"*, *Journal of Verbal Learning & Verbal Behavior*, 22 (3), 261-295.

Ariely D., (2009), *Predictably Irrational: The Hidden Forces That Shape Our Decisions*, HarperCollins Publishers Ltd., 304 p.

Bargh J. A. (1994), *"The four horsemen of automaticity: Awareness, intention, efficiency, and control in social cognition"*, *in* Wyer R. S. Jr., Srull T. K. (Eds.), *Handbook of social cognition: Basic processes; Applications (1-40)*, Lawrence Erlbaum Associates, Inc.

Bargh J. A. (2002), *"Losing consciousness: Automatic influences on consumer judgment, behavior, and motivation"*, *Journal of Consumer Research*, 29 (2), 280-285.

De Houwer J., Teige-Mocigemba S., Spruyt A., Moors A. (2009), *"Implicit measures: A normative analysis and review"*, *Psychological Bulletin*, 135, 347-368.

Deshpandé R., Webster Jr. F. E. (1989), *"Organizational Culture and Marketing: Defining the Research Agenda"*, *Journal of Marketing*, 53 (1), 3-15.

Epstein S. (1994), *"Integration of the cognitive and psychodynamic unconscious"*, *American Psychologist*, 49, 709-724.

Evans J. S. B. T., Stanovich K. E. (2013), *"Dual-Process Theories of Higher Cognition: Advancing the Debate"*, *Perspectives on Psychological Science*, 8 (3), 223-241.

Fazio R. H., Sanbonmatsu D. M., Powell M. C., Kardes F. R. (1986), *"On the automatic activation of attitudes"*, *Journal of Personality and Social Psychology*, 50 (2), 229-238.

Friese M., Hofmann W., Schmitt M. (2008), *"When and why do implicit measures predict behaviour? Empirical evidence for the moderating role of opportunity, motivation, and process reliance"*, *European Review of Social Psychology*, 19, 285-338.

Galdi S., Arcuri L., Gawronski B. (2008), *"Automatic mental associations predict future choices of undecided decision-makers"*, *Science*, 321 (5892) : 1100-2.

Gawronski B., Bodenhausen G. V. (2006), *"Associative and propositional processes in evaluation: An integrative review of implicit and explicit attitude change"*, *Psychological Bulletin*, 132, 692-731.

Gawronski B., De Houwer J., Sherman J. W. (2020), *"Twenty-five years of research using implicit measures"*, *Social Cognition*, 38, *Supplement*, S1-S25.

Gawronski B., Payne B. K. (eds.), (2010), *Handbook of implicit social cognition: Measurement, theory, and applications*, The Guilford Press.

Greenwald A. G., Banaji M. R. (1995), *"Implicit social cognition: Attitudes, self-esteem, and stereotypes"*, *Psychological Review*, 102, 4-27.

Greenwald A. G., Banaji M. R., Rudman L. A., Farnham S. D., Nosek B. A., Mellott D. S. (2002), *"A unified theory of implicit attitudes, stereotypes, self-esteem, and self-concept"*, *Psychological Review*, 109, 3-25.

Greenwald A. G., Poehlman T. A., Uhlmann E. L., Banaji M. R. (2009), *"Understanding and using the Implicit Association Test: III. Meta-analysis of predictive validity"*, *Journal of Personality and Social Psychology*, 97 (1), 17-41.

Jones E., Sigall H. (1971), *"The Bogus Pipeline: A new paradigm for measuring affect and attitude"*, *Psychological Bulletin*, 76 5, 349-364.

Kurdi B., Seitchik A. E., Axt J. R., Carroll T. J., Karapetyan A., Kaushik N., Tomezsko D., Greenwald A. G., Banaji M. R. (2019), *"Relationship between the Implicit Association Test and intergroup behavior: A meta-analysis"*, *American Psychologist*, 74, 569-586.

Lai C., Banaji M. R. (2019), *"The Psychology of Implicit Intergroup Bias and the Prospect of Change"*, *in* Allen D., Somanathan R. (eds.), *Difference without Domination: Pursuing Justice in Diverse Democracies*, University of Chicago Press.

Lieberman M. D. (2003), *"Reflexive and reflective judgment processes: A social cognitive neuroscience approach"*, *in* Forgas J. P., Williams K. D., Von Hippel W. (eds.), *Social judgments: Implicit and explicit processes*, Cambridge University Press, 44-67.

Roese N. J., Jamieson D. W. (1993), "*Twenty years of Bogus Pipeline research: A critical review and meta-analysis*", *Psychological Bulletin*, 114, 363-375.

Schmidt K., Axt J. R. (2016), "*Implicit and explicit attitudes towards African Americans and Barack Obama did not substantively change during Obama's presidency*", *Social Cognition*, 34, 559-588.

Schmidt K., Nosek B. A. (2010), "*Implicit (and explicit) racial attitudes barely changed during Barack Obama's presidential campaign and early presidency*", *Journal of Experimental Social Psychology*, 46, 308-314.

Shiv B., Fedorikhin A. (1999), "*Heart and Mind in Conflict: The Interplay of Affect and Cognition in Consumer Decision Making*", *Journal of Consumer Research*, 26, 3 December, 278-292.

Smith E. R., DeCoster J. (2000), "*Dual-process models in social and cognitive psychology: Conceptual integration and links to underlying memory systems*", *Personality and Social Psychology Review*, 4 (2), 108-131.

Strack F., Deutsch R. (2004), "*Reflective and Impulsive Determinants of Social Behavior*", *Personality and Social Psychology Review*, 8 (3), 220-247.

Trendel O, Warlop L. (2005), « Présentation et applications des mesures implicites de restitution mémorielle en marketing », *Recherche et Applications en Marketing*, 20 (2), 77-104.

Chapitre 7

Antonietti G., Ray D., « Culture client : quel genre d'entreprise êtes-vous ? », *HBR France*, septembre 2018.

Chapitre 8

Meyronin B., Bourrier S., Jullien M.-L., *Management de l'insatisfaction client. Transformer le pépin en pépite*, 2017, Vuibert, 208 p.

Nayar V., *Les Employés d'abord, les clients ensuite, comment renverser les règles du management*, Les éditions Diateino, 2019.

Ray D. Sabadie W., *Marketing Relationnel, Rentabiliser les politiques de satisfaction, fidélité, réclamation*, 2016, Dunod, 340 p, 219-337.

Rossman J. (2021), *The Amazon Way: Amazon's 14 Leadership Principles*, Clyde Hill Publishing, 3rd edition, 168 p.